333 Märchenminuten

333 Märchenminuten

Märchen aus aller Welt
neu erzählt von
Käthe Recheis und Friedl Hofbauer

Illustrationen von Alicia Sancha

Herder
Wien · Freiburg · Basel

Literaturverzeichnis der Märchenstoffe

Hans Christian Andersen, Märchen, Peter Christian Asbjørnsen, Märchen Joseph Jacobs, English Fairytales Brüder Grimm, Kinder- und Hausmärchen Alexei N. Tolstoi, Russische Volksmärchen, SWA-Verlag, Berlin/DDR Edward Lear, Nonsense-Gedichte Josef Guter, Märchen aus Sibirien, Fischer-Taschenbuch-Verlag Südchinesische Märchen, E. Diederichs-Verlag Blaise Cendrars, Anthologie Nègre, Payson & Clark, New York Friedl Hofbauer, „Spatzenballett“, Loewes Verlag Theodor Storm, Märchen Chinesische Märchen, E. Diederichs Verlag Leo Tolstoj, Fabeln G. E. Lessing, Fabeln Fernan Caballero, Spanish Fairy Tales, A. L. Burt Company, New York Alexander Mehdevi, Märchen aus Mallorca, Fischer Taschenbuch-Verlag Simon Solomon, The wise men of Helm Elsie Byrde, Polish Fairy Book, Stokes, New York Japanische Märchen, E. Diederichs-Verlag Äsop, Fabeln Journal of American Folklore, Vol. 47 Giovanni Battista Basile, Pentamerone Lucia Borski, Polish Fairy Tales, Longmans, Green and Company, New York Russische Volksmärchen, Verlag Progress, Moskau Clemens Brentano, Italienische Märchen Charles Deulin, Contes du Roi Cambrinus Ludwig Bechstein, Märchen Blaise Cendrars, The African Saga, New York Sibirische Märchen, Wogulen und Ostjaken, E. Diederichs-Verlag Die Wunderblume, Märchen aus Sibirien, Verlag Kultur und Fortschritt, Berlin/DDR Märchen aus Korsika, E. Diederichs-Verlag August Gottlieb Meissner, Fabeln Harland Courlander und George Herzog, The Cow-Tail Switch and Other West African Stories, New York Märchen der Kabylen, E. Diederichs-Verlag Mary E. Frere, Hindoo Fairy Legends Current in Southern India, London J. Vasconcellos, Contos populares e Lendas Coimbra Zwi Kanner, Neue Jüdische Märchen, Israel, Fischer Taschenbuch Nursery Rhymes, England Traute Scharf, Koreanische Märchen, Fischer-Taschenbuch-Verlag Wilhelm Hauff, Märchen Alphonse Daudet, Erzählungen Richard v. Volkmann-Leander, Träumereien an französischen Kaminen

5. Auflage

Schutzumschlag: Monika Laimgruber
Gesamtherstellung: Carl Ueberreuter Druckerei Ges. m. b. H., 2100 Korneuburg 1987
Printed in Austria
Bestellnummer: ISBN 3-210-24610-6

Inhalt

Häschen Prahlhas'

Es war einmal ein Hase im Wald. Im Sommer ging es ihm gut, da hatte er genug zu fressen. Im Winter aber mußte er zum Bauern in die Scheune gehen und sich dort Heu und Hafer holen, wenn er nicht verhungern wollte.

Einmal kam er wieder hin, da saßen schon viele Hasen in der Scheune.

„Hallo!" schrie der Hase. „Seid ihr alle da? Habt ihr auch Hunger?"

„Schrei nicht so!" flüsterten die anderen Hasen. „Der Bauer wird dich hören!"

„Soll er mich hören!
Das wird mich nicht stören!
Ich hab' keine Angst!"

schrie der Hase.

„Außerdem rieche und höre ich es, lang bevor einer kommt.

Ich bin ein Superhase
mit einer Superschnuppernase!
Mit Superohren!
Und ich hab' den längsten Hasenschnurrbart der Welt!
Damit scheuch' ich ihn fort!"

Da flatterte es, krah, und die Tante Krähe war da.
„Was erzählst du da, du Prahlhas'?" fragte sie.
Da sagte der Hase:

„Ich bin ein Superhase,
mit einer Supernase
und mit Superohren.

Außerdem hab' ich den längsten
Hasenschnurrbart der Welt
und niemals Angst.
So bin ich nun einmal geboren!"

Die Tante Krähe zupfte ihn am Ohr. „Du bist ein kleiner Prahlhas'", sagte sie. „Wir werden ja sehen, was an dir dran ist, wenn du einmal deinen Mut beweisen mußt." Und sie zupfte ihn zum Abschied an seinem zweiten Superohr und flatterte wieder weg.

Eines schönen Tages saß die Tante Krähe auf einem Zaun. Da kam ein Rudel Hunde und schnappte nach ihr und erwischte sie und hätte die Tante Krähe beinahe zerrissen.

Der Hase saß in der Nähe und sah, wie die Hunde an der Tante Krähe rupften, und er dachte: Ich muß ihr helfen!

Er sauste auf den nächsten Hügel, machte dort Männchen und schrie: „Hallo! Alle herschauen! Hier sehen Sie, was Sie noch nie gesehen haben! Den allertapfersten Superhasen der Welt!"

Die Hunde ließen die Krähe los und rannten zum Hügel, denn jeder von ihnen hätte gern einen Superhasen erwischt.

Aber unser Häschen ist den Hunden davongelaufen.

Die Krähe flog wieder auf ihren Zaun und ordnete ihr Gefieder. Und als sie nächstens den Hasen traf, sagte sie zu ihm: „Du bist ein gescheiter, braver Has'! Es war sehr mutig von dir, daß du die Hunde von mir abgelenkt hast mit deinem Männchenmachen!"

„Bitte, gern geschehen, Tante Krähe", sagte der kleine Superprahlhase, machte noch ein paar Männchen und hoppelte in den Wald zurück.

Fee Fledermaus

Es war einmal eine Fee, die hieß Fee Fledermaus und wohnte auf einer Insel mitten in einem großen See. Am Ufer des Sees stand ein Dorf, das hieß Bleib-bei-uns, weil es ein so hübsches Dorf war, in dem jeder, der dort wohnte, auch bleiben wollte.

Die Fee Fledermaus war sehr hilfsbereit und hexte und zauberte fürs Leben gern. Sie war aber eine schusselige Fee und zerstreut war sie auch, und beim Hexen erwischte sie manchmal die falschen Zaubersprüche. Einmal war einem kleinen Kind im Dorf sein Kätzchen fortgelaufen, und Fee Fledermaus wollte gleich helfen. In der Eile verwechselte sie die Zaubersprüche. Da kamen aus dem ganzen Land von weit rundherum alle Kätzchen in das Haus gelaufen, in dem das Kind wohnte. Hundert Kätzchen waren es und noch mehr; die Fee mußte sie gleich wieder nach Hause wünschen, bis auf das eine kleine verlaufene Kätzchen.

Einmal im Winter wollte es nicht schneien, und die Kinder wären doch so gerne mit den Schlitten gefahren. Fee Fledermaus hexte Schnee herbei, aber sie sagte den Zauberspruch aus Zerstreutheit zweimal, und da schneite es und schneite, bis alle Häuser im Dorf bis übers Dach im Schnee steckten. So mußte Fee Fledermaus einen warmen Wind herbeiwünschen, der den Schnee wegtaute. Aber o Schreck, nun schwamm das Dorf im Wasser. Fee Fledermaus hexte Boote herbei, damit die Leute von Haus zu Haus fahren konnten. Die Kinder hatten einen Riesenspaß, aber ihre Eltern fanden es weniger lustig.

Im Land, in dem die Fee Fledermaus lebte, wohnten noch andere Feen und Hexen. Die meisten waren freundlich und gut, es gab aber auch welche, die immer so übler Laune waren, daß sie sich selbst nicht leiden konnten und aus lauter Ärger darüber nur böse Dinge zauberten.

„Ich muß etwas dagegen tun“, sagte Fee Fledermaus, setzte sich hin und dachte nach. Nachdem sie einen Tag und eine Nacht und eine ganze Woche nachgedacht hatte, wußte sie, was zu tun war. Sie lud alle unfreundlichen Hexen und Feen zu einem Festessen auf ihre Insel ein. Dafür bereitete sie die köstlichsten Speisen: Siebenblumenkuchen, Mondscheinmilch und Sonnenstrahlenpudding.

Über jede Speise sprach sie einen Zauberspruch, damit jeder, der davon aß, immerfort gute Laune hatte. Diesen Spruch verwendete sie sonst nie. „Es geht ja nicht an, daß die Leute immerfort gute Laune haben“, sagte sie. „Manchmal muß man traurig sein dürfen und weinen. Für diese Hexen und Feen aber ist gute Laune gerade das richtige.“

Sie freute sich so sehr, daß sie wieder einmal einen falschen Zauberspruch aufsagte, ohne es zu merken.

Als die unfreundlichen Hexen und Feen kamen, setzten sie sich mit finsteren Gesichtern zu Tisch.

Die werden schauen, was mit ihnen geschieht, wenn sie gegessen haben, dachte Fee Fledermaus.

Kaum hatten die Hexen und Feen die ersten Bissen im Mund, da verwandelten sie sich in weiße Kaninchen, und auf der ganzen Insel hoppelte und hüpfte es von Kaninchen.

„Oje“, sagte Fee Fledermaus, „das ist schiefgegangen, ich muß aus Versehen den falschen Spruch aufgesagt haben.“ Der Weiße-Kaninchen-Zauber war ein sehr nützlicher Zauber, wenn es sich um Drachen oder andere Ungeheuer handelte, aber für das, was die Fee Fledermaus vorhatte, taugte er nicht.

Also schlug sie ihr Zauberbuch auf, blätterte darin und suchte den richtigen Spruch. Und diesmal gab sie genau acht. Zuerst verzauberte sie die Speisen, und dann gab sie den weißen Kaninchen wieder ihre rechte Gestalt zurück.

Die Hexen und Feen waren nun erst recht übler Laune und so giftig und böse, daß sie wie Räuber über die Festtafel herfielen, um der Fee Fledermaus schnell alles wegzuessen.

Ja, und dann geschah es! Sie tranken Mondscheinmilch und aßen Siebenblumenkuchen und Sonnenstrahlenpudding und konnten auf einmal nicht mehr giftig dreinschauen, und sie sagten, so ein herrliches Essen hätten sie noch nie im Leben gekostet.

Dann blieben sie bei der Fee Fledermaus bis tief in die Nacht und feierten und wollten nicht aufhören zu feiern und dachten sich allerlei hübsche Dinge aus, die sie am nächsten Morgen hexen wollten.

Endlich wurden sie müde. Fee Fledermaus wünschte einen Regenbogen herbei, der spannte sich wie eine schimmernde Brücke über den See und das Land. Die Hexen und Feen gingen über die Regenbogenbrücke nach Hause.

Der Regenbogen leuchtete so sehr, daß die Leute im Dorf Bleib-bei-uns erwachten. „Mitten in der Nacht ein Regenbogen? Da hat die Fee Fledermaus sicher wieder den falschen Zauberspruch erwischt!“ sagten sie und weckten die Kinder, damit die Kinder den Regenbogen auch sehen konnten.

Die Prinzessin auf der Erbse

Es war einmal ein Prinz, der wollte eine Prinzessin heiraten. Es sollte aber eine richtige Prinzessin sein. Er reiste in der ganzen Welt herum, aber er fand keine. Freilich gab es Prinzessinnen genug, aber ob es richtige waren, konnte der Prinz nicht herausfinden. Da reiste er traurig und ohne Prinzessin wieder nach Hause.

Eines Abends gab es ein fürchterliches Gewitter, es blitzte und donnerte, der Regen rauschte, es war ganz entsetzlich. Da klopfte es ans Stadttor, und der alte König ging öffnen.

Draußen stand eine Prinzessin. Wie sah die aus! Ganz naß war sie und ganz zerblasen! Das Wasser tropfte ihr aus Haar und Kleidern und lief ihr in die Schuhe und aus den Schuhen wieder heraus. Und sie sagte: „Ich bin eine richtige Prinzessin!"

Wir werden schon sehen, ob das auch stimmt, dachte die alte Königin. Sie ging in das Zimmer, in dem die Prinzessin schlafen sollte, und legte eine Erbse in das Bett unter die Matratze. Und über die eine Matratze legte sie noch zwanzig Matratzen und obendrauf noch zwanzig dicke Federdecken.

In diesem Bett mußte die Prinzessin die ganze Nacht liegen. Am Morgen fragte die alte Königin die Prinzessin, wie sie geschlafen hätte.

„Ganz schrecklich furchtbar schlecht!" sagte die Prinzessin. „Kein Auge hab' ich zugetan. Irgend etwas ist in meinem Bett gelegen, etwas Hartes, am ganzen Körper bin ich braun und blau davon!"

Da merkten sie alle, daß die Prinzessin eine wirkliche Prinzessin war, so empfindlich, daß sie durch einundzwanzig Matratzen und zwanzig Federdecken eine Erbse spürte.

Da heiratete der Prinz die Prinzessin, weil er nun ganz genau wußte, daß sie eine richtige Prinzessin war.

Die Erbse aber kam ins Museum oder in die königliche Schatzkammer, und wer will, kann sie sich ansehen. Wenn sie noch dort ist.

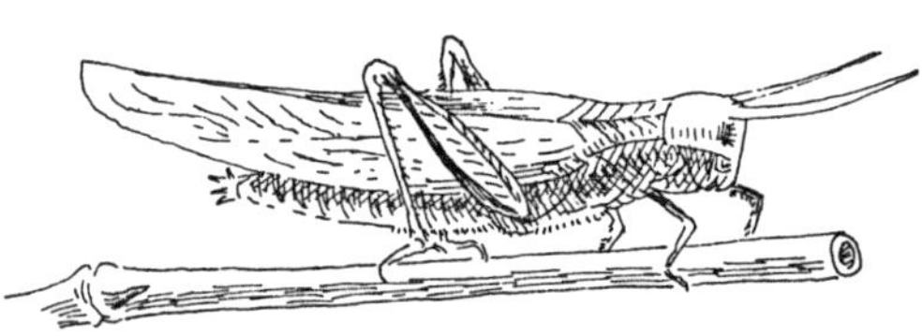

Aschenputtel

Einmal war ein reicher Mann, dem wurde seine Frau krank, und sie starb. Er hatte drei Töchter, und für die jüngste fing eine schlimme Zeit an. Die beiden älteren Schwestern nahmen ihr die schönen Kleider weg und zogen ihr einen alten grauen Kittel an und hölzerne Schuhe. Vom Morgen bis zum Abend mußte sie die schwere Arbeit im Haus tun, Holz schleppen und einheizen, kochen und waschen. Abends, wenn sie müde war, hatte sie kein Bett, sondern mußte sich neben den Herd in die Asche legen. Und weil sie darum immer staubig und schmutzig aussah, nannten sie alle das Aschenputtel.

Einmal wollte der Vater verreisen und fragte seine Töchter, was er ihnen mitbringen sollte.

„Schöne Kleider", sagte die erste Tochter.

„Perlen und Edelsteine", sagte die zweite Tochter.

„Und du, Aschenputtel", sprach der Vater, „was willst du haben?"

„Bring mir einen Haselzweig mit, Vater", antwortete Aschenputtel.

Der Vater kaufte schöne Kleider, Perlen und Edelsteine. Auf dem Heimweg ritt er an einem Haselbusch vorbei und brach einen Zweig ab. Als er nach Hause kam, gab er seiner ersten und zweiten Tochter, was sie sich gewünscht hatten, und dem Aschenputtel gab er den Zweig von dem Haselbusch. Aschenputtel ging zu der Mutter Grab, pflanzte den Zweig ein und weinte so sehr, daß die Tränen darauf niederfielen und ihn begossen. Der Zweig wuchs aber und wurde ein schöner Baum. Alle Tage ging Aschenputtel hin, und immer saßen zwei weiße Tauben auf dem Baum und gurrten.

Es trug sich zu, daß der König in seinem Schloß ein Fest feiern wollte, das sollte drei Tage dauern. Alle Mädchen im Lande wurden eingeladen, und welches Mädchen dem Königssohn am besten gefiel, sollte seine Braut werden. Als die erste und die zweite Schwester davon hörten, riefen sie Aschenputtel und sagten: „Wasch dir die Hände und kämm uns das Haar, bürste uns die Schuhe und bügle unsere neuen Kleider! Wir gehen zum Ball auf des Königs Schloß."

Aschenputtel tat alles, was die Schwestern ihm auftrugen, und während es ihnen das Haar kämmte, dachte es bei sich: Ein Aschenputtel wird der Prinz gewiß nicht heiraten, aber sehen möchte ich ihn einmal! Und es wünschte sich, auf den Ball zu gehen, und wünschte es sich immer mehr. Endlich bat es die Schwestern, ihm eines ihrer Kleider zu borgen, weil es selber kein schönes Kleid hatte.

„Du, Aschenputtel, willst auf den Ball gehen? Wir müßten uns schämen für dich!" riefen die Schwestern. Sie wollten sich aber einen Spaß machen, schütteten eine Schüssel Linsen in die Herdasche und sagten: „Klaub die Linsen aus der Asche! Wenn du fertig bist, darfst du auf den Ball nachkommen. Beeil dich, Aschenputtel!" Und damit gingen sie aus dem Haus und eilten zum Schloß des Königs.

Aschenputtel trat ans Küchenfenster und rief: „Ihr weißen Täubchen, all ihr Vöglein unter dem Himmel, kommt und helft mir!"

Da kamen zum Küchenfenster die zwei weißen Tauben herein, und dann schwirrten und schwärmten alle Vöglein unter dem Himmel herein und ließen sich um die Asche neben dem Herd nieder. Aschenputtel sprach: „Merkt euch, wie's geht!

Die guten ins Töpfchen,
die schlechten ins Kröpfchen!"

Die Täubchen nickten mit den Köpfchen und fingen an pick, pick, pick, pick, und da fingen die übrigen Vögel auch an pick, pick, pick, pick. Die guten Linsen warfen sie in den Kochtopf, und die schlechten schluckten sie. Kaum war eine Stunde herum, so waren sie schon fertig und flogen alle wieder zum Fenster hinaus.

Die zwei weißen Täubchen aber flogen zu der Mutter Grab, und Aschenputtel ging ihnen nach. Und wie es unter dem Haselbaum stand, wünschte es sich so sehr, ein Kleid zu haben und auf den Ball zu gehen, daß es sprach:

„Bäumchen, Bäumchen, rüttel dich,
wirf Gold und Silber über mich!"

Da warf ihm der Baum ein silbernes Kleid herunter und silberne Pantoffel. Aschenputtel lief ins Haus, wusch sich und zog das Kleid und die Pantöffelchen an und ging auf das Schloß. Seine Schwestern erkannten es nicht und meinten, es wäre eine fremde Königstochter, so schön sah es aus in seinem silbernen Kleid. Der Königssohn kam ihm entgegen, nahm es bei der Hand und tanzte mit ihm. Er wollte mit keinem anderen Mädchen tanzen, und wenn ein anderer kam und es zum Tanz aufforderte, sagte er: „Das ist meine Tänzerin."

Als der Ball zu Ende war, wollte der Königssohn Aschenputtel heimbegleiten, aber es entwischte ihm und lief zu dem Haselbäumchen. Dort zog es das silberne Kleid aus und legte es aufs Grab. Die weißen Tauben kamen und nahmen das Kleid, und Aschenputtel schlüpfte in seinen grauen Kittel, lief nach Hause und legte sich neben den Herd in die Asche.

Am nächsten Tag schütteten die Schwestern wieder Linsen in die Asche. Aschenputtel ging ans Fenster und rief: „Ihr weißen Täubchen, all ihr Vöglein unter dem Himmel, kommt und helft mir." Und als die Vögel dahergeschwirrt kamen, sagte es:

„Die guten ins Töpfchen,
die schlechten ins Kröpfchen",

und bald waren die Vögel fertig. Aschenputtel ging den zwei Täubchen nach zum Haselbaum und sprach:

„Bäumchen, Bäumchen, rüttel dich,
wirf Gold und Silber über mich!"

Da warf der Baum ein goldenes Kleid herab und goldene Pantöffelchen. Als Aschenputtel im goldenen Kleid auf dem Ball erschien, staunten alle über die Schönheit des fremden Mädchens. Der Königssohn hatte aber gewartet, bis es kam, nahm es an der Hand und tanzte nur mit ihm. Wenn die anderen kamen und es zum Tanz aufforderten, sagte er: „Das ist meine Tänzerin."

Als es nun Abend wurde, wollte er es wieder nach Hause begleiten, aber Aschenputtel entwischte ihm und lief zum Grab und gab dem Haselbäumchen und den Tauben das Kleid zurück.

Am dritten Tag schütteten die Schwestern noch einmal Linsen in die Asche. Als die Schwestern fort waren und die Vögel die Linsen aus der Asche gepickt hatten, ging Aschenputtel den Tauben nach zu seiner Mutter Grab und sprach:

„Bäumchen, Bäumchen, rüttel dich,
wirf Gold und Silber über mich!"

Diesmal warf ihm der Baum ein Kleid herab, das war weiß und schimmerte wie Mondschein, und die Pantöffelchen waren aus Seide und mit Perlen bestickt. Als Aschenputtel in dem weißen Kleid zum Ball kam, wußten die Gäste nicht, was sie vor Verwunderung sagen sollten. Wieder tanzte der Königssohn nur mit dem fremden Mädchen.

Als es nun Abend war, wollte Aschenputtel fort, und der Königssohn wollte es begleiten, aber es entsprang ihm so geschwind, daß er nicht folgen konnte. Der Königssohn aber hatte die ganze Treppe mit klebrigem Pech bestreichen lassen, und als Aschenputtel über die Treppe davonsprang, blieb eines seiner Pantöffelchen am Pech hängen. Der Königssohn hob das seidene Pantöffelchen auf, es war klein und zierlich und ganz mit Perlen bestickt. Da ließ der Königssohn im ganzen Land verkünden, kein anderes Mädchen sollte seine Braut werden als dasjenige, dem der kleine seidene Pantoffel paßte.

Alle Mädchen im Land probierten den seidenen Pantoffel, aber keinem paßte er. Zuletzt kam der Königssohn auch vor das Haus geritten, in dem Aschenputtel und die Schwestern wohnten. Die älteste Schwester ging mit dem Pantoffel in die Kammer und wollte ihn anprobieren, aber sie konnte mit der großen Zehe nicht hineinkommen, der Pantoffel war ihr zu klein. Da dachte sie: Wenn ich Königin bin, brauche ich nicht mehr zu Fuß zu gehen. Sie hieb ein Stück von der Zehe ab, zwängte den Fuß in den Pantoffel, verbiß den Schmerz und ging hinaus zum Königssohn.

Der Königssohn hob sie auf sein Perd und ritt mit ihr als seiner Braut davon. Als sie aber an dem Haselbäumchen vorbeiritten, saßen die zwei Täubchen dort und riefen:

„Rucke di guh, rucke di guh,
Blut ist im Schuh.
Der Schuh ist zu klein,
die rechte Braut sitzt noch daheim."

Der Königssohn blickte auf den Fuß seiner Braut und sah das Blut. Da wendete er sein Pferd und brachte die falsche Braut zurück.

Nun ging die zweite Schwester in die Kammer und kam mit den Zehen glücklich in den Pantoffel, aber die Ferse war zu groß. Wenn ich Königin bin, brauche ich nicht mehr zu Fuß zu gehen, dachte die Schwester. Sie hieb ein Stück von der Ferse ab, zwängte den Fuß in den

Schuh, verbiß den Schmerz und ging hinaus zum Königssohn.

Da hob der Königssohn sie auf sein Pferd und ritt mit ihr als seiner Braut davon. Als sie an dem Haselbäumchen vorbeikamen, saßen die zwei Täubchen darauf und riefen:

„Rucke di guh, rucke di guh,
Blut ist im Schuh.
Der Schuh ist zu klein,
die rechte Braut sitzt noch daheim."

Der Königssohn blickte nieder auf den Fuß seiner Braut und sah, daß die Ferse blutete. Da wendete er sein Pferd und brachte die falsche Braut nach Hause.

„Die ist auch nicht die rechte", sagte der Königssohn zum Vater der drei Schwestern. „Alle Mädchen im Land haben schon den Pantoffel probiert, und keinem hat er gepaßt. Habt Ihr nicht noch eine Tochter?"

„Nur das Aschenputtel ist noch da", antwortete der Vater, „das kann unmöglich die Braut sein."

„Schickt es zu mir", sagte der Königssohn.

„Ach nein", riefen die Schwestern, „Aschenputtel ist viel zu schmutzig, es darf sich nicht sehen lassen."

Der Königssohn wollte es aber durchaus haben, und der Vater mußte Aschenputtel rufen. Da wusch es sich Hände und Gesicht, ging zum Königssohn und neigte sich vor ihm. Er reichte ihm den seidenen Pantoffel, es setzte sich auf einen Schemel, zog den Fuß aus dem schweren Holzschuh und steckte ihn in den Pantoffel, und der paßte wie angegossen. Und als es sich aufrichtete und der Königssohn ihm ins Gesicht sah, erkannte er das schöne Mädchen, das mit ihm getanzt hatte, und rief: „Das ist die rechte Braut!"

Die beiden Schwestern erschraken und wurden bleich vor Zorn. Der Königssohn aber nahm Aschenputtel aufs Pferd und ritt mit ihm fort. Als sie an dem Haselbäumchen vorbeikamen, riefen die beiden weißen Täubchen:

„Rucke di guh, rucke di guh,
kein Blut ist im Schuh!
Der Schuh ist nicht zu klein,
die rechte Braut, die führt er heim!"

Und als sie das gerufen hatten, kamen sie beide herabgeflogen und setzten sich dem Aschenputtel auf die Schultern, eine rechts und eine links, und blieben da sitzen und ritten mit auf die Hochzeit.

Die Eule und die Miezekatze

Eule und Katze gingen zur See.
Ihr Schiff war grün wie Erbsenpüree.
Sie nahmen Honig und Geld mit und
sagten: „Wir fahren die Erde rund!"
Die Eule zupfte Gitarre, kling klang,
guckte die Sterne an und sang:
„O Miezekatze, du geliebte Miezekatze mein,
es kann auf Erden keine schön're Miezekatze sein
als du,
als du,
geliebte schönste Miezekatze du!"

Die Katze sprach: „O Eule, dein Gesang
macht mir mein Miezekatzenherz vor Glück ganz bang.
Miau, ich weiß genau,
wir werden Mann und Frau!
Ach, liebe Eule, bring mir, bring
so schnell du kannst den Hochzeitsring!"
Sie segelten nun Jahr und Tag und kamen in das Land,

wo unterm Hochzeitsglockenbaum
   ein kleines Schweinchen stand,
dem hing,
dem hing,
am Rüsselchen der schönste Hochzeitsring.

„Verkauf uns den Ring, du liebes Schwein!"
Das liebe Schwein, es sagte nicht nein.
Bräutigam Eule und Katze Braut
wurden vom Truthahn am Hügel getraut.
Es roch nach Minze, zu essen gab's Schnitten
von allerreifsten süßen Quitten.
Sie aßen mit den Gabeln, und sie aßen mit den Pfoten,
denn das Essen mit den Pfoten
   ist beim Picknick nicht verboten.
Die Nacht,
die Nacht,
hat Mondschein für den Hochzeitstanz gebracht.

Warum der Rabe schwarz ist

In den alten Zeiten waren Rabe und Eule unscheinbare graue Vögel. Damals waren ein Rabe und eine Eule gute Freunde, sie flogen oft miteinander aus, hatten aber keine Freude daran, weil die anderen Vögel immer hinter ihnen her zwitscherten:

„Schau! Schau!
Rabe grau!
Eule grau!
Schau! Schau!"

Und die Vögel plusterten sich auf, zeigten stolz ihr buntes Federkleid, und Rabe und Eule schämten sich, weil sie sich häßlich vorkamen.

Einmal flogen sie über einen Garten und sahen darin einen Topf mit schwarzer Farbe stehen. „Weißt du was?" sagte der Rabe zur Eule. „Wir wollen uns ein hübsches Federkleid malen, und dann wird uns niemand mehr verspotten."

Die Eule war damit einverstanden, der Rabe packte den Topf mit dem Schnabel, sie flogen aufs Feld und ließen sich dort nieder. „Zuerst will ich dich schönmachen", sagte der Rabe. „Setz dich hin und halte ganz still!"

Er tunkte eine Feder in die schwarze Farbe und begann, Tupfen auf das Federkleid der Eule zu malen. Meine Freundin wird sich wundern, wie schön ich sie mache, dachte er, trippelte um die Eule herum und tupfte und tupfte.

Der Eule fiel das Stillsitzen schwer. „Bist du noch nicht fertig?" fragte sie.

„Hab noch ein Weilchen Geduld", antwortete der Rabe, und er trippelte und tupfte.

Endlos lange schien es der Eule zu dauern, und sie dachte: Ich werde meinen Freund nicht so lange quälen.

Endlich war der Rabe fertig. „Jetzt siehst du aber hübsch aus!" rief er und klatschte vor Freude in die Flügel. „Wunderschön bist du geworden!"

Die Eule hüpfte zu einem nahen Teich und beguckte sich im Wasserspiegel. Wirklich, sie gefiel sich! Das graue Federkleid war mit unzähligen Tupfen besät, an den Flügelspitzen waren große Tupfen, auf dem Kopf ganz kleine.

Das hat mein Freund, der Rabe, gut gemacht, dachte die Eule. Aber wie wird er erst über das staunen, was ich mit ihm tue. Und ganz schnell werde ich fertig sein!

„Mach die Augen zu!" befahl die Eule. „Du darfst sie

erst öffnen, wenn ich es erlaube. Ich habe etwas ganz Besonderes vor."

Der Rabe schloß die Augen, saß glücklich da und wartete. Die Eule packte den Topf, hielt ihn über den Kopf des Raben und leerte die ganze Farbe über ihn aus. Vom Kopf bis zu den Schwanzfedern wurde der Rabe schwarz.

„Augen auf!" rief die Eule.

„Du bist schon fertig?" fragte der Rabe verwundert. Er hüpfte zum Teich – und was sah er da? Einen rabenschwarzen Raben!

„Eule", rief er, „was hast du getan? Jetzt werden die Vögel mich erst recht verspotten. Und im Sommer und im Winter werden alle Jäger mich von weitem sehen und nach mir schießen."

„Ich habe es doch gut gemeint", antwortete die Eule verlegen.

Der Rabe war aber so unglücklich, daß er kein Wort erwiderte, die Flügel ausbreitete und fortflog. Seit diesem Tag wollen Rabe und Eule nicht mehr Freunde sein, und man sieht sie nie mehr beisammen.

Die drei Schätze

Einmal war ein junger Bursche, der liebte ein Mädchen, und das Mädchen liebte ihn. Der Vater des Mädchens wollte die beiden aber erst heiraten lassen, wenn der Bursche drei kostbare Dinge heimbrächte: einen goldenen Ball, eine goldene Perle und eine goldene Nadel.

Wo in aller Welt soll ich diese Schätze finden? dachte der Bursche. Dann aber hörte er von einem weisen Mann, der sehr weit weg auf einem hohen Berg lebte und dem jedermann Fragen stellen durfte. Der Bursche machte sich auf und ging fort, den alten Mann auf dem Berg zu besuchen. Nachdem er lange gewandert war, kam er zu einer

Hütte, vor der saß eine alte Frau und weinte.

„Warum weinst du, Mütterchen?“ fragte der Bursche.

„Ich habe niemanden auf der Welt als mein Kätzchen“, antwortete die alte Frau. „Seit drei Tagen ist es krank und will keine Milch mehr trinken.“

„Ich gehe zum weisen Mann auf dem Berg“, sagte der Bursche. „Gewiß wird er mir sagen können, was deinem Kätzchen fehlt.“

Er wanderte weiter und kam zu einer zweiten Hütte, vor der saß eine Frau, die war noch älter als die erste. Auch diese alte Frau weinte.

„Warum weinst du, Mütterchen?“ fragte der Bursche.

„Ich habe niemanden auf der Welt als mein Huhn“, antwortete die noch ältere Frau. „Seit drei Tagen ist es krank und will keine Körner mehr picken.“

Der Bursche versprach, den weisen Mann um Rat zu fragen. Nach einer Weile kam er zu einer dritten Hütte, vor der saß eine weinende uralte Frau.

„Warum weinst du, Mütterchen?“ fragte der Bursche ein drittes Mal.

„Ich habe niemanden auf der Welt als mein Hündchen“, antwortete die uralte Frau. „Seit drei Tagen will es nicht mehr laufen und springen.“

Wieder versprach der Bursche, den weisen Mann zu fragen, und ging weiter. Endlich kam er zu dem Berg, stieg hinauf und fand oben den weisen Mann. Der Bursche grüßte und fragte nach der goldenen Nadel, der goldenen Perle und dem goldenen Ball. Dann fragte er, warum Kätzchen und Huhn und Hündchen krank waren.

Der weise Mann hörte zu und fragte: „Weißt du nicht, daß ich jedem nur drei Fragen beantworten darf? Du mußt dich entschließen, woran dir am meisten liegt.“

Nun wünschte sich der Bursche nichts sehnlicher, als die drei Schätze zu finden, damit er sein Mädchen heiraten durfte, aber er dachte an die alte Frau und an die noch ältere Frau und an die uralte, und daß sie nichts auf der Welt mehr hatten als Kätzchen und Huhn und Hündchen. Ich bin jung, sagte er sich, ich werde die goldene Perle und den goldenen Ball und die goldene Nadel schon noch finden. So stellte er die drei Fragen der alten Frauen, und der weise Mann beantwortete sie ihm, eine nach der anderen.

Der Bursche dankte und ging den Berg hinunter. Bei der Hütte der uralten Frau blieb er stehen und sagte: „Dein Hündchen hat sich etwas Spitzes in die Pfote getreten, und darum will es nicht mehr laufen und springen."

Und wirklich, als er die Pfote des Hündchens ansah, steckte darin etwas Spitzes. Er zog es heraus, und es war eine goldene Nadel. Die uralte Frau war so froh, daß sie ihm die Nadel schenkte.

Der Bursche wunderte sich und dachte: Ich habe den Wunsch der uralten Frau erfüllt und dabei eines der kostbaren Dinge gefunden. Er ging zu der zweiten Hütte, wo die nicht ganz so alte Frau saß, und sagte: „Dein Huhn mag nicht mehr Körner picken, weil ihm etwas Hartes im Hals steckengeblieben ist."

Er öffnete den Schnabel des Huhnes. Das Huhn fing zu husten an und hustete eine goldene Perle aus. Diese goldene Perle erhielt er zum Dank von der nicht ganz so alten Frau.

Als er zu der dritten Hütte kam, rief er schon von weitem: „Dein Kätzchen mag keine Milch mehr schlecken, weil es etwas großes Rundes gefressen hat."

Er schaute dem Kätzchen ins Mäulchen, und das Kätzchen hustete einen goldenen Ball aus.

Nun hatte der Bursche die drei Schätze und fing zu laufen an und lief, bis er daheim war. Noch am gleichen Tag heiratete er sein Mädchen, und die beiden waren glücklich, daß sie einander hatten.

Tiki Winzigklein

Es war einmal eine alte Frau, die lebte ganz allein in einem kleinen Haus, das in einem kleinen Garten stand.

Jeden Abend saß die alte Frau auf der Bank vor dem Haus und dachte: Wenn ich doch nicht so allein wäre! Wenn ich doch jemanden hätte, der mich liebhat und den ich liebhabe!

Eines Abends hatte die alte Frau solche Sehnsucht, daß sie aufstand und fortwanderte. Sie ging und ging, und noch immer war sie ganz allein. Endlich kam sie zu einem Busch, und in dem Busch saß ein kleiner Junge. Winzig klein war er, gerade so groß wie der Daumen der alten Frau.

Die alte Frau blieb stehen und fragte den winzig kleinen Jungen: „Wer bist du denn, und warum sitzt du hier im Busch?"

„Ich bin Tiki Winzigklein", antwortete der winzig kleine Junge. „Und ich sitze hier im Busch und warte, daß jemand kommt, der mich liebhat."

Da klopfte der alten Frau das Herz vor Freude, und sie sagte: „Komm mit mir in mein kleines Haus, Tiki Winzigklein! Ich werde dich liebhaben, und vielleicht kannst auch du mich ein wenig liebhaben."

„Ich werde dich sogar sehr liebhaben", antwortete Tiki Winzigklein. „Aber wenn ich mit dir gehe, mußt du auch mein Kälbchen mitnehmen, das hinter dem Busch steht."

Wirklich stand hinter dem Busch ein Kälbchen. Es hatte krause Haare auf der Stirn, und es hatte sanfte braune Augen.

„Freilich will ich dein Kälbchen mitnehmen", sagte die alte Frau und dachte: Nun habe ich zwei zum Liebhaben.

Sie gingen miteinander zu dem kleinen Haus. Die alte Frau buk einen Kuchen für Tiki Winzigklein, und dem Kälbchen gab sie Milch.

Von nun an war die alte Frau nicht mehr allein. Die Zeit verging, und das Kälbchen wuchs und wurde größer. Tiki Winzigklein aber blieb immer nur so groß wie der Daumen der alten Frau.

Eines Tages kam ein König an dem Haus der alten Frau vorbei und sah das Kälbchen im Garten. Der König hatte viele Kälbchen und Kühe in seinen königlichen Ställen, aber keines seiner Kälbchen war so hübsch und kräftig wie das der alten Frau. „Dieses Kälbchen will ich haben", sagte der König und befahl seinen Dienern, es in die königlichen Ställe zu führen.

Als die alte Frau das hörte, fing sie zu weinen an. Tiki Winzigklein aber, der auf ihrer Schulter saß, flüsterte ihr ins Ohr: „Keine Angst! Der König soll unser Kälbchen nicht bekommen!"

Tiki Winzigklein sprang von der Schulter der alten Frau auf den Kopf des Kälbchens und versteckte sich dort im krausen Stirnhaar.

Die Diener wollten das Kälbchen am Halsband nehmen, aber das Kälbchen rief:

„König, o König,
schick deine Diener fort!
Ich werde mit dir gehen,
wenn du mir einen Wunsch erfüllst!"

Da erschraken die Diener und liefen aus dem Garten. Noch nie hatten sie ein Kälbchen reden hören! Sie wußten ja nicht, daß Tiki Winzigklein es war, der zu dem König sprach, weil sie ihn im krausen Stirnhaar nicht sehen konnten, winzig klein wie er war.

Der König aber wünschte sich noch mehr als zuvor, dieses Kälbchen zu besitzen. „Welchen Wunsch hast du?" fragte er. „Ich will dir alles erfüllen, worum du mich bittest."

Tiki Winzigklein antwortete:

„König, o König,
schöpfe alles Wasser aus den Brunnen
in deinen königlichen Gärten,
und gib das Wasser deiner Brunnen
dem Fluß,
der hinter dem Schloß vorüberfließt.“

Der König wunderte sich über diese Bitte. „Der Fluß hat Wasser genug“, sagte er. „Wozu soll ich ihm das Wasser meiner Brunnen geben?“

Tiki Winzigklein antwortete (der König freilich meinte, das Kälbchen rede):

„König, o König,
du sprichst wahr.
Der Fluß
braucht das Wasser deiner Brunnen nicht,
der Fluß hat selber Wasser genug.“

„Warum hast du dann einen so unvernünftigen Wunsch?“ fragte der König.

Tiki Winzigklein antwortete:

„König, o König,
hast du nicht genug Kälbchen
in deinen Ställen?
Warum willst du das Kälbchen der alten Frau,
die nur dieses eine hat und sonst keines?
Ist das nicht auch
ein unvernünftiger Wunsch?“

Da war der König still und dachte nach, und dann sagte er: „Du hast recht, Kälbchen!“ Und er ging mit seinen Dienern fort.

Tiki Winzigklein, die alte Frau und das Kälbchen blieben alle drei in dem kleinen Haus und in dem kleinen

Garten, und sie hatten einander lieb und waren so glücklich, wie man nur sein kann.

Computermärchen

Es war einmal ein Erfinder, der bastelte einen Computer. Er setzte ihn aus allem möglichen zusammen, was zu einem Computer gehört. Und dann tat er noch etwas dazu, eine kleine Schraube, und zwar an einer ganz bestimmten Stelle. Und diese Schraube hatte überhaupt keinen Zweck.

Der Computer konnte alles, was man von einem Computer verlangen kann: er konnte essen, trinken, niesen, rechnen, schreiben, staubsaugen, kochen, Geige spielen. Er konnte in Schornsteinen auf und ab klettern und Fernrohre reparieren, er konnte Blumen gießen und Babies herumtragen, er konnte Auto fahren und Brücken bauen, er konnte reiten und singen, er konnte mogeln und die Wahrheit sagen, er konnte Krokodile hüten und Flöhe dressieren und sich nach Belieben so groß machen wie die größte Wolke oder so klein wie ein Hasenschwänzchen oder noch kleiner. Das einzig Unpraktische an dem Computer war, daß er seinem Erfinder überall nachlief, weil er so ängstlich war. Er fürchtete sich, einmal, weil der Himmel blau war, ein andermal, weil ein Blatt raschelte, dann wieder, weil eine Feuerwerksrakete so laut krachte und in lauter Sterne zersprang. Und dann fürchtete er sich in der Schule, denn zur Schule ging er nämlich auch. In der Schule starrten ihn immer alle an und sagten: „Du kannst ja alles!" Und dann wurde ihm so unheimlich, daß er anfing, sich vor sich selber zu fürchten.

Glücklicherweise gab es da ein kleines Mädchen in der Klasse, das saß neben dem Computer in der Bank und konnte ihn sehr gut leiden. Es verstand nämlich, daß man sich manchmal vor dem blauen Himmel fürchtete oder vor einem raschelnden Blatt, so was kommt vor. Das kleine Mädchen war das einzige, wovor der Computer sich nicht fürchtete. „Das macht gar nichts, daß du alles kannst! Irgend etwas werden wir schon finden, was du nicht kannst!“ sagte das kleine Mädchen. „Was hast du denn da für eine Schraube hinterm Ohr?“

„Ach, die ist zu gar nichts nütze“, sagte der Computer.

Da nahm das kleine Mädchen einen Schraubenzieher und drehte die Schraube ein klein wenig auf und ein ganz klein wenig zu.

„Das kitzelt, das kitzelt!“ schrie der Computer und fing zu lachen an. Und er erschrak fürchterlich, weil er lachte. „Was ist denn das, was ich da tue?“ fragte er das kleine Mädchen. „Hab’ ich Husten? Ha – ha – ha!“

„Das ist kein Husten“, sagte das kleine Mädchen, „du mußt lachen, das ist alles!“

„Lachen?“ fragte der Computer. „Das macht Spaß!“

„Das glaube ich!“ sagte das kleine Mädchen, und sie lachten zusammen. „Siehst du, ich hab’ immer gesagt, wir finden schon noch, was dir fehlt! Du hast nicht lachen können!“ Und sie lachten und lachten.

Da kam der Erfinder gerannt und schrie: „Was ist denn los? Was hast du denn mit meinem Computer gemacht? Ein Computer hat nicht zu lachen! Wozu denn?“

„Nur so!“ sagte der Computer. „Einfach nur so!“

Da nahm der Erfinder einen Schraubenzieher und wollte die Schraube hinterm Ohr herausdrehen. „Ein Computer muß nicht lachen können“, sagte er. „Das ist ganz und gar unnötig!“

Da nahm der Computer dem Erfinder den Schraubenzieher aus der Hand und sagte: „Kommt nicht in Frage!“ Und dann nahmen der Computer und das kleine Mädchen einander an der Hand und gingen mitsammen in das Land, wo auch die Computer lachen dürfen, wenn’s ihnen

Spaß macht, und der Erfinder hatte das Nachsehen. Er hat dann noch viele Sachen erfunden, gescheite und dumme, aber einen Computer, der lachen kann, hat er nie wieder fertiggebracht, und daran ist er eigentlich selber schuld. Stimmt's?

Der Satellit im Apfelbaum

Eines Tages hing im Apfelbaum etwas, das war so rund wie ein Apfel. Ganz oben hing es, und es war schon später Herbst, und alle Äpfel waren schon abgenommen. „Da haben wir doch einen Apfel oben vergessen!" sagte der Vater. „Soll er hängen bleiben!"

In der Nacht erwachte Maxi von einem seltsamen Gepiepe und Geblinker vor dem Fenster. Und da schaute er hinaus und sah, daß es der Apfel auf dem Apfelbaum war, der so piepste und blinkerte. Da dachte Maxi: Das ist kein Apfel. Ein Apfel piepst und blinkert nicht. Er zog sich leise an und schlich aus dem Haus zum Apfelbaum. Und da sah er, daß es wirklich kein Apfel war, sondern etwas Rundes mit Antennen, ein kleiner Satellit. Der hatte sich auf seiner Reise durch den Weltraum im Apfelbaum verfangen. Maxi kletterte hinauf und pflückte den Satelliten vom Apfelbaum und nahm ihn mit ins Bett, um mit ihm zu spielen.

Der kleine Satellit blinkerte und piepste noch immer. Eine Tür war auch dran. Maxi öffnete die Tür und zog ein paar kleine grüne Männchen heraus, die fuchtelten mit Ärmchen und Beinchen und piepsten. Maxi verstand sie erst nicht, aber dann merkte er, die Männchen wollten nicht auf seiner Bettdecke sitzen, sondern weiterfliegen. Und plötzlich verstand er, was sie sprachen. Ein kleiner Grüner sagte ganz deutlich: „Du mußt uns loslassen. Wir wohnen weit hinter der Milchstraße auf dem Stern Xixilanti. Wir fliegen im Weltraum herum und tragen Grüße von Stern zu Stern. Hättest du uns für einen Apfel gehalten und auf dem Apfelbaum hängen lassen, dann wären wir elendiglich umgekommen. Du hast uns gerettet. Wir würden gern mit dir spielen, aber wir müssen weiterfliegen. Verstehst du?"

Da nickte Maxi und ließ die kleinen Männchen einsteigen und öffnete das Fenster. Der kleine Satellit blinkerte und piepste als Abschiedsgruß, und dann surrte er aus dem Fenster und verschwand in der Nacht zwischen den Sternen.

Der kleine Häwelmann

Es war einmal ein kleiner Junge, der hieß Häwelmann. Des Nachts schlief er in einem Bettchen, das hatte Räder an den Beinen. Auch des Nachmittags, wenn er müde war, schlief er darin. Wenn er aber nicht müde war, so mußte seine Mutter ihn damit in der Stube umherfahren, und davon konnte er nie genug bekommen.

Nun lag der kleine Häwelmann eines Nachts in seinem Räderbett und konnte nicht einschlafen. Die Mutter aber schlief schon lange neben ihm in ihrem großen Himmelbett. „Mutter", rief der kleine Häwelmann, „ich will fahren!" Und die Mutter langte im Schlaf mit ihrem Arm aus dem Bett und rollte das kleine Bettchen hin und her. Wenn ihr der Arm müde werden wollte, so rief der kleine Häwelmann: „Mehr, mehr!"

Endlich aber schlief die Mutter fest ein. Und soviel Häwelmann auch schreien mochte, sie hörte es nicht. Es dauerte nicht lange, so sah der Mond in die Fensterscheiben, der gute alte Mond, und was er da sah, war so possierlich, daß er sich erst mit seinem Pelzärmel über das Gesicht fuhr, um sich die Augen auszuwischen. Da lag der kleine Häwelmann in seinem Bett und hielt das eine Beinchen wie einen Mastbaum in die Höhe. Sein kleines Hemd hatte er ausgezogen und hängte es wie ein Segel an seiner kleinen Zehe auf. Dann nahm er ein Hemdzipfelchen in jede Hand und fing mit beiden Backen an zu blasen. Und allmählich, leise, leise, fing das Bett an zu rollen, über den Fußboden, dann die Wand hinauf, dann kopfüber die Decke entlang und dann die andere Wand wieder hinunter.

„Mehr, mehr!" schrie Häwelmann, als er wieder auf dem Boden war. Und dann blies er wieder seine Backen auf, und dann ging es wieder kopfüber und kopfunter.

Als er dreimal die Reise gemacht hatte, guckte der Mond ihm plötzlich ins Gesicht. „Junge", sagte er, „hast du noch nicht genug?"

„Nein", schrie Häwelmann, „mehr, mehr! Ich will durch die Stadt fahren. Alle Menschen sollen mich fahren sehen. Mach mir die Tür auf!"

„Das kann ich nicht", sagte der gute Mond, aber er ließ einen langen Strahl durch das Schlüsselloch fallen, und darauf fuhr der kleine Häwelmann zum Haus hinaus.

Auf der Straße war es ganz still und einsam. Die hohen Häuser standen im hellen Mondschein und schauten mit ihren schwarzen Fenstern in die Stadt; aber die Menschen waren nirgends zu sehen. Es rasselte, als der kleine Häwelmann in seinem Räderbett über das Straßenpflaster fuhr. Der gute Mond ging immer neben ihm und leuchtete. So fuhren sie straßenaus, straßenein. Als sie bei der Kirche vorbeikamen, da krähte auf einmal der große goldene Hahn auf dem Glockenturm.

Sie hielten still. „Was machst du da?" rief der kleine Häwelmann hinauf.

„Ich krähe zum erstenmal!" rief der goldene Hahn herunter.

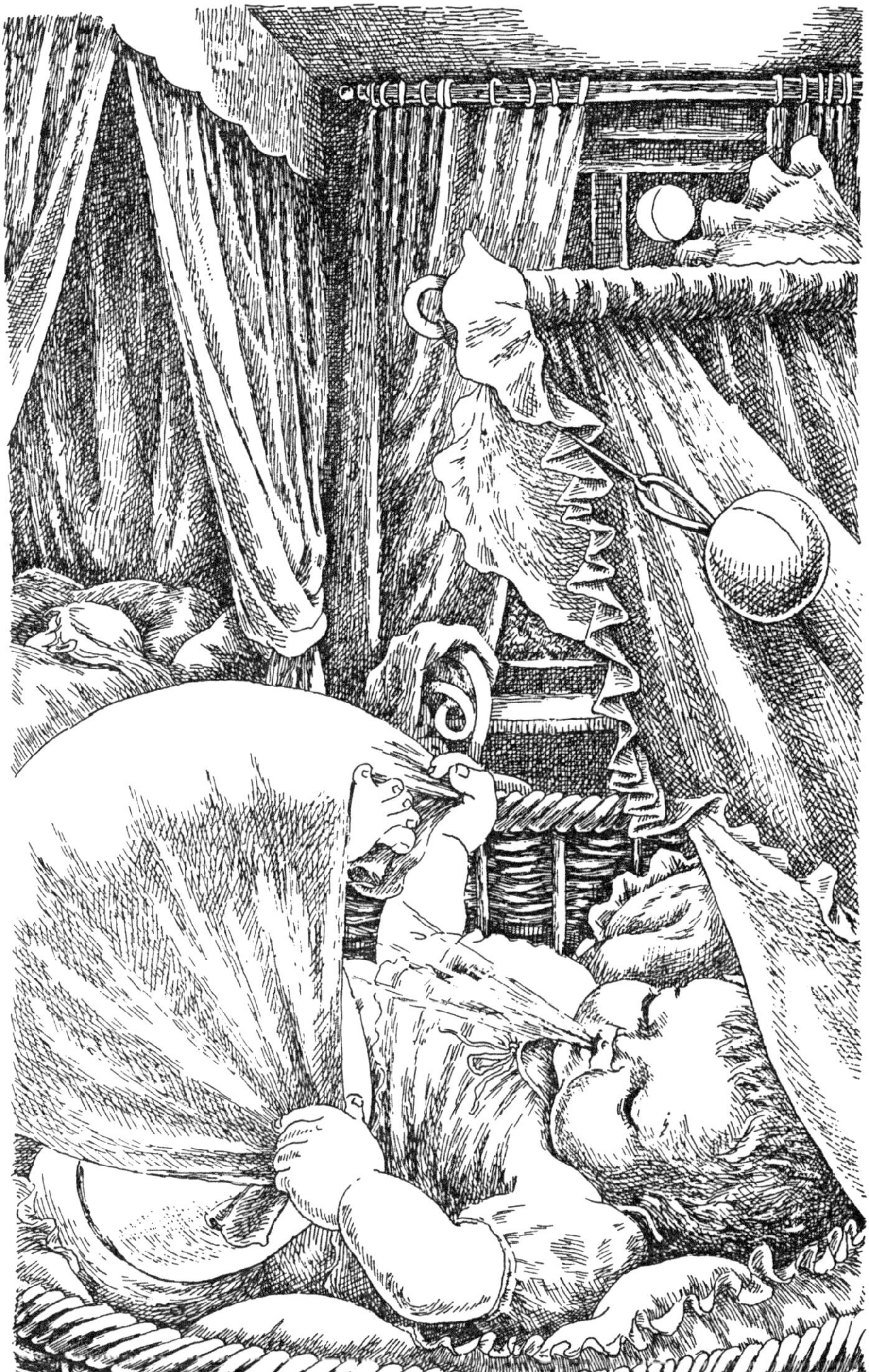

„Wo sind denn die Menschen?“ rief der kleine Häwelmann hinauf.

„Die schlafen“, rief der goldene Hahn herunter, „wenn ich zum drittenmal krähe, dann wacht der erste Mensch auf.“

„Das dauert mir zu lange“, sagte Häwelmann, „ich will in den Wald fahren, alle Tiere sollen mich fahren sehen!“

„Junge“, sagte der gute alte Mond, „hast du noch nicht genug?“

„Nein“, schrie Häwelmann, „Mehr, mehr! Leuchte, alter Mond, leuchte!“

Und er blies die Backen auf, und der gute alte Mond leuchtete, und so fuhren sie zum Stadttor hinaus und übers Feld und in den dunklen Wald hinein. Der gute Mond hatte große Mühe, zwischen den vielen Bäumen durchzukommen. Mitunter war er ein ganzes Stück zurück, aber er holte den kleinen Häwelmann doch immer wieder ein.

Im Wald war es still und einsam. Die Tiere waren nicht zu sehen, weder die Füchse noch die Hasen, auch nicht die kleinen Mäuse. Nur eine kleine Katze saß oben in einem Eichbaum und funkelte mit den Augen. Da hielten sie still. „Das ist der kleine Hinze!“ sagte Häwelmann, „ich kenne ihn wohl. Er will mit den Augen wie die Sterne funkeln.“

Und als sie weiterfuhren, sprang die kleine Katze von Baum zu Baum.

„Wo sind denn die anderen Tiere?“ rief der kleine Häwelmann hinauf.

„Die schlafen“, rief die kleine Katze herunter. „Horch nur, wie sie schnarchen!“

„Junge“, sagte der gute alte Mond, „hast du noch nicht genug?“

„Nein“, schrie Häwelmann, „mehr, mehr! Leuchte, alter Mond, leuchte!“ Und dann blies er die Backen auf, und der gute alte Mond leuchtete. Und so fuhren sie zum Wald hinaus und dann über die Heide bis ans Ende der Welt, und dann gerade in den Himmel hinein.

Hier war es lustig. Alle Sterne waren wach und hatten die Augen auf und funkelten, daß der ganze Himmel blitzte.

„Platz da!" schrie Häwelmann und fuhr in den hellen Haufen hinein.

„Junge", sagte der alte Mond, „hast du noch nicht genug?"

„Nein!" schrie der kleine Häwelmann, „mehr, mehr!" Und – hast du nicht gesehen! fuhr er dem guten alten Mond quer über die Nase.

„Pfui!" sagte der Mond und nieste dreimal. „Alles mit Maßen!" Und dann putzte er seine Laterne aus, und alle Sterne machten die Augen zu. Da wurde es im ganzen Himmel auf einmal dunkel. „Leuchte, alter Mond, leuchte!" schrie Häwelmann. Aber der Mond war nirgends zu sehen und auch die Sterne nicht, sie waren schon alle zu Bett gegangen. Da fürchtete der kleine Häwelmann sich sehr, weil er so allein im Himmel war. Er nahm sein Hemdzipfelchen in die Hände und blies die Backen auf, aber er wußte weder aus noch ein, er fuhr kreuz und quer, hin und her, und niemand sah ihn fahren, weder die Menschen noch die Tiere, noch auch die lieben Sterne.

Da guckte endlich unten, ganz unten am Himmelsrand ein rotes, rundes Gesicht zu ihm herauf, und der kleine Häwelmann meinte, der Mond sei wieder aufgegangen. „Leuchte, alter Mond, leuchte!" rief er. Und dann blies er wieder die Backen auf und fuhr quer durch den ganzen Himmel darauflos.

Es war aber die Sonne, die gerade aus dem Meer herauskam. „Junge", rief sie und sah ihm mit ihren glühenden Augen ins Gesicht, „was machst du hier in meinem

Himmel?“ Und – eins, zwei, drei! nahm sie den kleinen Häwelmann und warf ihn mitten in das große Wasser. Da konnte er schwimmen lernen.

Und dann?

Ja, und dann?

Weißt du es nicht mehr? Wenn ich und du nicht gekommen wären und den kleinen Häwelmann in unser Boot genommen hätten, so wäre er am Ende noch ertrunken.

Der Grashüpfer mit dem Mauseschwanz

Es war einmal ein Grashüpfer, der hatte einen Mauseschwanz, und wer nicht genau hinsah, konnte ihn für eine Maus halten.

Er war aber ein Grashüpfer. Er wohnte in einer Wiese mit hohem Gras.

Eines Tages sagte der Grashüpfer mit dem Mauseschwanz: „Ich will nicht auf der Wiese wohnen. Ich will etwas von der Welt sehen.“

Der Grashüpfer mit dem Mauseschwanz wanderte über die Wiese. Die anderen Grashüpfer wichen ihm aus. Sie merkten, daß er keine Maus war, aber auch kein Grashüpfer, wie sie es waren, und sie hatten ein bißchen Angst.

Auf der Dorfstraße begegnete der Grashüpfer mit dem Mauseschwanz einer Katze. „Guten Tag, Katze“, sagte er.

Die Katze blickte mit ihren bernsteinfarbenen Augen auf den Grashüpfer mit dem Mauseschwanz und dachte: Da stimmt doch etwas nicht! Sie stellte ihren Katzenschwanz steil auf wie eine Flaschenbürste und pfauchte.

Aha, dachte der Grashüpfer mit dem Mauseschwanz, so grüßt man in der Welt. Er setzte sich auf die Hinterbeine, stellte den Mauseschwanz hoch und pfauchte auch.

Da bekam die Katze Angst. Mit einem Satz war sie auf dem nächsten Baum.

Der Grashüpfer mit dem Mauseschwanz aber wanderte weiter. Er wanderte auf der Dorfstraße durch das Dorf und aus dem Dorf hinaus. Es begegneten ihm Katzen, Hunde, Leute, Enten, Gänse, Autos und sogar eine Eisenbahn. Jedesmal setzte sich der Grashüpfer mit dem Mauseschwanz auf die Hinterbeine, stellte den Schwanz hoch und pfauchte zum Gruß. Aber alle, die dem Grashüpfer mit dem Mauseschwanz begegneten, sahen nicht genau hin, oder sie hielten ihn für eine Maus oder einen Grashüpfer, oder sie beachteten ihn überhaupt nicht.

Eines Tages begegnete der Grashüpfer mit dem Mauseschwanz einer Maus. Wieder setzte er sich auf die Hinterbeine, stellte den Schwanz hoch und grüßte, wie er das von der Katze gelernt hatte.

„Eine Katze!" schrie die Maus voll Schreck. Sie hatte nicht genau hingesehen und nur gehört, wie das Ding pfauchte. Und sie rannte und rannte, so schnell sie rennen konnte.

Die Maus rannte, bis sie zu ihrem Loch kam. Sie schlüpfte hinein und bibberte und zitterte. Der Grashüpfer mit dem Mauseschwanz sah die Maus in ihrem Loch verschwinden. Da er selber nicht größer war als eine Maus, hätte er sehr wohl der Maus nachschlüpfen und sie einholen können, aber als er vor dem Loch angekommen war, fiel ihm ein, daß die Maus vielleicht vor Schreck davongelaufen war. So blieb der Grashüpfer mit dem Mauseschwanz vor dem Mauseloch sitzen und horchte hinein.

Bummbummbummbumm! pochte es in dem Mauselochgang. Bummbummbummbumm! Das war das Mauseherz, das so heftig schlug.

Die arme Maus hat Angst vor mir, dachte der Grashüpfer mit dem Mauseschwanz, sie hält mich für eine Katze, bloß weil ich gepfaucht habe. Ich werde ihr sagen, wer ich wirklich bin. Und er holte eine Geige unter dem grünen Flügel hervor und fing an zu geigen.

Das hörte die Maus. Sie huschte vorsichtig zum Eingang und spähte hinaus.

Da sah sie draußen den Grashüpfer mit dem Mauseschwanz sitzen und musizieren. „Komm herein!" piepste die Maus. „Draußen schleicht eine Katze herum. Komm zu mir ins Mauseloch, hier bist du sicher."

Der Grashüpfer mit dem Mauseschwanz sah die Maus an und fand sie wunderschön mit ihrem grauen Fellchen, ihren rosigen Ohren und ihren funkelnden Mauseaugen, und er sagte: „Du bist das erste Geschöpf, das zu mir freundlich ist, auch wenn ich bloß ein Grashüpfer mit einem Mauseschwanz bin."

„Und du bist der erste Grashüpfer mit einem Mauseschwanz, der ein Lied für mich spielt", sagte die Maus.

„Wollen wir nicht heiraten?" fragte der Grashüpfer mit dem Mauseschwanz.

„Ja!" antwortete die Maus.

Und so zog der Grashüpfer mit dem Mauseschwanz zu der Maus mit dem laut klopfenden Mauseherzen ins Mauseloch, sie heirateten und bekamen vierzehn Kinder. Sieben blieben im Mauseloch und heirateten wieder Mäuse. Die sieben andern aber zogen in die Welt hinaus, wie der Grashüpfer mit dem Mauseschwanz schon einmal in die Welt gezogen war, und geigten. Was sie da erlebt haben, weiß ich nicht, das müßt ihr euch selber ausdenken.

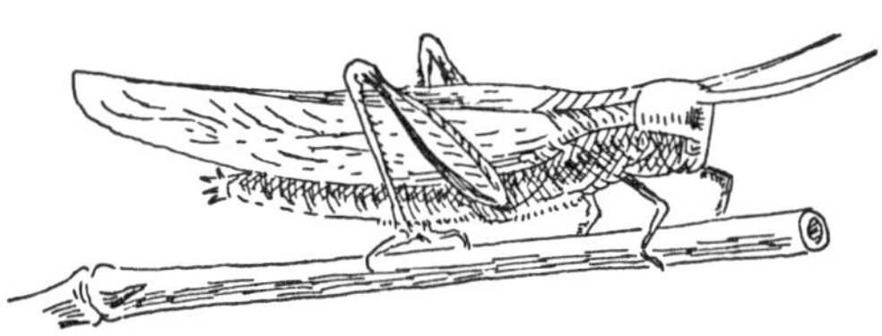

Brüderchen und Schwesterchen

Brüderchen nahm sein Schwesterchen an der Hand und sprach: „Seit die Mutter tot ist, haben wir keine gute Stunde mehr. Unsere Stiefmutter kann uns nicht leiden, selbst das Hündlein hat es besser als wir. Komm, wir wollen miteinander in die weite Welt gehen." Sie gingen den ganzen Tag über Wiesen, Felder und Steine. Abends kamen sie in einen großen Wald und waren so müde vom Hunger und von dem langen Weg, daß sie sich in einen hohlen Baum setzten und einschliefen.

Am anderen Morgen, als sie aufwachten, stand die Sonne schon hoch am Himmel. Da sagte das Brüderchen: „Schwesterchen, ich bin durstig. Ich mein', ich hör' ein Brünnlein rauschen."

Brüderchen nahm Schwesterchen an der Hand, und sie wollten das Brünnlein suchen. Die Stiefmutter aber war eine Hexe und hatte gesehen, wie die beiden Kinder fortgegangen waren; sie war ihnen nachgeschlichen und hatte alle Brunnen im Wald verwünscht.

Als nun Brüderchen und Schwesterchen ein Brünnlein fanden, wollte das Brüderchen daraus trinken. Das Schwesterchen aber hörte, wie das Wasser murmelte: „Wer aus mir trinkt, wird ein Tiger, wer aus mir trinkt, wird ein Tiger!"

Da rief das Schwesterchen: „Ich bitte dich, Brüderchen, trink nicht, sonst wirst du ein wildes Tier."

Das Brüderchen trank nicht, obwohl es so durstig war, und sagte: „Ich will warten bis zur nächsten Quelle."

Als sie nun zum zweiten Brünnlein kamen, hörte das Schwesterchen, wie auch dieses sprach: „Wer aus mir trinkt, wird ein Wolf, wer aus mir trinkt, wird ein Wolf!"

Da rief das Schwesterchen: „Brüderchen, trink nicht, sonst wirst du ein Wolf!"

Das Brüderchen trank nicht und sagte: „Ich will warten, bis wir zur nächsten Quelle kommen, aber dann muß ich trinken, mein Durst ist zu groß."

Und als sie zum dritten Brünnlein kamen, hörte das Schwesterchen es rauschen: „Wer aus mir trinkt, wird ein Reh, wer aus mir trinkt, wird ein Reh!"

Das Schwesterchen sprach: „Ach, Brüderchen, trink nicht, sonst wirst du ein Reh." Aber das Brüderchen hatte sich schon niedergekniet und zum Wasser hinabgebeugt. Und als es die ersten Tropfen trank, lag es da als Reh.

Nun weinte das Schwesterchen über das arme verwunschene Brüderchen, und das Rehlein weinte auch. Endlich sagte das Schwesterchen: „Sei still, liebes Reh, ich will dich nie verlassen." Dann band es sein goldenes Haarband dem verwunschenen Brüderchen um den Hals und führte es weiter und immer tiefer in den Wald hinein.

Als sie lange gegangen waren, kamen sie an ein kleines Haus, darin wohnte niemand. Schwesterchen dachte: Hier können wir bleiben! Es suchte dem Reh Laub und Moos für ein weiches Lager. Jeden Morgen sammelte es Wurzeln, Beeren und Nüsse; dem Reh brachte es zartes Gras, und sie waren beide vergnügt und spielten miteinander. Und hätte das Brüderchen nur seine menschliche Gestalt gehabt, es wäre ein herrliches Leben gewesen.

Es trug sich aber zu, daß der König des Landes eine große Jagd in dem Wald hielt. Das Rehlein hörte das Hundegebell und das lustige Geschrei der Jäger und wäre gar zu gern dabeigewesen. „Laß mich hinaus in den Wald", sagte es zum Schwesterchen. Und es bat so lange, bis das Schwesterchen einwilligte.

„Komme mir ja abends wieder", sagte das Schwesterchen. „Und damit ich dich kenne, klopf an und sprich: ‚Schwesterlein, laß mich herein!' Vor den wilden Jägern aber schließ' ich die Tür."

Nun sprang das Reh in den Wald. Der König und seine Jäger sahen das schöne Tier und wollten es fangen, aber

sie konnten es nicht einholen. Als es dunkel wurde, lief das Reh zu dem kleinen Haus, klopfte an und sprach: „Schwesterlein, laß mich herein!“ Die ganze Nacht ruhte es sich auf seinem weichen Lager aus.

Am andern Morgen ging die Jagd von neuem an, und wieder lief das Reh in den Wald. Als der König und seine Jäger das Reh mit dem goldenen Halsband zum zweitenmal erblickten, jagten sie ihm alle nach, doch es war ihnen zu flink und zu schnell. Abends aber verwundete einer der Jäger das Reh ein wenig am Fuß. Es mußte hinken und konnte nur noch langsam laufen. Der Jäger schlich ihm nach bis zu dem kleinen Haus und hörte, wie es rief: „Schwesterlein, laß mich herein!“ Und er sah, wie die Tür sich öffnete und wieder geschlossen wurde. Da ging der Jäger zum König und erzählte ihm, was er gesehen hatte.

Das Schwesterchen erschrak, als es sah, daß sein Reh verwundet war. Es wusch ihm das Blut ab und legte Kräuter auf. Die Wunde war aber so gering, daß das Rehlein am Morgen nichts mehr davon spürte. Und als es die Jagd draußen hörte, sprach es: „Ich kann's nicht aushalten, ich muß dabeisein!“

Das Schwesterchen weinte und sprach: „Nun werden sie dich töten, und ich bin hier allein und verlassen im Wald. Ich lass' dich nicht hinaus.“

„So sterb' ich dir hier vor Kummer“, antwortete das Reh.

Da konnte das Schwesterchen nicht anders und schloß die Tür auf, und das Reh sprang fröhlich in den Wald. Als der König es erblickte, sagte er zu seinen Jägern: „Jagt ihm nach den ganzen Tag, aber daß ihm keiner etwas zuleide tut.“ Sobald die Sonne untergegangen war, ging der König zum Waldhaus, klopfte an und rief: „Schwesterlein, laß mich herein!“ Die Tür wurde aufgemacht, und der König trat ein, und da stand ein Mädchen, das war so schön, wie er noch keines gesehen hatte. Das Schwesterchen erschrak, als nicht sein Reh, sondern ein Mann hereinkam, der eine goldene Krone auf dem Kopf trug. Aber der König sah es freundlich an, reichte ihm die Hand und sprach: „Willst du mit mir gehen auf mein Schloß und meine liebe Frau sein?"

„Ach ja", antwortete das Schwesterchen, „aber das Reh muß auch mit, das verlass' ich nicht."

„Es soll bei dir bleiben", sagte der König, „solange du lebst." Als er das gesagt hatte, kam das Reh hereingesprungen, und das Schwesterchen nahm es am Halsband und ging mit ihm aus dem Waldhaus fort.

Der König setzte das schöne Mädchen auf sein Pferd und führte es in sein Schloß, wo die Hochzeit mit großer Pracht gefeiert wurde. Das Schwesterchen war nun die Frau Königin. Das Rehlein wurde gehegt und gepflegt und sprang im Schloßgarten herum. Die böse Hexe aber, um derentwillen die Kinder von daheim fortgegangen waren, glaubte, das Schwesterchen wäre im Wald verhungert und das Brüderchen wäre von den Jägern totgeschossen worden. Als sie nun hörte, daß beide so glücklich waren, fand sie keine Ruhe mehr. Sie hatte eine häßliche Tochter, die machte ihr Vorwürfe und sagte: „Warum bin nicht ich Königin geworden!"

„Sei nur still", antwortete die Hexe. „Wenn die Zeit kommt, wirst du Königin sein."

Als nun das Schwesterchen einen schönen Knaben zur Welt brachte, verwandelte sich die Hexe, nahm die Gestalt der Dienerin an und trat in die Kammer, wo die Königin lag. „Kommt, Frau Königin", sagte sie, „das Bad ist fertig, das wird Euch frische Kräfte geben." Sie führte die Königin in die Badestube, dann schloß sie die Tür ab und lief davon. In der Badestube aber hatte sie den Ofen so glühend geheizt, daß die schöne junge Königin in der Hitze erstickte.

Nun holte die Hexe ihre Tochter und legte sie in das

Bett der Königin. Sie gab ihr auch die Gestalt und das Gesicht des Schwesterchens, so schön wie dieses wurde aber die Tochter doch nicht. Am Abend, als der König heimkam und hörte, daß ihm ein Sohn geboren war, freute er sich herzlich und wollte ans Bett seiner lieben Frau gehen. Da rief die Hexe geschwind: „Die Königin ist noch schwach und braucht Ruhe. Laßt sie schlafen!“ Der König ging aus dem Zimmer und wußte nicht, daß eine falsche Königin im Bett lag.

Als es Mitternacht war und alles schlief, sah die Kinderfrau, die neben der Wiege saß, wie die Tür aufging und die rechte Königin hereintrat. Sie nahm das Kind aus der Wiege und gab ihm zu trinken. Dann schüttelte sie das Kissen, legte das Kind wieder in die Wiege und deckte es zu. Sie vergaß auch das Reh nicht, ging in die Ecke, wo es lag, und streichelte es. Danach ging sie ganz still wieder zur Tür hinaus. So kam sie viele Nächte und sprach niemals ein Wort dabei. Die Kinderfrau sah sie immer, aber sie wagte nicht, jemandem etwas davon zu sagen.

Eines Nachts aber sprach die Königin:

„Was macht mein Kind?
Was macht mein Reh?
Nun komm' ich noch zweimal
und dann nimmermehr.“

Als sie verschwunden war, ging die Kinderfrau zum König und erzählte ihm alles. „Ach Gott, was ist das?“ sagte der König. „Ich will in der nächsten Nacht bei dem Kind wachen.“ Abends ging er in die Kinderstube, und um Mitternacht erschien die Königin wieder und sprach:

„Was macht mein Kind?
Was macht mein Reh?
Nun komm' ich noch einmal
und dann nimmermehr.“

Der König wagte nicht, sie anzureden, aber er wachte auch in der folgenden Nacht. Abermals sprach die Königin:

„Was macht mein Kind?
Was macht mein Reh?
Nun komm' ich noch diesmal
und dann nimmermehr."

Da konnte der König sich nicht zurückhalten, trat zu ihr und rief: „Du kannst niemand anders sein als meine liebe Frau!"

„Ja, ich bin deine liebe Frau", antwortete sie. Im selben Augenblick erhielt sie das Leben wieder, war frisch, rot und gesund. Darauf erzählte sie dem König, was die böse Hexe getan hatte.

Der König jagte die falsche Königin fort und sandte seine Diener aus, die Hexe zu holen. Als die Hexe erfuhr, daß Schwesterchen am Leben war, sprang sie voll Wut aus dem Fenster und blieb tot liegen. Als sie nun gestorben war, verwandelte sich das Rehlein und bekam seine menschliche Gestalt wieder. Schwesterchen und Brüderchen aber lebten glücklich zusammen bis an ihr Ende.

Die Mondfee

Es ist sehr lange her. Weit, weit von hier, in China, lebte einmal eine schöne junge Frau, die hieß Mei-Lin. Sie wohnte am Hof des Kaisers von China, und jeden Abend sang und tanzte sie im kaiserlichen Birnengarten. Sie tanzte so leicht, daß ihre Füße den Boden nicht zu berühren schienen, und wenn sie sang, klang ihre Stimme so silberklar wie eine Flöte.

Die schöne Mei-Lin hatte einen Mann, der hieß Yang. Er war ein guter Jäger, seine Pfeile trafen immer ins Ziel.

Eines Tages gingen am Himmel zehn Sonnen auf. Das war unheimlich und viel zu heiß. Die Menschen verkrochen sich in ihren Häusern. Da sagte der Kaiser von China zu Yang:

„Geh und schieß die Sonnen herunter!“

Yang nahm Bogen und Pfeile und schoß neun von den zehn Sonnen herunter, sie plumpsten ins Meer. Die letzte von den zehn Sonnen aber, die eine, die schon immer am Himmel gewesen war, ließ er oben, und da wurde es wieder so warm und sonnig auf der Welt, wie es sein soll.

Einmal ritt Yang zur Jagd und kam an einen grünen See. Dort stand eine Frau, eine schöne, ganz stille Frau in einem Kleid, so grün wie der See. Sie winkte Yang zu sich und schenkte ihm ein Büschel Kräuter. Dann verschwand sie. Das Kräuterbüschel roch, wie kein Kräuterbüschel auf der Welt riecht. Wer kann die schöne, stille Frau in dem grünen Kleid gewesen sein, dachte Yang. Gewiß eine Fee! Er ritt heim und versteckte das Kräuterbüschel in seinem Zimmer.

Wieder einmal ritt Yang auf die Jagd. Seine Frau Mei-Lin langweilte sich, ging durch alle Zimmer im Haus und fand das Feenkräuterbüschel. Sie kostete davon ein Spitzchen, und als sie es auf der Zunge hatte, hob die Luft sie auf, und sie schwebte hinauf zu den Wolken und zum Mond. Dort sah sie das Mondschloß und lief hinein und wurde zur Mondfee.

Niemand wußte, was aus ihr geworden war.

Einmal saß der Kaiser von China mit zwei Zauberern in seinem Birnengarten. Es war eine klare Herbstnacht. Der Mond stand am Himmel. Der Wind raschelte in den Blättern, bis sie tanzten. Das erinnerte den Kaiser an die schöne Mei-Lin. Und wie er hinauf zum Himmel blickte, war ihm, als sähe er sie auf der leuchtenden Mondscheibe tanzen. „Wäre ich doch oben auf dem Mond!“ rief er.

Da nahm der eine Zauberer ein Bambusrohr und warf

es in die Luft. Das Bambusrohr verwandelte sich in eine Brücke. Die Brücke führte bis in den Himmel.

Der Kaiser und die zwei Zauberer stiegen auf der Brücke zum Mond hinauf. Dort sahen sie das Schloß. Darauf war geschrieben „Schloß Kühlemond". Ein blühender Baum stand daneben. Seine Blüten dufteten nach Sternen und Mandeln und Aprikosen.

„Gehen wir in das Schloß", sagte der Kaiser.

Das Schloß war aus Silber und Wasserkristall gebaut, und überall gab es Teiche aus Glas. Gläserne Fische schwammen in den Teichen und schlugen mit ihren Schwänzchen. Gläserne Vögel schwirrten zwischen den Säulen und Säulchen des Mondschlosses. Der Kaiser und die beiden Zauberer konnten sich nicht satt sehen.

Plötzlich stand die Mondfee vor ihnen. Es war Mei-Lin. Ihr Kleid schimmerte wie der Regenbogen. Sie lachte, und es klang, wie wenn kleine gläserne Glocken läuten.

„Herzlich willkommen!" sagte sie zu dem Kaiser. „Wie bist du bloß heraufgekommen? So ein Glück hat nicht jeder!" Und dann winkte sie, und weiße Vögel kamen geflogen. Mondmädchen saßen drauf. Sie sprangen von den Rücken der Vögel und tanzten um den Blütenbaum, und dazu spielte leise und klar und hell Mondmusik.

Als der Tanz zu Ende war, wanderten der Kaiser und die beiden Zauberer auf ihrer Bambusbrücke wieder zur Erde zurück. Sie hatten ja kein Feenkräuterbüschel gekostet und durften daher nicht auf dem Mond oben bleiben. Der Kaiser aber ließ von seinem Hofmusiker die Mondmusik aufschreiben und sie von Flöten aus grünem Edelstein in seinem Birnengarten spielen.

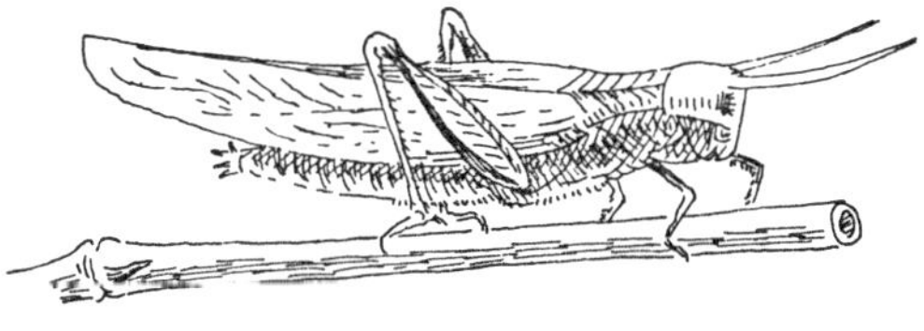

Juan Hexenmeister

In einem Dorf lebte ein Bauernjunge, der hieß Juan, und alle Leute nannten ihn einen großen Schlingel. „Bin ich wirklich ein großer Schlingel?“ sagte Juan eines Tages zu sich. „Wenn ich das bin, bin ich anders als die anderen Jungen im Dorf und will kein Bauernjunge mehr sein.“ Er dachte nach, was er sonst noch werden könnte, und ihm fiel etwas ganz Besonderes ein. Er beschloß, Hexenmeister zu werden.

Er ging zu einem alten, weisen Hexenmeister und brachte sein Anliegen vor.

„Wenn du Hexenmeister werden willst“, sagte der alte, weise Hexenmeister, „mußt du dreimal drei Jahre Hexenmeisterlehrjunge sein, und dann dreimal neun Jahre Hexenmeistergeselle. Nach den dreimal drei Jahren und dreimal neun Jahren darfst du die Hexenmeisterprüfung machen.“

In den folgenden drei Jahren erlernte Juan alle jene Künste, die ein Hexenlehrjunge in den ersten Lehrjahren lernen kann. Er lernte, wie man Leuten Geldmünzen aus Taschen, Nasen und Ohren zaubert und wie man weiße Kaninchen aus einem Hut hext. Er lernte, wie man Kindern, die sich langweilen, Murmelsteine herbeiwünscht und wie man den Mädchen, die gern hübsch sein wollen, bunte Bänder ins Haar zaubert.

„Das genügt mir!“ sagte Juan nach den drei Jahren, dankte dem alten Hexenmeister und wanderte fort. Er wanderte im Land umher und zeigte auf den Dorfplätzen seine Künste. Wenn die Leute ihn fragten, wer er war, antwortete er immer: „Ich bin Juan Hexenmeister, und ich bin der größte Hexenmeister, aber ich zeige nur meine kleinen Künste, denn die großen Hexenkünste sind nicht für alle Tage.“

Bald sprach man im ganzen Land von Juan Hexenmeister. Auch der König hörte davon, wurde neugierig und ließ ihn zu sich rufen.

Hm, dachte der König, als Juan vor ihm stand. Dieser Bursche sieht mir nicht aus wie ein Hexenmeister, eher wie ein großer Schlingel. Ich werde ihn auf die Probe stellen.

„Juan Hexenmeister“, sagte er, „vor einer Woche wurde mir mein schönster Ring gestohlen. Dir mit deinen Hexenkünsten wird es ein leichtes sein, ihn wieder herbeizuzaubern. Damit ich aber sicher bin, daß dir niemand dabei hilft, lasse ich dich in mein tiefstes Kerkerloch sperren. Ich gebe dir drei Tage Zeit. Bringst du mir den Ring, sollst du Hofhexenmeister werden. Kannst du ihn nicht herbeischaffen, lasse ich dir den Kopf abschlagen.“

Der König ließ Juan Hexenmeister im tiefsten Kerkerloch einsperren. Da saß nun Juan und dachte, er hätte nur noch drei Tage zu leben. Denn so schwierige Künste, wie einen gestohlenen Ring herbeizaubern, lernt man nicht in den ersten drei Hexenlehrjahren.

Den Ring des Königs hatten aber drei seiner Diener gestohlen, und einer dieser Diener mußte am Abend dem Hexenmeister das Nachtmahl in den Kerker bringen. Als der Diener mit dem Essen kam, dachte Juan, daß nun der erste Tag von seinen letzten drei Tagen bald vorüber war, seufzte und sagte:

„Da geht der erste hin,
so wahr ich Hexenmeister bin!“

Der Diener hatte eben wieder gehen wollen. Er hörte, was Juan sagte, und glaubte, er selber sei damit gemeint. Zitternd rannte er davon und lief zu den zwei anderen Dienern.

„Pah“, sagten die zwei anderen Diener, „das hast du gewiß nur geträumt!“

Am nächsten Abend brachte der zweite Diener dem

Hexenmeister das Nachtmahl. Als er gehen wollte, dachte Juan daran, daß der zweite seiner drei letzten Lebenstage bald vorüber war, seufzte und sagte:

„Da geht der zweite hin,
so wahr ich Hexenmeister bin!“

Der Diener glaubte, er selber sei damit gemeint, und rannte zitternd zu seinen Gefährten. „Ihr seid zwei Angsthasen“, sagte der dritte Diener. „Gewiß habt ihr falsch gehört!“

Am nächsten Abend brachte der dritte Diener das Nachtmahl in den Kerker. Juan dachte daran, daß nun der dritte und letzte Tag bald vorüber war. Er seufzte tief und sagte:

„Da geht der dritte hin,
so wahr ich Hexenmeister bin!“

Der dritte Diener erschrak bis ins Herz, fiel auf die Knie, gestand alles und bat um Gnade.

„Kommt alle drei zu mir und bringt den Ring!“ befahl Juan.

Die drei Diener kamen und brachten den Ring. „Ich will euch nicht verraten“, sagte Juan. „Solltet ihr aber wieder Lust zum Stehlen bekommen, dann denkt daran: Ich bin der größte Hexenmeister, und eins — zwei — drei wär’s mit euch vorbei! So, und jetzt sagt dem König: Juan Hexenmeister hat den Ring!“

Als der König erfuhr, daß Juan die Probe bestanden hatte, ließ er ihn sofort aus dem Kerkerloch holen und als großen Hexenmeister feiern.

Hofhexenmeister ist Juan aber nicht geworden, denn er dachte: Was ist, wenn ich dem König wieder etwas herbeizaubern soll? Einmal bin ich gut davongekommen, ein zweites Mal bestimmt nicht.

Weil Juan nicht Hofhexenmeister werden wollte, gab

ihm der König einen Beutel Gold zur Belohnung. Für die drei Tage im Kerkerloch blieb Juan drei Tage als Gast im königlichen Schloß. Er saß an der königlichen Tafel, aß die besten Speisen und trank den besten Wein. Danach wanderte er in sein Dorf zurück, kaufte sich ein schönes Haus und Wiesen und Felder. Wenn die Kinder im Dorf sich langweilten, zauberte er ihnen seine Kunststücke vor, und jeden Sonntag wünschte er den Mädchen bunte Bänder ins Haar.

„Was für ein Glück", sagten die Dorfleute, „daß unser großer Schlingel heimgekommen ist!"

Der Spatz und das Schaf

Es war einmal ein Spatz, der wollte das Nest für seine Jungen weich polstern. „Flieg hinüber auf die Schafweide!" sagte die Spätzin. „Die Schafe haben Wolle genug! Und beeil dich, damit wir noch etwas davon abkriegen, bevor der Hirt kommt und den Schafen die Wolle abschert!"

Eilig flog der Spatz zur Schafweide. Er flog auf das größte und wolligste Schaf los und begann mit seinem Schnabel Wolle auszureißen.

„Bäh, bäh!" schrie das Schaf. „Du tust mir weh!"

„Ich muß das Nest für meine Jungen polstern!" sagte der Spatz und zupfte und rupfte weiter.

„Bäh, bäh!" schrie das Schaf und hüpfte und bockte und sprang so wild herum, daß der Spatz herunterfiel.

Der Spatz schimpfte laut. „So viel Wolle hast du!" tschilpte er. „Wenn der Hirt dir den Pelz schert, hältst du still und läßt ihm deine ganze Wolle! Und mir schenkst du nicht einmal ein Flöckchen für meine Kinder!"

„Der Hirt zupft und rupft mich nicht!" antwortete das

Schaf. „Der Hirt tut mir nicht weh! Aber du rupfst und zupfst und reißt mich!“

„Entschuldige“, sagte der Spatz. „Ich hab’ das nicht so bedacht! Ich will ja *auch* nicht, daß mir einer die Federn ausrupft. Aber ein paar Flocken Wolle hätte ich trotzdem gern für unser Nest!“

„Dort drüben steht ein Brombeerbusch“, sagte das Schaf, „der hat mir heute früh ein paar Flocken aus dem Pelz gekämmt. Der Busch braucht meine Wolle nicht. Hol sie dir!“

„Danke schön!“ sagte der Spatz und flog zu dem Brombeerbusch.

„Bitte sehr!“ antwortete das Schaf. „Und ich wünsche Glück zum Nestbau und Spaß mit den Jungen!“

Wie die Mücke mit dem Löwen kämpfte

Eine kleine Mücke hielt sich für ungemein mutig und stark. Einmal sirrte und summte sie durch die Luft und sah einen Löwen unter einem Busch schlafen.

„Ein Löwe!“ rief die kleine Mücke. „Mit dem will ich kämpfen!“

Die kleine Mücke ließ sich auf dem Löwen nieder, biß ihn ins dicke Fell und rief: „He, du, aufwachen! Ich bin da, die kleine, starke und ungemein mutige Mücke! Ich will mit dir kämpfen!“

Der Löwe hatte den Mückenbiß nicht gespürt und tat keinen Mucks. Da biß ihn die Mücke ins Ohr. Der Löwe zuckte im Schlaf ein wenig mit dem Ohr, erwachte aber nicht.

„Wie stark ich bin!“ rief die Mücke. „Sogar der Löwe wagt es nicht, mit mir zu kämpfen!“

Die kleine Mücke summte und sirrte davon und summte und sirrte zu den anderen Mücken und erzählte allen, daß sie die stärkste und tapferste Mücke der Welt sei.

Der Löwe aber schlief friedlich unter seinem Busch und hatte nicht einmal gemerkt, daß die Mücke dagewesen war.

Das Räubernest

Ein Junge und ein Mädchen hatten einander lieb und wollten heiraten, aber sie wußten nicht, wo sie eine Wohnung hernehmen sollten. Da fanden sie eines Tages ein kleines Wirtshaus im Wald. Das Haus stand leer, über der Tür hing ein Wirtshausschild, darauf stand „Wirtshaus zum Räubernest". Das Dach war kaputt, und in der Wirtsstube wohnten Eichhörnchen und Haselmäuse und Spinnen.

Der Junge und das Mädchen zogen in das Haus. Zuerst trugen sie alle Eichhörnchen und Haselmäuse und Spinnen in den Wald. Dann putzten sie das Haus. Dabei fanden sie einen alten Räuberhut und eine verrostete Räuberflinte. Das Mädchen staubte den Hut ab und hängte ihn auf das Wirtshausschild. Der Junge ölte die Flinte und versuchte damit zu schießen. Aber aus dem Lauf kamen immerzu nur Gänseblümchen heraus.

Das Mädchen lackierte die alten Wirtshausstühle und Tischchen mit frischer Ölfarbe, und der Junge putzte die Fenster blank und nähte bunte Vorhänge aus einem Räuberstoff, den sie in einer alten Truhe fanden. Das Mädchen schleppte Holz aus dem Wald und sägte es klein. Der Junge schrieb auf eine Tafel „Zum Räubernest nur wenige Gehminuten". Er nagelte die Tafel auf einen Stock und trug sie zur Wegkreuzung. Dann radelte er ins nächste Dorf und kaufte beim Krämer einen Sack Lebensmittel, damit das Räuberwirtshaus seinen Gästen etwas zu bieten hatte.

Die Wegkreuzung war aber sehr weit weg von der Autobahn, und niemand las die Tafel, und so kamen keine Gäste. Eines Tages aber kam ein Räuber, der sah aus wie die Räuber in den alten Räubergeschichten, nur hatte er keinen Hut und keine Flinte mehr. Und er war sehr müde.

„Ist das hier das Räubernest, bitte?“ fragte er.

„Ja“, antworteten der Junge und das Mädchen.

„Endlich daheim!“ sagte der Räuber. Er nahm den Hut vom Wirtshausschild und setzte ihn auf. Er griff sich die Flinte, lud sie mit Gänseblümchen und schoß die Flinte leer. Dann sagte er: „Und jetzt nichts wie ins Nest!“ Er ging ins Haus, verriegelte die Tür hinter sich und legte sich zu Bett. Er schnarchte, daß das Wirtshaus zum Räubernest zitterte.

„Hier können wir nicht bleiben“, sagte der Junge.

„Sei nicht traurig“, sagte das Mädchen. „Ein Räubernest ist gerade richtig für einen Räuber. Wir werden schon anderswo noch ein Nest finden, es muß ja nicht ein Räubernest sein!“

Und da gingen die beiden fröhlich fort.

Der Zauberer in der Nuß

Es war eine Nuß, die wollte sich nicht knacken lassen. Sie war eine ganz gewöhnliche Nuß, nur daß neben dem Nußkern ein kleiner Zauberer schlief. Kein Nußknacker und überhaupt niemand konnte die Nuß öffnen, solange der kleine Zauberer darin schlief. Da nahm der kleine Jakob die Nuß und wollte sie aufbeißen, aber er biß sich nur einen Milchzahn aus. Nun legte die Mutter die Nuß aufs Fensterbrett und sagte: „Vielleicht holt sie ein Eichhörnchen.“ Es kam auch eins, aber auch das Eichhörnchen konnte die Nuß nicht aufkriegen. Da ließ es sie fallen, und nun lag die Nuß unten in Laub und Moos. Und es schneite. Und der kleine Zauberer schlief noch immer.

Dann kam der Frühling, der Schnee schmolz, und der Frühlingsregen trommelte an die Nuß. Der Nußkern fing an sich zu recken. „Gib Ruh!" murmelte der kleine Zauberer im Schlaf. Aber der Frühlingsregen klopfte und klopfte. Endlich öffnete der kleine Zauberer die Nuß einen Spaltbreit und guckte hinaus. „Mußt du ausgerechnet in einer Nuß schlafen?" fragte der Frühlingsregen. „Siehst du nicht, daß der Nußkern sich streckt und ein Nußbaum werden will?"

„Bitte um Entschuldigung", sagte der kleine Zauberer. „Daran hab' ich nicht gedacht!" Und er schlüpfte aus der Nuß und kroch in das nächste leere Vogelnest. Dort rollte er sich zusammen und schlief wieder ein.

Die drei Geißlein und das Ungeheuer

Es war einmal eine Geißenmutter, die lebte mit ihren drei Geißenkindern in einem kleinen Haus im Wald. Jeden Morgen ging sie aus und suchte Gras und Kräuter für die Geißlein. Weil aber im Wald ein glotzäugiges, großmäuliges Ungeheuer lebte, schloß sie immer die Tür ab und ermahnte die drei Geißlein, niemandem zu öffnen.

Eines Tages ging sie wieder aus, kam zu einem Bach und sah darin eine Wespe, die ins Wasser gefallen war. Die Geißenmutter hatte Mitleid, hielt den Vorderfuß ins Wasser, und die Wespe konnte daran herauskriechen. Als die Sonne ihre Flügel getrocknet hatte, sagte die Wespe: „Ich bin nur eine kleine Wespe, aber vielleicht können meine Schwestern und ich dir einmal helfen. Wenn du in Not bist, komm zu unserem grauen Nest dort oben im Baum und rufe nach uns."

„Das werde ich tun", antwortete die Geißenmutter und ging heim zu ihrem Häuschen. Sie klopfte an die Tür und rief:

„Ich bin es, eure Mutter,
ich komme heim mit Futter.
Ihr meine lieben Geißelein,
laßt mich ein!"

Da öffneten die drei Geißlein die Tür und ließen die Mutter ein. Nahe in einem Busch aber hatte sich das glotzäugige, großmäulige Ungeheuer versteckt, denn es war immer hungrig und hätte gar zu gern die drei Geißlein gefressen, wenn es nur in das Haus hätte hineingelangen können. Es paßte gut auf und merkte sich das Sprüchlein der Geißenmutter. Am nächsten Morgen, als die Geißenmutter fortgegangen war, tapste und trapste das Ungeheuer zum Geißenhaus, verstellte seine Stimme und rief:

„Ich bin es, eure Mutter,
ich komme heim mit Futter.
Ihr meine lieben Geißelein,
laßt mich ein!"

Die drei Geißlein meinten, es wäre die Mutter und öffneten die Tür. Wie erschraken sie aber, als sie das glotzäugige, großmäulige Ungeheuer erblickten, das vor lauter Gier das Maul weit aufgerissen hatte. In ihrer Angst fingen die drei Geißlein an, in dem Häuschen hin und her zu springen, bald in diese Ecke, bald in jene. Das Ungeheuer tappte und trapste hinterdrein, konnte sie aber nicht erwischen. Endlich schlüpften die drei Geißlein auf den Dachboden und versteckten sich dort. So flink und behende waren sie verschwunden, daß das Ungeheuer es nicht einmal merkte, es polterte und trampelte weiter im Haus herum und wollte die Geißlein finden.

Als die Mutter heimkam, sah sie die Tür offenstehen

und hörte es im Haus drinnen poltern und trampeln. Beim Dachbodenfenster aber streckten die drei Geißlein die Köpfe heraus und riefen: „Das Ungeheuer ist im Haus! Wir armen Kleinen können nicht hinaus!“

Da rannte die Geißenmutter zum Baum, wo das graue Wespennest hing, und rief: „Ihr lieben Wespen im Wespennest, meine armen Geißlein sitzen fest! Das Ungeheuer ist im Haus, die Geißlein können nicht heraus!“

Sogleich kamen die Wespen aus dem Wespennest geflogen, und sausend und brausend flog der ganze Schwarm ins Haus der Geißenmutter. Sie surrten um das Ungeheuer und stachen es, wo sie es nur stechen konnten. Das glotzäugige, großmäulige Ungeheuer floh heulend aus dem Häuschen und rannte und rannte, und der Wespenschwarm brauste hinter ihm her. Da rannte das Ungeheuer aus dem Wald, und es rannte noch immer, als die Wespen schon lange umgekehrt waren, und rannte irgendwohin, weit weg, und kam nie wieder.

Die Geißenmutter und ihre drei Geißlein aber tanzten und sangen vor dem kleinen Häuschen:

„Das Ungeheuer, das Ungeheuer,
das rennt, als wär' hinter ihm das Feuer.
Es war gefräßig
so übermäßig.
Jetzt rennt's und kommt nie wieder her,
ihr lieben Wespen, danke sehr!“

Der Riese, der so hungrig war

Es war einmal ein Riese, der war hungrig, so hungrig. Er wanderte vom Berg, auf dem er hauste, ins Tal hinunter, und dort begegnete er auf einer Wiese einer Pferdemutter und ihrem Fohlen.

„Frau Stute“, sagte der Riese zu der Pferdemutter, „ich bin hungrig, so hungrig, daß ich schon ganz schwach bin. Es tut mir leid, aber ich muß dein Fohlen essen.“

„Mein Fohlen?“ rief die Pferdemutter erschrocken.

„Ja“, sagte der Riese.

„Wenn es sein muß, dann muß es sein“, antwortete die Pferdemutter. „Ich helfe dir, und du hilfst mir. In meinem rechten Hinterhuf habe ich mir einen Dorn eingetreten und kann nur noch hinken. Zieh mir den Dorn heraus, dann darfst du mein Fohlen essen.“

Die Pferdemutter hob das rechte Hinterbein, der Riese trat hinzu und beugte sich darüber. „Ich sehe keinen Dorn“, sagte er.

„Er steckt ganz tief drinnen“, sagte die Pferdemutter.

Der Riese war ein wenig kurzsichtig und beugte sich noch mehr herab, um besser zu sehen. Darauf hatte die Pferdemutter gewartet. Sie schlug mit dem Huf aus, und der Riese plumpste hintenüber ins Gras. Da lag er und war ganz benommen und meinte, am hellen Tag die Sterne funkeln zu sehen.

Die Pferdemutter und ihr Fohlen aber rannten davon, so schnell sie konnten.

Nach einer Weile rappelte der Riese sich auf, er war hungrig wie zuvor.

„Ich muß es noch einmal versuchen“, sagte er zu sich und ging weiter. Er kam zu einem Teich, dort weidete eine Schweinemutter mit ihren neun Ferkelchen, die quiekten nutsch-nutsch-nutsch.

„Frau Schwein“, sagte der Riese, „ich bin hungrig, so hungrig, daß ich schon ganz schwach bin. Es tut mir leid, aber ich muß deine Ferkelchen essen.“

„Meine Ferkelchen?“ rief die Schweinemutter erschrokken.

„Ja“, sagte der Riese.

„Was sein muß, das muß sein“, antwortete die Schweinemutter. „Aber schau dir doch meine Ferkelchen an! Die unartigen Kinder haben sich ganz mit Morast bespritzt. Du wirst nichts als Schlamm zwischen die Zähne bekommen. Du darfst sie essen, doch zuerst müssen sie ein Bad nehmen."

Die neun Ferkelchen hatten sich wirklich mit Morast bespritzt, denn alle Ferkelchen wühlen gern im Schlamm. Man konnte kaum noch sehen, wie rosig sie waren. Eins nach dem anderen sprang in den Teich. Der Riese stand am Ufer, taumelig vom Hunger und dem Tritt der Pferdemutter und schaute zu, wie die Ferkelchen sauber und rosig wurden. Darauf hatte Mutter Schwein gewartet. Sie rannte von hinten gegen den Riesen, gab ihm einen Stoß und — platsch — stürzte er kopfüber in den Teich.

Die Ferkelchen kamen ans Ufer und rannten mit Mutter Schwein davon, so schnell sie laufen konnten.

Der Riese brauchte eine ganze Weile, bis er aus dem Teich heraußen war. Klitschnaß und schlammig und noch viel hungriger als zuvor saß er am Ufer. „So geht das nicht weiter!" jammerte er. „Den nächsten, dem ich begegne, esse ich, ohne lang zu reden, sonst entwischt er mir wieder."

Vor Hunger und Kummer begann er zu weinen und merkte nicht, daß ein Bauernbursche mit einem Korb voll großer Käselaibe daherkam. Der Bauernbursche sah den klitschnassen, schlammigen, weinenden, hungrigen Riesen und blieb stehen.

„Da, iß einen Laib Käse!" sagte er. „Das wird dir guttun."

Der Riese war so verdutzt, daß er vergaß, was er sich vorgenommen hatte, nämlich den nächsten, dem er begegnete, aufzuessen. Er steckte einen großen Bissen Käse in den Mund und noch einen und noch einen und mampfte, bis er satt war.

Dann erzählte er dem Bauernburschen seine Geschichte und daß er ihn beinahe gegessen hätte.

„Weißt du was", sagte der Bauernbursche, „wenn du wieder einmal hungrig bist, dann komm zu mir. Ich wohne in dem kleinen Haus am Ende des Tales und habe immer Käse daheim."

„Das will ich gern tun", antwortete der Riese. „Käse schmeckt besser als Fohlen und Ferkelchen."

„Und Bauernburschen!" sagte der Bauernbursche.

„Ja", sagte der Riese.

Der Esel mit der Glocke

Einmal ritt ein Mann auf seinem Esel in die Stadt und führte eine Ziege an einem Strick hinter sich her. Am Hals der Ziege bimmelte eine Glocke. Solange ich die Glocke höre, dachte der Mann, hat mir keiner die Ziege gestohlen.

Da kamen drei Diebe des Weges. Sie sahen den Mann auf dem Esel mit seiner Ziege, und der erste Dieb sagte: „Ich werde ihm die Ziege stehlen."

Der zweite sagte: „Ich stehle den Esel, auf dem er reitet."

„Ich werde ihm die Kleider stehlen, die er auf dem Leib trägt!" sagte der dritte Dieb.

Der erste Dieb schlich sich von hinten an den Mann auf dem Esel heran. Er nahm der Ziege die Glocke vom Hals und band sie am Schwanz des Esels fest. Dann schlich er mit der Ziege davon. Der Mann aber ritt nichtsahnend weiter, denn er hörte ja immerzu die Glocke hinter sich bimmeln.

Nun ging der zweite Dieb auf den Mann zu und fragte: „Warum trägt dein Esel eine Glocke am Schwanz und nicht am Hals?"

Der Mann wandte sich um und erschrak. „Meine Ziege

ist fort!“ rief er. „Und ich habe ihr doch die Glocke an den Hals gehängt, damit ich höre, ob sie noch da ist. Und jetzt ist sie fort! Man hat mir meine Ziege gestohlen!“

„Deine Ziege ist fort?“ fragte der Dieb. „Eben habe ich einen Mann getroffen, der mit einer Ziege durch die Büsche schlich.“

„Wohin ist der Dieb denn geschlichen?“ rief der Mann.

„Dorthin!“ erwiderte der Dieb und wies in die falsche Richtung.

Der Ziegenbesitzer sagte: „Ich will dem Dieb schnell nachlaufen.“ Und er bat den zweiten Dieb, inzwischen auf den Esel aufzupassen.

„Nur keine Sorge!“ sagte der Dieb. „Ich will auf deinen Esel gewiß gut aufpassen!“

Kaum war der Mann in den Büschen verschwunden, schwang der Dieb sich auf den Esel und ritt davon.

Der Besitzer des Esels kam bald zurück, ohne Ziege, und entdeckte, daß nun auch sein Esel weg war. Er ging weiter bis in die Stadt, denn er dachte: Wahrscheinlich sind die Diebe in die Stadt gelaufen. In der Stadt rannte er dann auf und ab und suchte seine Tiere. Er fragte alle Leute, ob sie nicht eine Ziege gesehen hätten, die keine Glocke um den Hals trug, oder einen Mann auf einem Esel, dem eine Glocke am Schwanz bimmelte.

Schließlich traf der Mann den dritten Dieb. Der saß am Rande eines Brunnens und weinte.

„Mein Kästchen mit Edelsteinen ist mir in diesen Brunnen gefallen“, klagte er. „Ich habe Angst, hinunterzuklettern und es heraufzuholen. Kannst du mir helfen? Ich will dir die Hälfte des Schatzes geben!“

Das ist ein glücklicher Zufall, dachte der Mann. Um die Hälfte des Schatzes kann ich mir eine neue Ziege kaufen, sogar eine jüngere, und einen neuen Esel und eine neue Glocke dazu, und dann bleibt mir noch ein schöner Teil übrig!

„Ich will es versuchen", sagte er zu dem Dieb, und er zog sein Gewand aus, damit es im Brunnen nicht naß würde. „Ich bitte dich nur, gib auf meine Kleider acht, bis ich heraufkomme!"

Der Dieb versprach das, aber kaum daß der Mann im Brunnen verschwunden war, ging er mit den Kleidern davon.

Der Mann aber tauchte tief in den Brunnen hinab. Er wühlte im Schlamm und drehte jeden Stein um, aber er konnte kein Kästchen finden. Als er endlich wieder heraufkam, konnte er auch den Dieb mit seinen Kleidern nicht finden.

Da lief er ohne Kleider durch die ganze Stadt und drehte sich dabei fortwährend um sich selber. Die Leute fragten ihn, ob er verrückt geworden sei.

„Im Gegenteil", rief der Mann. „Ich bin endlich gescheit geworden. Man hat mir meine Ziege gestohlen, meinen Esel und meine Kleider, und jetzt muß ich mich immerzu umsehen, ob nicht ich selber vielleicht auch schon gestohlen bin!"

Die drei Ziegenböcke und der Trollriese

Es waren einmal drei Ziegenböcke. Der erste Ziegenbock war wuzel-winzig-klein und hieß Tok. Der zweite Ziegenbock war nicht-ganz-so-klein, aber auch nicht groß und hieß ebenfalls Tok. Der dritte Ziegenbock war ganz-ganz-groß und ganz-ganz-stark, und auch er hieß Tok. Eines Tages beschlossen die drei Ziegenböcke, hinauf ins Gebirge zu ziehen und dort auf den Bergwiesen würzige Kräuter zu weiden.

Zuerst wanderte der wuzel-winzig-kleine Ziegenbock namens Tok los. Auf dem Weg ins Gebirge kam er zu einem tiefen, reißenden Fluß, über den eine Brücke

führte. Unten am Fluß hauste ein Trollriese, der immer Hunger hatte.

Trippeltrappel-trippeltrappel lief der wuzel-winzig-kleine Ziegenbock über die Brücke.

„Wer trippelt und trappelt auf meiner Brücke?" rief der Trollriese. „Warte, ich komme und fresse dich."

„Ich bin der wuzel-winzig-kleine Ziegenbock namens Tok", rief der wuzel-winzig-kleine Ziegenbock mit seiner wuzel-winzig-sanften Stimme. „Ich bin nur ein winziger Bissen. Davon wirst du nicht satt."

„Stimmt!" sagte der Trollriese. „Von einem wuzel-winzig-kleinen Bissen bekomme ich nur noch mehr Appetit."

Der wuzel-winzig-kleine Ziegenbock trippelte und trappelte weiter. Nach einer Weile kam der nicht-ganz-so-kleine, aber auch-nicht-große Ziegenbock namens Tok. Trapp-trapp trappte er über die Brücke.

„Wer trappt denn da trapp-trapp über meine Brücke?" rief der Trollriese. „Warte, ich komme und fresse dich."

„Ich bin der nicht-ganz-so-kleine, aber auch-nicht-große Ziegenbock namens Tok", rief der nicht-ganz-so-kleine, aber auch-nicht-große Ziegenbock. „Wenn du mich frißt, wirst du nicht satt."

„Stimmt!" sagte der Trollriese. „Ich muß auf einen großen Bissen warten. Es wird schon noch einer kommen. Man muß nur Geduld haben."

Wirklich dauerte es nicht lange, und der ganz-ganz-große und ganz-ganz-starke Ziegenbock namens Tok kam daher. Bum-bum-bum trampelte er über die Brücke.

„Wer trampelt bum-bum-bum über meine Brücke?" rief der Trollriese. „Warte, ich komme und fresse dich!"

„Ich bin Tok,
der Ziegenbock!"

rief der ganz-ganz-große und ganz-ganz-starke Ziegenbock.

„Ich habe spitze Hörner am Kopf
und scharfe Hufe am Fuß.
Komm nur, du Tropf!"

Der ganz-ganz-große und ganz-ganz-starke Ziegenbock senkte den Kopf. Und als der Trollriese kam, gab ihm der ganz-ganz-große und ganz-ganz-starke Ziegenbock mit seinen spitzen Hörnern einen Stoß und mit seinen scharfen Hufen einen Tritt. Witsch — flog der Trollriese in den Fluß hinab. Wusch — trug ihn der wilde reißende Fluß fort, immer weiter fort.

Der wuzel-winzig-kleine Ziegenbock und der nicht-ganz-so-kleine, aber auch-nicht-große Ziegenbock und der ganz-ganz-große und ganz-ganz-starke Ziegenbock, die alle drei Tok hießen, wanderten hinauf ins Gebirge, wo es die würzigen Bergwiesen gab. Sie fraßen Kräuter und Kräutlein, bis sie dick und kugelrund wurden. Und wenn sie nicht mager geworden sind, dann sind sie noch heute dick und kugelrund, und damit ist die Geschichte aus

von Tok, dem Ziegenbock
und Tok, dem Ziegenbock
und Tok, dem Ziegenbock —
tok! tok! tok!

Der duftende Braten und das klingelnde Geld

Ein armer Wanderer kam zu einem Wirtshaus, in dem gerade ein großer Braten am Spieß steckte. Der arme Mann hatte ein Stück Brot. Er hielt es in die Bratenluft, damit es ein bißchen nach Braten röche. Dann aß er das Brot und wollte wieder fortgehen.

Da kam der Wirt und packte ihn am Ärmel und sagte:

„Du hast meinen Bratenduft verspeist. Du mußt den Bratenduft bezahlen, sonst lass' ich dich einsperren!"

„Ich weiß nicht, wie man Bratenduft bezahlen soll!" sagte der arme Wanderer.

Da nahm der Wirt den Bratenduftesser und schleppte ihn vor den Richter.

„Hat er den Bratenduft wirklich verzehrt?" fragte der Richter.

„Ja", antwortete der Wirt.

„Mit meinem eigenen Brot", sagte der Wanderer.

„Er muß den Bratenduft bezahlen!" schrie der Wirt.

„Hast du Geld?" fragte der Richter den armen Wanderer.

„Nur ein bißchen", sagte der Wanderer.

„Gib mir deinen Geldbeutel", sagte der Richter und nahm den Geldbeutel, den der Wanderer ihm reichte. Als der Richter den Beutel schüttelte, klingelte und klimperte es ein wenig.

„Hörst du, Wirt?" fragte der Richter. „Hörst du das Geld klingeln?"

„Ja!" rief der Wirt. „Er soll mir den Bratenduft bezahlen!"

„Er hat schon bezahlt", antwortete der Richter. „Er hat deinen Bratenduft gegessen, nicht deinen Braten. Also muß er mit dem Klingeln seines Geldes bezahlen, nicht mit Geld!"

Da ärgerte sich der Wirt, aber er konnte nichts dagegen sagen, und der arme Wanderer freute sich, dankte dem Richter und zog fröhlich weiter.

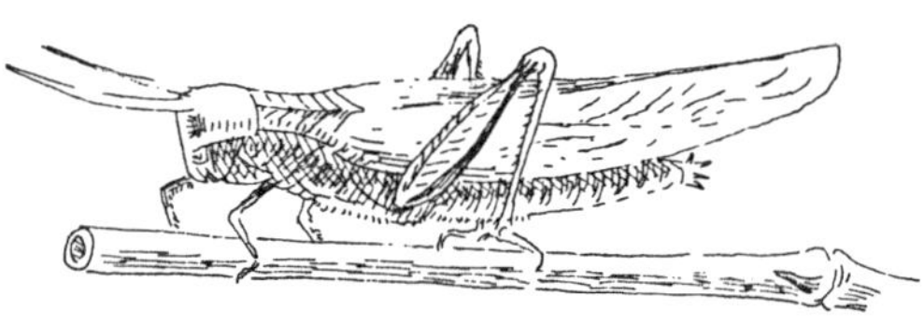

Der Mann, der von zu Hause fortwollte

In einer Stadt lebte ein Mann, der hielt es zu Hause nicht mehr aus. Seine Frau hatte eine zu laute Stimme, und einmal salzte sie die Suppe zuwenig und einmal zuviel. Rief der Mann sein Söhnchen, mußte er dreimal rufen, bevor es ihn hörte. Und in der Wiege schrie und weinte das Baby. Die Wohnung war zu klein, zu eng. Nein, es war nicht auszuhalten!

Eines Tages ging der Mann auf und davon und wanderte fort. Nirgendwo anders kann es so arg sein wie zu Hause, dachte er.

Weil der Tag heiß war, wurde er bald müde und legte sich in den Schatten eines großen Baumes. Damit er ganz sicher wußte, in welche Richtung er nach dem Aufwachen wandern mußte, zog er die Schuhe aus und stellte sie mit der Kappe nach vorne mitten auf die Straße. Bald war er fest eingeschlafen.

Ein Bauer, der zu seinem Feld ging, kam daher und sah die Schuhe auf der Straße stehen. „Wer hat euch da hergestellt?“ sagte er, hob die Schuhe auf und betrachtete sie kopfschüttelnd. Dann stellte er sie wieder hin, aber so, daß die Kappen in die andere Richtung wiesen.

Nach einer Weile erwachte der Mann, zog die Schuhe an und merkte nicht, daß sie umgedreht worden waren. Er war gut ausgeruht und schritt munter dahin. Die Straße kam ihm bekannt vor, und er wunderte sich. Schon nach kurzer Zeit sah er eine Stadt vor sich liegen. Als er näher kam, wunderte er sich wieder. Diese Stadt glich seiner eigenen Stadt wie ein Ei dem anderen. „Daß alles in der Welt gleich aussieht!“ sagte der Mann. „Das hätte ich nie gedacht!“

Er ging durch die Straßen und war erstaunt, wie ähnlich sie den Straßen seiner Heimatstadt waren. Er kam in eine Straße, die sah genauso aus wie die Straße daheim, und richtig — da stand ein Haus, das hätte sein eigenes sein können. Vor dem Haus spielte ein kleiner Junge und sah aus wie der Zwillingsbruder seines Söhnchens. Drinnen im Haus weinte ein Baby. Aus dem Fenster rief eine Frau nach dem Jungen. Dreimal rief die Frau, und was hatte sie doch für eine laute Stimme! Und der kleine Junge spielte weiter, als hätte er nicht gehört.

Der Mann drehte um und lief davon. Er lief durch die Straßen und lief aus der Stadt. „Anderswo ist es nicht besser", rief er, „da kann ich ebensogut nach Hause gehen."

Er wanderte die Straße zurück, und als er zu dem großen Baum kam, war er wieder müde. Er zog die Schuhe aus und stellte sie mit den Kappen nach vorn mitten auf die Straße, damit er nach dem Aufwachen nicht in die falsche Richtung ging. Dann legte er sich in den Schatten und schlief ein.

Wie er so lag und schlief, kam der Bauer vom Feld, und da standen noch immer die Schuhe mitten auf der Straße. „Nein, so was!" sagte der Bauer und hob die Schuhe kopfschüttelnd auf. Dann stellte er sie wieder nieder, und weil er nicht achtgab, wieder verkehrt.

Der Mann erwachte, zog die Schuhe an und merkte nicht, daß sie umgedreht worden waren. Er war hungrig und dachte: Meine Frau hat sicher schon das Abendessen auf dem Herd stehen. So fing er zu laufen an und war froh, als er seine Stadt vor sich liegen sah. Er ging durch die Straßen und kam zu seinem Haus.

Da war der Tisch schon gedeckt, und auf dem Herd dampfte die Suppe. Das Baby schlief in der Wiege. Die Frau rief nach dem Söhnchen, und ihre Stimme kam dem Mann auf einmal nicht mehr so laut vor. Und das Söhnchen kam schon beim drittenmal gelaufen und kletterte dem Vater auf den Schoß.

Die Frau schöpfte ihm die Suppe in den Teller. Unsere Wohnung ist klein, aber gemütlich, dachte der Mann und löffelte die Suppe. Und die Suppe war weder zu salzig, noch war zu wenig Salz drin, sie schmeckte gerade recht.

Kinder

Es war einmal ein Igelkind, es war einmal ein Katzenkind, es war einmal ein Hasenkind, es war einmal ein Küken. Das Kätzlein hatte eine Katzenmutter, das Häslein hatte eine Hasenmutter, das Hühnchen hatte eine Hühnermutter, das Igelchen hatte eine Igelmutter und Stacheln auf dem Rücken.

Das Igelchen sagte: „Ich will keine Stacheln!“ Das Kätzchen sagte: „Ich will keinen Pelz!“ Das Häschen sagte: „Ich will keine langen Ohren!“ Das Küken sagte: „Ich hab' eine Feder verloren!“

Der kleine Igel ging zur Katzenmutter, die kleine Katze ging zur Hühnermutter, der kleine Hase ging zur Igelmutter. Das Küken ging zur Hasenmutter und sagte: „Schenk mir eine Feder!“

„Da mußt du zur Hühnermutter gehen“, sagte die Hasenmutter.

„Dort sitzt eine Katze“, sagte das Küken. „Ich trau' mich nicht hin!“

Da rief die Katzenmutter das Katzenkind, und die Igelmutter rief das Igelkind, und die Hasenmutter rief ihr Hasenkind, und die Hühnermutter sagte zu ihrem Kind: „Da hast du eine Feder!“ Da freute sich das Hühnchen, und da freute sich das Igelkind, und da freute sich das Katzenkind, und da freute sich das Hasenkind, daß das Küken sein Federchen wiederhatte und daß das Igelkind und das Katzenkind und das Hasenkind und das Küken ein jedes wieder bei seiner Mutter war.

Die kleine Mutter im Blumentopf

Es war ein Hänschen, der wohnte bei seiner Großmutter, denn seine Mutter hatte wenig Zeit. Aber er wollte die Mutter immer zum Einschlafen haben, und da sah er sie eines Abends im Blumentopf sitzen, nicht größer als ein Daumen, und Hänschen schlief fröhlich ein. Eines Abends, als Hänschen eingeschlafen war, sah die kleine Mutter im Blumentopf, daß Hänschens große Zehe nicht zugedeckt war. Sie nahm einen Anlauf und sprang auf das Bett hinüber, und dort zog und zerrte sie an der Decke, aber die war zu schwer. Da wanderte die kleine Mutter über Berg und Tal die ganze Bettdecke hinauf bis zu Hänschens Ohr und flüsterte: „Hänschen, deck dich zu, ich kann's nicht! Die Decke ist mir zu schwer!" Aber Hänschen hörte nicht und schlief weiter. Die kleine Mutter mußte die ganze weite Decke wieder hinunterwandern über Berg und Tal bis zur großen Zehe, und dort nahm sie ihre Schürze und deckte die Zehe damit zu. Es dauerte aber nicht lange, bis Hänschen sich im Schlaf rührte und die Bettdecke abstrampelte. Die Decke rutschte auf den Fußboden, riß die kleine Mutter mit und deckte sie zu. Es dauerte lange, bis die kleine Mutter sich hervorgearbeitet hatte, und da lag Hänschen schon lange bloß, und er nieste. Die kleine Mutter aber stand auf dem Fußboden, rang die Hände und schrie: „Hänschen, Hänschen, du wirst dich erkälten, bitte deck dich zu! Ich kann's ja nicht tun! Die Decke ist viel zu schwer!" Da lächelte Hänschen im Schlaf und griff im Schlaf nach der Decke hinunter und zog sie herauf und deckte sich zu, auch die große Zehe. Und die kleine Mutter kletterte zurück in ihren Blumentopf und sagte: „Wie groß und gescheit mein Hänschen schon ist, er kann sich schon selber zudecken!" und war sehr glücklich.

Das häßliche junge Entlein

Es war Sommer, das Korn war gelb, der Hafer grün, auf den Wiesen standen schon die Heuschober, und der Storch ging auf seinen langen roten Beinen auf und ab und klapperte. Um die Äcker und Wiesen herum waren Wälder und Seen. Wunderschön war das alles. Dort auf dem Land im Sonnenschein lag ein alter Gutshof.

Der Hof war von Kletten ganz verwildert, und in dieser Wildnis saß eine Ente auf ihrem Nest und brütete. Endlich platzte ein Ei nach dem anderen. „Piep, piep!" piepste es, und alle jungen Entchen streckten ihre kleinen Köpfe heraus. Und dann guckten sie sich unter den grünen Blättern um und piepsten: „Wie groß ist die Welt!" Denn jetzt hatten sie ja viel mehr Platz als drinnen im Ei.

„Die Welt ist noch viel größer", sagte die Entenmutter. „Sie reicht noch bis zur anderen Gartenseite, sogar bis zum Feld des Pfarrers! Aber dort bin ich noch nie gewesen. Seid ihr alle beisammen?" fragte sie dann. „Ach nein, da liegt ja noch das größte Ei! Wie lange soll denn das dauern?" Und sie setzte sich auf das Ei und brütete weiter.

„Zeig mir das große Ei", sagte eine andere Ente zu der Entenmutter. „Vielleicht ist es ein Truthahnei. Mir ist auch einmal passiert, daß ich Truthahneier ausbrüten mußte. Das ist ein Jammer mit den Jungen, sie wollen nicht ins Wasser! Am besten, du brütest das Junge in diesem Ei gar nicht aus."

„Ich bin so lange darauf gesessen, auf ein bißchen länger kommt es mir nicht mehr an", sagte die Entenmutter und brütete weiter.

Endlich zerplatzte das große Ei. „Piep, piep", sagte das Junge und kroch heraus. „Nein so was!" rief die Ente. „Das ist ja viel größer als meine anderen Kinder! Und so häßlich! Es wird doch kein Truthahnküken sein?"

Am nächsten Tag schien die Sonne, und die Entenmutter ging mit der ganzen Familie schwimmen. Platsch, sprang sie ins Wasser. Und plitsch, plitsch, plitsch, plumpste ein Entlein nach dem andern hinein. Das Wasser schlug über ihren Köpfchen zusammen, aber sie kamen gleich wieder hervor und schwammen flink, als hätten sie es schon im Ei gekonnt. Auch das häßliche graue Entlein schwamm mit. Es war ganz gewiß kein Truthahnküken, denn die gehen nicht ins Wasser.

„Was für ein häßliches Entlein!“ riefen die anderen Enten. Und eine Ente flog hin und zwickte das arme Entlein.

„Laß es in Ruhe“, sagte die Entenmutter. „Es tut niemandem was.“

„Aber es ist so groß und ungewöhnlich“, sagte die andere Ente. „Und deshalb muß es gepufft und geknufft werden.“

„Es ist nicht hübsch, aber es hat ein gutes Herz“, sagte die Entenmutter. „Und schwimmen kann es besser als alle anderen. Es ist wahrscheinlich zu lang im Ei gelegen. Es wird schon noch ein richtiges, schönes Entlein werden!“

Das Entlein wurde aber nicht hübscher, und die Hühner und Enten auf dem Hof verspotteten es. Das arme Entlein wurde von allen gejagt; seine Geschwister zwickten es und sagten: „Die Katz' soll dich endlich erwischen, du häßliches Entenjunges!“ Sogar die Entenmutter sagte manchmal: „Wenn ich dich nur nicht mehr sehen müßte, du häßliches Kind!“ Da lief das Entlein eines Tages fort.

Es lief und lief bis zu dem großen Moor, wo die Wildenten wohnen, und dort versteckte es sich in den Binsen. Plötzlich stand ein großer Hund ganz nahe vor ihm. Das kleine Entlein sah seine scharfen Zähne und erschrak entsetzlich, aber der Hund biß nicht zu, sondern ging wieder fort. Er suchte ja nicht nach Entenjungen, sondern nach den Wildenten, die der Jäger abgeschossen hatte.

„Gott sei Dank, er hat mich nicht mitgenommen“, sagte

das Entlein. „Wahrscheinlich bin ich ihm zu häßlich."

Im Moor wollte das häßliche Entlein nun auch nicht mehr bleiben. Es lief weiter und weiter und weiter.

Endlich kam es zu einem kleinen Bauernhaus. Das Entlein war so müde, es mußte sich auf seinen Schwanz setzen, damit es nicht umfiel. Da sah es, daß die Haustür einen Spalt offenstand und schlüpfte hinein. In dem Häuschen wohnte eine alte Frau mit ihrem Kater und ihrer Henne. Der Kater konnte katzbuckeln, und wenn man ihm gegen die Pelzhaare strich, sprühte er Funken. Die Henne hieß Küchlein Kurzbein, weil sie so kurze Beine hatte, und sie legte jeden Tag ein Ei. Die alte Frau nahm das häßliche Entlein in ihrem Hause auf.

„Ruh dich aus", sagte sie. „Wenn du willst, kannst du hierbleiben. Aber du mußt dafür jeden Tag ein Ei legen."

„Kannst du Eier legen?" fragte die Henne Küchlein Kurzbein.

„Das kann ich nicht", antwortete das kleine Entlein.

„Soso. Nun gut. Vielleicht lernst du es. Oder kannst du sonst etwas Nützliches?"

„Ich weiß nicht", sagte das Entlein. „Ich glaube nicht."

„Dann halt den Mund", antwortete die Henne.

„Kannst du katzbuckeln oder Funken sprühen?" fragte der Kater.

„Nein!"

„Dann halt den Mund!" sagte der Kater.

Als das Entlein sich wieder erholt hatte, bekam es eines Tages plötzlich Lust, hinaus in den Sonnenschein zu watscheln und auf dem Wasser zu schwimmen, und es sagte das der Henne Küchlein Kurzbein.

„So dummes Zeug denkt man nicht", gackerte die Henne Küchlein Kurzbein. „Leg lieber ein Ei oder sprüh Funken, dann kommst du auf andere Gedanken!"

„Aber schwimmen ist doch so schön!" piepste das Entlein.

„Schwimmen soll schön sein?“ rief die Henne. „Gogogogo, du bist verrückt! Frag den Kater, ob er gern schwimmt! Von mir rede ich gar nicht! Der Kater ist der klügste Kater, den ich kenne. Und unsere Frau hat auch keine Lust zu schwimmen, frag sie doch! Willst du gescheiter sein als der Kater und die Frau? Gogogogo!“

„Ihr versteht mich nicht“, sagte das Entlein. „Es ist besser, ich geh' wieder hinaus in die weite Welt!“

„Tu das nur“, sagten die Henne und der Kater.

Da ging das Entlein hinaus in die weite Welt.

Draußen blieb es ganz allein für sich, schwamm und tauchte und watschelte, und es wurde ein bißchen größer. Aber grau und häßlich war es immer noch. Die anderen Tiere wollten keine Freundschaft mit ihm, weil es so häßlich war, und wichen ihm aus.

Der Sommer verging, und es kam der Herbst. Die Blätter im Wald wurden gelb und braun. Der Wind packte sie und wirbelte sie durcheinander. Die Luft war kalt, in den Wolken saßen schon die Schneeflocken. Das arme Entlein fror.

Eines Abends, als die Sonne wunderschön unterging, kam ein Schwarm großer Vögel aus einem Busch. Sie waren leuchtend weiß und hatten lange, biegsame Hälse; sie schrien einen ganz wunderlichen Ton, breiteten ihre großen weißen Flügel aus und flogen fort. Sie flogen in die warmen Länder, doch das wußte das Entlein nicht. Es konnte aber die prächtigen weißen Vögel nicht vergessen.

Der Winter wurde sehr kalt. Das Entlein mußte herumschwimmen, damit das Wasser nicht ganz zufror. Jede Nacht aber wurde das Wasserloch, in dem es schwamm, kleiner und kleiner. Es war so kalt, daß das Eis knackte. Immerzu ruderte das Entlein mit den Beinchen, damit das Loch im Eis nicht zufror. Endlich wurde das Entlein so müde, daß es die Beinchen nicht mehr rühren konnte, und es fror im Eis fest.

Am frühen Morgen kam ein Bauer, und als er das Entlein sah, zerschlug er mit seinem Holzschuh das Eis und trug das Entlein zu seiner Frau nach Hause. Dort wurde es wieder warm und lebendig.

Die Kinder wollten mit dem Entlein spielen, aber das Entlein hatte Angst vor ihnen und lief und flatterte und warf dabei den Milchtopf um. Es lief durch die offene Tür hinaus und landete im frischgefallenen Schnee.

Man kann gar nicht alles erzählen, was das kleine Entlein in diesem kalten Winter durchmachte. Endlich wurde es Frühling. Und auf einmal konnte das Entlein die Flügel besser bewegen als früher, und dann plötzlich konnte es fliegen. Es flog und flog und war mit einemmal in einem großen Garten. Dort blühten die Bäume, die Fliedersträucher dufteten, das Gras war grün und frisch. Drei Schwäne kamen auf dem Teich geschwommen; sie rauschten mit den Flügeln und schwammen wunderbar leicht dahin.

Das Entlein erkannte die weißen Vögel und wurde sehr traurig. Ich werde zu den wunderschönen Vögeln hinfliegen, dachte es. Sie werden mich mit ihren Schnäbeln tothacken, weil ich so häßlich bin, aber das ist mir einerlei. Ich will lieber tot sein, als daß die Enten und Hühner mich zwicken und beißen und verspotten! Und es flog hinaus auf den Teich und schwamm den herrlichen Vögeln entgegen.

Die Schwäne rauschten mit den Flügeln und schwammen auf das Entlein zu. Gleich werden sie mich tothakken, dachte das Entlein. Ich bin ja so häßlich! Plötzlich aber erblickte es sein eigenes Spiegelbild im Wasser und merkte, daß es kein häßliches, plumpes Entlein mehr war, sondern selber ein Schwan. Es macht nichts, daß man auf dem Entenhof geboren ist, wenn man nur in einem Schwanenei gelegen hat.

Die großen Schwäne schwammen um den jungen

Schwan herum und streichelten ihn mit den Schnäbeln. In den Garten kamen ein paar Kinder, die Brotstücke ins Wasser warfen, und das kleinste Kind rief: „Da ist ein neuer!“ Und die anderen riefen: „Das ist der schönste Schwan!“ Und der Flieder bog seine Zweige zu dem jungen Schwan ins Wasser hinunter, und die Sonne schien warm und gut.

Stachelsöhnchen

Es waren einmal ein Bauer und seine Frau, die hatten alles, was sie zu ihrem Glück brauchten, nur ein Kind hatten sie nicht, und sie wünschten sich doch so sehr eines. Jeden Morgen, wenn die Bauersfrau erwachte, war ihr erster Gedanke: Ach, hätte ich doch ein Kindchen! Und jeden Abend schlief sie mit dem gleichen Wunsch ein. Eines Tages ging sie über die Wiese vor dem Haus, sah im Gras einen Igel und sagte: „Ach, hätte ich doch ein Kindchen, und wäre es auch nur ein Igel!“

Nicht lange danach bekam die Bauersfrau ein Kind, das sah ganz anders aus als sonst ein Neugeborenes, war rundum voller Stacheln und hatte ein schwarzes Schnäuzchen.

„Du meine Güte“, rief der Bauer, „das ist ja ein Igel!“

„Und wenn es auch nur ein Igelkind ist“, antwortete die Frau, „wir wollen es doch liebhaben, unser Stachelsöhnchen.“

Sie legten Stachelsöhnchen in die Wiege, und da lag es und sah so niedlich aus, daß die Frau ihm einen Kuß gab und der Bauer es schaukelte und wiegte, bis es einschlief.

Nach einem Jahr schon konnte Stachelsöhnchen sprechen wie ein Erwachsener, es half der Mutter im Haus, und dem Vater brachte es das Essen aufs Feld. Am liebsten aber hütete es die Schweine. Es führte sie tief in den

Wald, und während die Schweine Eicheln und Pilze fraßen, legte es sich unter einen Baum, guckte in das grüne Laub und hörte den Vögeln zu, die ihre Lieder sangen.

Einmal geschah es, daß ein König sich in den Wald verirrte, und weil es schon gegen Abend zu ging, hatte er Angst vor der Dunkelheit und den wilden Tieren. Er lief dahin und dorthin, aber er fand keinen Menschen, der ihm den Weg hätte zeigen können. Als er schon glaubte, niemals mehr aus dem Wald zu kommen, sah er eine Herde Schweine und hörte eine Stimme: „Was suchst du, König?"

Der König schaute um sich, aber da war niemand, nur ein Igel saß unter einem Baum.

„Was suchst du, König?" fragte der Igel ein zweites Mal.

„Ich habe mich verirrt", antwortete der König. „Kannst du mir den Weg aus diesem Wald zeigen?"

„Das kann ich", sagte Stachelsöhnchen. „Du mußt aber versprechen, mir eine deiner Töchter zur Frau zu geben.«

„Wenn das dein Wunsch ist, will ich ihn dir gern erfüllen", antwortete der König und dachte: Es ist ja nur ein Igel, der wird nie und nimmer in mein Schloß kommen!

Stachelsöhnchen führte den König aus dem Wald. Kaum hatten sie sich voneinander verabschiedet, vergaß der König sein Versprechen.

Am nächsten Morgen bat Stachelsöhnchen den Bauern: „Vater, sattle mir den Hahn, ich will in die Welt hinaus reiten."

„Was willst du in der Welt?" fragte der Bauer.

„Mein Glück suchen", antwortete Stachelsöhnchen, und mehr wollte es nicht sagen.

Der Bauer nähte einen kleinen Sattel und einen kleinen Zügel, gerade groß genug für den Hahn. Als der Hahn gesattelt war, stieg Stachelsöhnchen auf und ritt fort. Seine Eltern standen vor der Haustür und winkten, solange sie ihn sehen konnten.

Stachelsöhnchen auf dem Hahn ritt zum Schloß des Königs, kam ans Tor und verlangte Einlaß. Der König saß mit seinen sieben Töchtern beim Essen, und als er den Igel erblickte, erschrak er sehr.

Stachelsöhnchen stieg aus dem Sattel, verbeugte sich höflich und sagte: „Ich habe dich aus dem Wald geführt, König, als du den Weg verloren hattest, und jetzt komme ich, mir das zu holen, was du mir versprochen hast."

„Was hast du diesem wunderlichen Igel versprochen, Vater?" fragten die Königstöchter.

Dem König blieb nichts anderes übrig, als die Wahrheit einzugestehen, und seine Töchter fingen an zu lachen. Sie verspotteten den Igel und riefen, er solle wieder in den Wald zu seinen Schweinen laufen, denn dorthin gehöre er und nicht in ein königliches Schloß. Nur die siebente Königstochter lachte nicht, sie saß da und schaute Stachelsöhnchen nachdenklich an.

Als die anderen sich müdegelacht hatten, sagte sie: „Vater, ein Versprechen ist ein Versprechen, auch wenn man es nur einem Igel gegeben hat. Er hat dein Leben gerettet, so will ich ihn zum Mann nehmen."

Die Hochzeit wurde gefeiert. Als Stachelsöhnchen die siebente Königstochter in die Brautkammer führte, verspotteten die anderen sechs ihre Schwester und den Igel.

In der Kammer nahm Stachelsöhnchen seine Frau an der Hand und bat: „Willst du mir nicht einen Kuß geben?"

Die Königstochter brachte es aber nicht über sich, einen Igel zu küssen.

Noch einmal fragte Stachelsöhnchen: „Willst du mir nicht einen Kuß geben?"

Wieder wollte sie das nicht tun.

Als er zum drittenmal fragte, schaute er sie so traurig an, daß sie sich niederbeugte und ihn küßte. Und als sie ihn küßte, war es auf einmal kein Igel mehr, sondern ein schöner, junger Mann, der vor ihr stand.

Am Morgen verging den sechs Schwestern das Lachen. Denn weit und breit konnte man suchen und nirgends einen Prinzen finden, der so schön und gut war wie Stachelsöhnchen.

Stachelsöhnchen und die siebente Königstochter bekamen viele Kinder, und keines war ein Igel, es waren lauter niedliche Prinzen und Prinzessinnen. Jeden Tag besuchten die kleinen Prinzen und Prinzessinnen ihre Großeltern, den Bauer und die Bauersfrau, und niemand war glücklicher als diese beiden.

Das allerwinzigste Elfenmädchen

Es war einmal ein kleiner Junge, der sagte immer: „Ich! Ich!" Er sagte es, wenn die Mutter den Kuchen aufschnitt, und er sagte es, wenn sie Himbeerpudding auf den Tisch stellte. Nur wenn es Zeit zum Schlafengehen war, sagte er nie: „Ich!" Er wollte lieber aufbleiben.

Einmal, als ihn die Mutter zu Bett gebracht hatte, war er so munter und wach, daß er nicht schlafen konnte. Er kletterte aus dem Bettchen, stellte sich ans Fenster und schaute hinaus. Es war dunkel, aber nicht ganz dunkel, weil der Mond am Himmel stand. Die Vorhänge bewegten sich, und im Garten wisperte der Wind im Laub.

Auf einmal sah der kleine Junge unten im Garten ein kleines Licht, das wehte herauf aufs Fenstersims und war ein allerwinzigstes kleines Elfenmädchen, nicht größer als ein Daumen.

„Wer bist denn du?" fragte der Junge.

„Ich bin's!" antwortete das allerwinzigste Elfenmädchen mit einer dünnen Stimme, die wie Glasglöckchen klang. „Und wer bist du?"

„Ich bin's!" antwortete der Junge.

Das allerwinzigste Elfenmädchen klatschte in die Hände. „Ich heiße ICH!“ rief es. „Und du heißt auch ICH! Das ist lustig!“

Der kleine Junge hieß eigentlich gar nicht ICH, aber das sagte er nicht. Es hörte sich so hübsch an, wenn das allerwinzigste Elfenmädchen ICH zu ihm sagte.

„Willst du mit mir spielen, ICH?“ fragte das allerwinzigste Elfenmädchen.

„Ja, ICH, das will ich gern“, antwortete der kleine Junge.

Das allerwinzigste Elfenmädchen fing mit seinen winzigen Händen Mondlicht ein und verstreute es im Zimmer, und es wurden lauter Tiere daraus, Mondkatzen und Mondhunde und Mondpferdchen und sogar Monddrachen, die umherflogen und Feuer spuckten. Das allerwinzigste Elfenmädchen und der kleine Junge haschten nach den Monddrachen, und die Monddrachen sprühten Mondfunken und wollten sich nicht fangen lassen. Der kleine Junge hopste herum, gab nicht acht und trat dem allerwinzigsten Elfenmädchen auf den Fuß.

Das allerwinzigste Elfenmädchen fing laut zu weinen an. Der kleine Junge wollte sagen: „Es tut mir leid, ICH!“ Aber bevor er es sagen konnte, hörte er vom Garten eine Stimme, die rief: „Elfenkindchen, Elfenkindchen, warum weinst du?“

Der kleine Junge kletterte in sein Bett, zog die Decke über sich und guckte darunter hervor.

„Elfenkindchen, Elfenkindchen, warum weinst du?“ fragte es noch einmal.

„ICH ist mir auf den Fuß getreten, Mami“, schluchzte das allerwinzigste Elfenmädchen.

„Wer ist dir auf den Fuß getreten?“ fragte die Elfenmutter.

„ICH, Mami!“ schluchzte das allerwinzigste Elfenmädchen.

„Wenn du dir selber auf den Fuß getreten bist, dann brauchst du nicht zu weinen“, antwortete die Elfenmutter genau so streng, wie die Mutter des kleinen Jungen es manchmal tat. Zum Fenster herein streckten sich zwei Hände, die leuchteten, und nahmen das allerwinzigste Elfenmädchen fort. Die Mondtiere verschwanden, dem kleinen Jungen in seinem Bett fielen die Augen zu, und er schlief ein.

Am nächsten Abend fragte die Mutter: „Wer ist müde und will schlafen?“ „Ich!“ rief der kleine Junge sofort. Er dachte: Wenn heute das allerwinzigste Elfenmädchen kommt und mit mir spielt, werde ich ihm nicht auf den Fuß treten, sondern achtgeben.

Und das tat er auch!

Er ging nun jeden Abend viel lieber zu Bett als früher. Seine Mutter wunderte sich, aber sie wußte ja nichts von dem allerwinzigsten Elfenmädchen und den Mondkatzen und Mondhunden und Mondpferden und den funkensprühenden Monddrachen.

Das kleine Mädchen im Bambusrohr

Es waren ein alter Mann und eine alte Frau, die wohnten in einer kleinen Hütte und flochten Körbe aus Bambus. Eines Tages ging der Mann, um Bambusrohr zum Korbflechten abzuschneiden. Da fand er ein Rohr, das leuchtete. Und wie der Mann das Rohr vorsichtig spaltete, war darin ein winziges, leuchtendes Mädchen, nicht größer als ein kleiner Finger. Vorsichtig trug der Mann das Mädchen heim und brachte es seiner Frau.

Die beiden Alten hatten das leuchtende Mädchen lieb wie ein eigenes Kind. Nach drei Monaten schon war es so groß wie ein Menschenmädchen, das eben alt genug geworden ist, um zu heiraten.

Bald erzählte man sich im ganzen Land von dem leuchtenden Mädchen aus dem Bambus. Viele Leute kamen in die Hütte des alten Mannes und der alten Frau und wollten das Mädchen sehen. Endlich kam sogar der Kaiser. Er verliebte sich sogleich in das Bambusmädchen.

„Wenn du ihn heiratest, wirst du Kaiserin!" sagten die beiden Alten zu ihrem Bambusmädchen. „Wir hätten dich am liebsten immer bei uns, aber einmal wirst du doch heiraten. Nimm den Kaiser! Oder gefällt er dir nicht?"

„Ihn nicht und keinen andern nehm' ich", sagte das Bambusmädchen. „Ich bin kein Menschenkind, meine Zeit bei euch ist um." Es winkte mit seiner kleinen Hand und leuchtete und schimmerte mehr als zuvor. „Lebt wohl, liebe Mutter, lieber Vater!" rief es und schwebte in den Himmel hinauf und verschwand in den Wolken.

„Seid ihr nicht traurig, daß euer leuchtendes Mädchen fort ist?" fragten die Leute den alten Mann und die alte Frau.

„Ja, wir sind traurig!" antworteten die beiden. „Aber wir sind froh, daß wir das Bambusmädchen bei uns haben durften. Wenn es auch nur für eine kleine Weile war, unser leuchtendes Bambusmädchen hat uns doch für immer glücklich gemacht."

Der Zauberfisch

Einem kleinen Knaben waren Vater und Mutter gestorben. Er hatte keine Brüder und keine Schwestern, nur noch eine Großmutter, die arm und schon sehr alt war. Der Kleine mußte jeden Tag fortgehen, um Fische im Fluß zu fangen und eßbare Kräuter und Wurzeln auf den Wiesen zu suchen. Davon lebten die beiden.

Einmal war der Knabe wieder zum Fluß gegangen, aber kein Fisch kam geschwommen. Schon wollte der

Knabe fortgehen, da erblickte er nahe am Ufer einen Fisch, einen ganz kleinen. Der Knabe faßte zu, fing das Fischlein und lief heim.

Als er aber zu Hause war und das Fischlein ansah, das so hübsch war und zappelig und klein, hatte er Mitleid mit ihm und holte einen Topf voll Wasser. Dorthinein tat er den Fisch. „Hab keine Angst“, sagte er. „Ich will dich füttern und aufziehen und mit dir spielen.“

Die Großmutter hörte, was er sagte. Sie war hungrig, und auch ein kleiner Fisch ist ein Bissen. Aber sie sagte nichts und brachte dem kleinen Knaben eine Handvoll Reis, den hatte ihr eine Nachbarin geschenkt.

Der Knabe gab dem Fisch ein paar Reiskörner. Jeden Tag suchte und fand er irgend etwas, womit er ihn füttern konnte. Und er spielte mit dem Fisch und erzählte ihm Geschichten.

Der kleine Fisch wuchs und wurde größer.

Eines Tages war er zu groß für den Topf, und der Knabe brachte ihn zurück an den Fluß. Er war ein wenig traurig, als er den Fisch ins Wasser setzte, denn er dachte: Er wird fortschwimmen und mich vergessen.

Kaum war der Fisch aber im Wasser, als er zu sprechen begann. „Willst du Gold und Silber haben für dich und die Großmutter?“ fragte er.

„Ach ja“, antwortete der Knabe. „Wenn du uns Gold und Silber gibst, kann ich Essen kaufen.“

„Komm mit mir“, sagte der Zauberfisch. „Aber du darfst keine Angst haben!“

Der Knabe setzte sich auf den Rücken seines Freundes. Der Fisch schwamm in den Fluß hinaus. Er schwamm und schwamm. Der Himmel bedeckte sich mit schwarzen Wolken. Donner und Blitz fuhren daraus hervor und kalte Pfeile aus silbernem Regen. Der kleine Knabe zitterte vor Kälte. Er schmiegte sich an den kühlen Fischrükken und versuchte, sich nicht zu fürchten.

Endlich kamen sie zu einer großen Höhle, und dort hinein schwamm der Fisch. Die Höhle funkelte von Gold und Silber und Edelsteinen. Der Knabe füllte sich die Taschen, und dann brachte der Fisch ihn wieder heim.

Die Großmutter und der Knabe konnten nun zu essen kaufen, soviel sie wollten. Sie kauften auch eine schöne Bauernhütte und Felder und Kühe und Hühner. Jeden Tag am Morgen ging der Knabe an den Fluß und besuchte seinen Freund, den Fisch.

Einmal kam ein Spielkamerad des Knaben und wollte wissen, woher er seinen Reichtum habe. Als er von dem Zauberfisch hörte, wünschte auch er sich Gold und Silber und Edelsteine.

Die beiden gingen ans Ufer des Flusses, und der Fisch tauchte auf und sagte zu dem Spielkameraden: „Komm mit mir! Aber du darfst keine Angst haben."

Nun war es aber so, daß der Spielkamerad den Fisch nicht kannte und nicht liebte. Als der Himmel schwarz von Wolken wurde, als es donnerte und blitzte, schmiegte er sich nicht an den glitzernden Fischleib. Er bibberte vor Kälte, bekam mehr und mehr Angst, und endlich schrie er: „Sind wir nicht bald in der Edelsteinhöhle, du glitschiges Ungeheuer!"

Im nächsten Augenblick schlug der Fisch heftig mit der Schwanzflosse, und der Spielkamerad fiel in den tiefen Fluß. Denn wer lieblos und gierig ist und kein Vertrauen hat zu einem Märchenfisch, verdient nicht einmal einen bunten Kieselstein.

Der Spielkamerad hatte Mühe, ans Ufer zu kommen, und dann mußte er viele Stunden laufen, bis er zur Hütte zurückkam.

Er erzählte, wie es ihm ergangen war, und sagte zornig: „Dein Fisch ist kein Zauberfisch! Es gibt keine Zauberfische!"

„Doch!" sagte die Großmutter. „Man muß nur daran

glauben! Komm und iß eine Schale Reis. Du bist bestimmt hungrig von dem weiten Weg."

Der Spielkamerad nahm die Schale und aß den Reis, und da gingen ihm plötzlich ganz wunderlich funkelnde Gedanken im Kopf herum.

Der Drache im Brunnen

Einmal war ein König, der hatte drei Töchter und wollte wissen, wie sehr sie ihn liebten.

Die älteste sagte: „Vater, ich liebe dich wie Honig."

Die zweite sagte: „Vater, ich liebe dich wie süßen Zukker."

Die jüngste Prinzessin dachte lange nach, dann sagte sie: „Vater, ich liebe dich wie Salz."

Da wurde der König zornig, und als ein armer Mann am Palast vorbeikam, rief er ihn herein, gab ihm seine jüngste Tochter zur Frau und jagte hernach die beiden fort.

Der arme Mann hieß Yanni. Er hatte nur eine winzige Hütte und sonst nichts auf der Welt, aber er war gut und freundlich, und die Prinzessin liebte ihn bald aus ganzem Herzen.

Es trug sich aber zu, daß eine große Dürre über das Land kam und alle Brunnen versiegten. Nur noch ein einziger Brunnen gab Wasser, doch tief unten in seinem Grund hauste ein Drache, der alle tötete, die sich Wasser holen wollten. Yanni konnte nicht mitansehen, wie seine Frau Durst litt, und er sagte zu sich: „Nie hat sie geklagt, daß sie mit mir in Armut leben muß und ist doch in einem Palast aufgewachsen! Ich will lieber selber sterben, als sie vor Durst umkommen zu lassen."

So ging er heimlich mit einem Krug hin zum Brunnen. Kaum hatte er das Wasser berührt, wallte es auf und zischte. Ein Drache tauchte hervor und war so schrecklich anzusehen, daß Yanni beinahe das Herz still stand. Trotzdem sagte er freundlich: „Guten Tag, lieber Drache! Alle Brunnen sind versiegt, und meine Frau leidet großen Durst. Ich bitte dich, mir zu erlauben, in deinem Brunnen Wasser zu schöpfen."

Nie hatte jemand den Drachen mit „Lieber Drache" angesprochen, und niemals hatte jemand ihn freundlich angesehen, wie Yanni es tat. Der Drache war darüber so verwundert, daß er nickte und stumm mitansah, wie Yanni den Krug füllte.

„Warte!" rief der Drache, als Yanni gehen wollte. „Warte!"

Er tauchte in den Brunnen hinab und kam gleich darauf wieder hervor, hielt einen Granatapfel in seinen Klauen und reichte ihn Yanni. „Hier ist ein Geschenk für deine Frau", sagte er.

Yanni steckte den Granatapfel ein, dankte und fragte, ob er wiederkommen dürfe.

„Das darfst du", antwortete der Drache.

„Und die anderen Menschen im Land?" fragte Yanni. „Auch sie leiden Durst und haben kein Wasser."

Der Drache antwortete: „Ich habe nicht gewußt, daß Menschen freundlich sein können. Wenn die anderen so sind wie du, werde ich sie nicht hindern, Wasser aus meinem Brunnen zu schöpfen."

Yanni ging heim und gab seiner Frau Wasser zu trinken. Dann riefen die beiden ihre Nachbarn, und jeder, der kam, erhielt einen Becher voll.

Als die Nachbarn wieder gegangen waren, holte Yanni den Granatapfel hervor und zeigte ihn seiner Frau. Der Apfel war so rot und leuchtend, daß sie Lust bekamen, ihn zu essen. Sie wollten ihn teilen und schnitten ihn durch, und wie der Granatapfel auseinanderbrach, war jeder Kern darin ein Edelstein, funkelnd in allen Regenbogenfarben, so daß es ganz hell in der Hütte wurde. Yanni und seine Frau hielten die beiden Hälften in Händen, sahen die glitzernde Pracht an und wollten ihren Augen nicht trauen.

Am nächsten Morgen ging Yanni mit den Nachbarn zum Brunnen des Drachen. Sie hatten ihm versprechen müssen, nicht zu erschrecken und keine Furcht zu zeigen. Als sie zum Brunnen kamen, tauchte der Drache sofort auf. Die Nachbarn wären am liebsten fortgelaufen, aber weil Yanni zum Drachen hintrat und ihm für das wunderbare Geschenk dankte, und der Drache ihm nichts zuleide tat, faßten sie Mut, und er kam ihnen nicht mehr so schrecklich vor.

Der Drache setzte sich neben den Brunnen. Er dachte: Eigentlich war ich doch recht einsam, immer so ganz allein in dem Brunnen!

Bevor Yanni und die Nachbarn fortgingen, mußten sie dem Drachen versprechen, bald wiederzukommen.

Yanni und seine Frau verkauften ein paar der regenbogenfarbenen Edelsteine und bauten sich aus dem Erlös ein schönes Haus. Sie vergaßen aber nicht, wie arm sie selber einmal gewesen waren, und nie kam jemand, der Hilfe brauchte, vergebens an ihre Tür.

Bald erzählte man sich im ganzen Land die Geschichte von Yanni und dem wunderbaren Geschenk des Drachen. Auch der König erfuhr davon, wußte aber nicht, daß Yanni der arme Mann war, dem er seine Tochter zur Frau gegeben hatte. Er sandte einen Boten zu Yanni und meldete seinen Besuch an.

Als die Prinzessin das hörte, ging sie in die Küche und bereitete ein festliches Mahl. Die Speisen aber, die sie ihrem Vater geben wollte, kochte sie ganz ohne Salz.

Yanni empfing den König und führte ihn zur Festtafel. Die Prinzessin zeigte sich nicht, sondern hielt sich im Zimmer nebenan versteckt. Die köstlichsten Speisen wurden aufgetragen und dufteten so verlockend, daß der König mit großem Appetit zugreifen wollte. Nach dem ersten Bissen verzog er jedoch das Gesicht und ließ die Gabel sinken.

„Herr König“, sagte Yanni, „wollt Ihr mir nicht die Ehre antun, von meiner Tafel zu essen?“

„Ich bin nicht hungrig“, antwortete der König verlegen.

„Noch nie war jemand mein Gast und ging ohne Speise und Trank fort“, sagte Yanni. „Wollt Ihr mich kränken, Herr König?“

„Das Essen ist ohne Salz gekocht!“ rief der König. „Und Speisen ohne Salz schmecken abscheulich!“

Da trat die Prinzessin ins Zimmer und rief: „Aber als ich sagte, daß ich dich liebe wie Salz, Vater, hast du mich fortgejagt!“

Der König erkannte seine Tochter, umarmte sie und rief: „Nun weiß ich, was du gemeint hast, als du sagtest, du liebst mich wie Salz.“

Bald danach hörte die Dürre auf, Regen fiel, und alle Brunnen gaben wieder Wasser. Die Leute im Land gingen aber weiterhin zum Brunnen des Drachen, weil er das kühlste und klarste Wasser gab und weil sie gerne mit dem Drachen plauderten. Am liebsten hatte es der Drache jedoch, wenn Yanni ihn besuchte und aus seinem Brunnen Wasser schöpfte.

Der Geier und die Schildkröte

Ein Geier und eine Schildkröte waren Freunde. Die Schildkröte war aber ein Spaßmacher, und hin und wieder spielte sie dem Geier einen Streich. Eines Tages lud sie ihn zu einem Festmahl ein und versprach ihm die feinsten Leckerbissen. Der Geier fastete den ganzen Tag, um den richtiger Hunger zu bekommen, und flog abends erwartungsvoll zur Schildkröte. Welche Leckerbissen fand er vorbereitet? Zehnerlei Suppen in zehn Schüsseln! Und Suppe mochte der Geier überhaupt nicht!

Der Geier wurde zornig, ließ sich jedoch nichts anmerken und dachte: Warte, Schildkröte, ich werde es dir schon zeigen! Er nahm von jeder Suppe einen Schluck oder auch zwei und tat so, als schmecke es ihm köstlich.

Eine Woche später schickte er seinen Vetter, den Adler, zum Haus der Schildkröte.

„Dein Freund, der Geier, lädt dich zu einem Festmahl ein“, rief der Adler. „Er hat die allerfeinsten Schildkröten-Leckerbissen vorbereitet. Komm heute abend in sein Haus oben auf dem großen Geierbaum!“

Mein Freund, der Geier, weiß doch, daß ich nicht auf seinen Baum steigen kann, dachte die Schildkröte. Er will mir wohl einen Streich spielen! Wir werden sehen, wer listiger ist, er oder ich!

Die Schildkröte machte ein betrübtes Gesicht und antwortete dem Adler: „Sag meinem Freund, dem Geier, daß ich ihm für die Einladung danke. Leider kann ich nicht kommen. Tante Schildkröte ist gestern gestorben, und es gehört sich nicht, daß ich lustig bin und zu einem Fest gehe. Da ich nicht selber kommen kann, will ich meinem Freund wenigstens ein Geschenk schicken. Komm vor Sonnenuntergang wieder! Das Geschenk wird in einem Sack vor meinem Haus liegen.“

Als der Adler fortgeflogen war, lief die Schildkröte zu Tante Schildkröte, die selbstverständlich nicht gestorben war.

„Mein Freund, der Geier, will mir einen Streich spielen“, sagte die Schildkröte zu Tante Schildkröte. „Ich habe vor, ihn zu überlisten.“ Und die Schildkröte flüsterte ihren Plan Tante Schildkröte ins Ohr.

Sie holten einen Sack und gingen zum Haus der Schildkröte. Dort kroch die Schildkröte in den Sack, und Tante

Schildkröte band ihn zu. Dann ging sie fort, und der Sack mit der Schildkröte darin blieb vor dem Haus liegen. Vor Sonnenuntergang kam der Adler, flog herab und packte den Sack mit seinen starken Krallen. Der ist aber schwer! dachte der Adler. Was kann das für ein Geschenk sein?

Der Adler stieg mit dem schweren Sack hoch in die Luft und flog zum Baum des Geiers.

„Deine Freundin, die Schildkröte", sagte Vetter Adler zum Geier, „kann leider nicht zu deinem Festmahl kommen, weil Tante Schildkröte gestorben ist. Zum Zeichen ihrer Freundschaft schickt sie dir dieses Geschenk."

Der Geier sah den schweren Sack und dachte: Die Schildkröte ist doch eine gute Freundin! Ich habe ihr einen Streich gespielt, und sie schickt mir ein Geschenk dafür. Ich wollte, sie wäre hier! Ohne sie ist das Festmahl nur halb so lustig.

Er öffnete den Sack, um zu sehen, welches Geschenk darin war, und die Schildkröte kam herausgekrochen. „Danke für die Einladung!" rief sie. „Da bin ich, und jetzt kann das Fest beginnen!"

Der Geier ärgerte sich ein wenig, aber eigentlich war er doch froh, daß seine Freundin hier war. Sie setzten sich und feierten. Geier und Adler aßen die feinsten Geier-Adler-Leckerbissen, und die Schildkröte aß die feinsten Schildkröten-Leckerbissen. Als alles aufgegessen war und sie vom Feiern müde geworden waren, brachte der Geier die Schildkröte im Sack zurück zu ihrem Haus. Dann schliefen sie satt und zufrieden ein, die Schildkröte in ihrem Haus, der Adler in seinem Nest und der Geier oben auf seinem Baum.

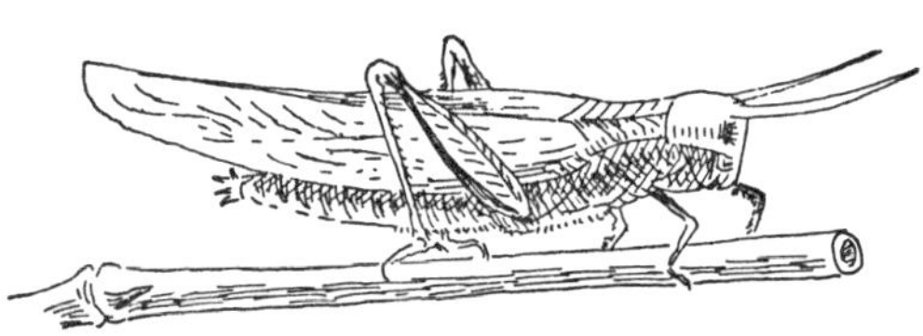

Einmal ging eine Ameise spazieren

Einmal ging eine Ameise spazieren. Die Sonne schien heiß. Die Ameise wurde durstig und wanderte zu einer Quelle und wollte trinken. Dabei fiel sie hinein, und das Quellwasser riß sie mit sich fort.

Eine Taube saß auf einem Ast und sah, wie die Ameise den Bach hinuntergeschwemmt wurde. Schnell riß die Taube einen kleinen Zweig ab und warf ihn ins Wasser. Die Ameise krabbelte auf den Zweig, der Zweig trieb ans Ufer, und die Ameise war gerettet.

An einem andern Tag ging die Ameise wieder spazieren. Sie sah die Taube auf dem Zweig sitzen und wollte ihr guten Tag zuwinken. Da erblickte sie einen Vogelfänger, der dahergeschlichen kam. Der Vogelfänger wollte die Taube fangen. Die Ameise krabbelte auf den Vogelfänger los und biß ihn in den Fuß.

„Au!" sagte der Vogelfänger.

Das hörte die Taube und flog fort.

Die Ameise ging weiter spazieren und freute sich, und die Taube setzte sich auf einen Baum, ganz hoch oben, und gurrte den blauen Himmel an und freute sich auch.

Ist das nicht eine schöne Geschichte?

Hoppelhäschen

Einmal war ein sehr heißer Sommer, und es wollte und wollte nicht regnen. War eine Wolke am Himmel, dann wanderte sie schnell wieder fort und ließ keinen einzigen Tropfen fallen. Quellen versiegten, und Bäche und Bächlein trockneten aus. Die Tiere fanden kein Wasser mehr, und weil sie so großen Durst litten, beschlossen sie, einen tiefen Brunnen zu graben. Alle Tiere kamen und halfen, der Löwe und der Bär, der Wolf und der Fuchs, der Elefant und das Pferd, die Katze und das Reh, der Esel und das Schwein.

Auch das kleine Hoppelhäschen wollte helfen. Als es aber dorthin hoppelte, wo die anderen Tiere gruben und schaufelten, sah es einen Schmetterling fliegen. Der Schmetterling hatte so bunte Flügel, daß Hoppelhäschen nicht anders konnte, es mußte hinter ihm dreinlaufen, und darüber vergaß es, den anderen Tieren zu helfen.

Am zweiten Tag machte Hoppelhäschen sich wieder auf den Weg, aber es fand eine Rübe, die war so dick und saftig, daß es daran knabbern mußte.

Am dritten Morgen schien die Sonne so warm, und es war ein Tag, um in der Wiese zu liegen und nichts zu tun. Am vierten Tag endlich kam Hoppelhäschen zum Brunnen.

Die anderen Tiere gruben und schaufelten und merkten nicht, daß Hoppelhäschen da war und mithelfen wollte. Einmal traten der Elefant, dann der Bär und dann das Pferd dem Hoppelhäschen beinahe auf die Pfoten. Katze und Fuchs, Esel und Schwein warfen eine Schaufel Erde nach der anderen auf Hoppelhäschen, und ihm blieb nichts anderes übrig, als fortzuhoppeln.

Am fünften Tag war der Brunnen tief genug und voll klaren, kalten Wassers. Alle Tiere tranken daraus, auch Hoppelhäschen wollte trinken.

„Fort mit dir!" sagten die anderen Tiere. „Wer nicht geholfen hat, soll auch nicht trinken."

Nachts, als sie schliefen, hoppelte Hoppelhäschen zum Brunnen und trank. Am Morgen sahen die Tiere Hoppelhäschens Spuren im Gras, und sie beschlossen, von nun an sollte einer von ihnen nachts Wache halten.

Sobald es dunkel geworden war, hoppelte Hoppelhäschen wieder zum Brunnen und erblickte dort den Bären. Hoppelhäschen versteckte sich hinter einem Busch und begann zu singen:

„Das Wasser ist so süß,
das Wasser ist so naß.
Süßes, nasses Wasser trinken
macht mir soviel Spaß.“

Wer singt da so ein hübsches Liedchen? dachte der Bär. Er schaute in den Brunnen, ob das Wasser sänge, aber es war nicht das Wasser. Er schaute zum Himmel auf, ob die Sterne sängen, aber die Sterne waren es auch nicht.

„Das Wasser ist so süß,
das Wasser ist so naß.
Süßes, nasses Wasser trinken
macht mir soviel Spaß“,

sang Hoppelhäschen hinter dem Busch.

Es ist das Laub, das so schön singt, dachte der Bär, stand auf und ging zum Busch. Er schaute in den Busch, er schaute hinter den Busch, aber jetzt sang es nicht mehr. Hoppelhäschen war geschwind zum Brunnen gelaufen und trank. Dann lief es fort, bevor der Bär zurückkam.

Am Morgen sahen die Tiere Hoppelhäschens Spuren im Gras. Diesmal mußte der Löwe Nachtwache halten, ihm erging es aber auch nicht anders als dem Bären. In der dritten Nacht wachte der Elefant. Hoppelhäschen sang, aber der Elefant blieb am Brunnen, denn er wollte klüger sein als Löwe und Bär. Hoppelhäschen hinter dem Busch aber sang immer weiter, und da bekam der Elefant solche Lust zu tanzen, daß er zu tanzen anfing. Und während er Beine und Rüssel schwenkte, trank Hoppelhäschen aus dem Brunnen.

Am nächsten Morgen, als die Tiere merkten, daß Hoppelhäschen sie wieder überlistet hatte, wurden sie bitterböse. Nachts versammelten sich alle am Brunnen und versteckten sich, der Löwe hinter einem Busch, der Bär hinter einem Busch, der Esel hinter einem anderen Busch und so fort. Nur der Elefant war zu groß, der mußte sich hinter einen Hügel ducken.

Hoppelhäschen kam, guckte um sich und sah niemanden. Da hoppelte es zum Brunnen, und als es trinken wollte, kamen die Tiere hinter den Büschen hervor, und der Elefant erhob sich hinter dem Hügel und lief herbei.

„Du mußt sterben, Hoppelhäschen!“ riefen die Tiere. „Wir werden dir den Kopf abbeißen.“

Hoppelhäschen erschrak, denn es lebte ja so gern. Es ließ sich aber nichts anmerken und dachte: Jetzt mußt du schlau sein!

Es wackelte mit den Ohren, als sei es fröhlich, und sagte: „O ja, bitte, beißt mir den Kopf ab! Sterben muß jeder, heute oder morgen oder übermorgen oder überübermorgen, und ich habe mir immer gewünscht, daß mir einer den Kopf abbeißt.“

„Den Gefallen tun wir dir nicht“, antworteten die Tiere. „Wir werden dich totschießen.“

Wieder wackelte Hoppelhäschen fröhlich mit den Ohren und sagte: „O ja, bitte, schießt mich tot. Ich habe mir schon immer gewünscht, daß mich einer totschießt.“

„Nichts da!“ antworteten die Tiere. „Wir werden dich dick und rund füttern und dann in die Luft werfen, damit du zerplatzt.“

Hoppelhäschen ließ die Ohren hängen, tat ganz betrübt und rief: „Bitte nicht! Ich will nicht dick und rund gefüttert werden und dann zerplatzen!“

„Du sollst aber zerplatzen!“ antworteten die Tiere. Sie brachten ihm die schönsten Rüben und die saftigsten Kohlblätter und die wohlschmeckendsten Kräuter. Noch nie im Leben hatte Hoppelhäschen so gute Dinge zu fressen bekommen. Als es endlich dick und rund geworden war, packten der Löwe und der Bär, der Elefant und das Pferd und die anderen Tiere Hoppelhäschen an den Pfoten und zählten: „Eins und zwei und drei!“

Als sie drei gezählt hatten, warfen sie Hoppelhäschen hoch. Hoppelhäschen flog durch die Luft und dann fiel es auf die Erde nieder, aber weil es so dick und rund war, tat es sich kein bißchen weh. Es schlug einen Purzelbaum, setzte sich ins Gras, wackelte mit den Ohren und rief: „Danke, liebe Freunde! Danke für die Rüben und Krautblätter und Kräuter!"

Die Tiere schauten Hoppelhäschen an, dann sahen sie einander an, und endlich sagten sie: „Ach, dieses Hoppelhäschen! Es wird uns immer an der Nase herumführen. Soll es doch aus dem Brunnen trinken!"

Und Hoppelhäschen sang und trank und sang, und alle tranken und sangen mit:

„Das Wasser ist so süß,
das Wasser ist so naß.
Süßes, nasses Wasser trinken
macht uns soviel Spaß."

Hühnchen hat ein Ei gelegt

Einmal, da lebte eine Frau, die hatte ein kleines weißes Hühnchen. Das kleine weiße Hühnchen legte ein Ei, ein kleines weißes rundes Ei. Da kam ein Mäuschen daher, ganz geschwind, und wie es lief, stieß es an das kleine runde weiße Ei und zerbrach es.

Da weinte die Frau.

„Warum weinst du?" fragte der Tisch.

„Soll ich nicht weinen?" sagte die Frau.

„Hühnchen hat ein Ei gelegt,
Mäuschen hat es zerbrochen."

„Wenn du weinst, muß ich wackeln", sagte der Tisch.

„Warum wackelst du, Tisch?“ fragte die Tür.
„Soll ich nicht wackeln?“ sagte der Tisch.

„Hühnchen hat ein Ei gelegt,
Mäuschen hat es zerbrochen.“

„Wenn du wackelst, Tisch“, sagte die Tür, „dann will ich klappern.“ Und die Tür klappte zu und klappte auf und klapperte und klapperte.

„Warum klapperst du, Tür?“ fragten die Blumen im Garten.

„Soll ich nicht klappern?“ sagte die Tür.

„Hühnchen hat ein Ei gelegt,
Mäuschen hat es zerbrochen.“

„Wenn du klapperst, Tür“, sagten die Blumen, „dann wollen wir nicht mehr blühen.“

Das hörte eine Wolke am Himmel. „Warum wollt ihr nicht mehr blühen, Blumen?“ fragte die Wolke.

„Warum sollen wir blühen?“ sagten die Blumen.

„Hühnchen hat ein Ei gelegt,
Mäuschen hat es zerbrochen.“

„Dann will ich gleich regnen“, sagte die Wolke und ließ lauter Regentropfen fallen.

„Weine nicht, Frau“, sagte das kleine weiße Hühnchen. „Wackle nicht, Tisch! Und du, Tür, klappere nicht! Ihr Blumen, blüht wieder. Und du, Wolke, hör zu regnen auf.

Eins, zwei, drei,
leg ich ein neues Ei,
ein kleines weißes rundes Ei.
Gockeli,
gickeli,
bibi bum bei.“

Die Hirtin und der Schornsteinfeger

In einer gemütlichen Wohnstube stand ein alter Schrank. Über und über war er mit Schnitzwerk bedeckt, mit Ranken und Blüten und kleinen Hirschen, die aus dem Laub hervorguckten. Oben auf dem Sims saß ein geschnitztes Männchen, das hatte Ziegenbocksbeine, kleine Hörner am Kopf und einen langen Bart. Es sah sehr komisch aus, das Männchen, und es hatte auch einen komischen Namen. Die Kinder, die in der Stube wohnten, nannten es den Ziegenbocksbein-Obenunduntergeneral, ein Name, der ebenso selten wie schwer auszusprechen ist.

Immer schaute das Männchen auf den Tisch unter dem Spiegel. Dort stand eine niedliche kleine Hirtin aus Porzellan. Sie hatte vergoldete Schuhe, eine Rose am Kleid und einen goldenen Hut auf dem Kopf. Neben ihr stand ein kleiner Schornsteinfeger, ebenfalls aus Porzellan und schwarz wie Kohle. Sein Gesicht war aber nicht rußig wie das eines wirklichen Schornsteinfegers, sondern weiß und rosig. Er war so hübsch mit seiner zierlichen kleinen Leiter, er hätte ebensogut ein Prinz sein können.

Da standen die beiden nun nebeneinander, die Hirtin und der Schornsteinfeger. Weil sie so gut zusammenpaßten, hatten sie sich verlobt.

Dicht daneben gab es noch eine Porzellanfigur, die war dreimal so groß. Das war ein alter Chinese, der mit dem Kopf nicken konnte. Er behauptete, er sei der Großvater der kleinen Hirtin, aber das konnte er nicht beweisen.

Eines Tages hielt der Ziegenbocksbein-Obenunduntergeneral um die Hand der kleinen Hirtin an, und der alte Chinese nickte dazu.

„Da kriegst du einen Mann“, sagte er zu der Hirtin, „der kann dich zur Frau Ziegenbocksbein-Obenunduntergeneralin machen. Außerdem hat er einen ganzen Schrank voll Silber und schöner Sachen.“

„Ich will aber nicht in den finsteren Schrank hinein!" sagte die kleine Hirtin.

„Hinein mußt du!" antwortete der Chinese. „Heute nacht feiert ihr Hochzeit, so wahr ich dein Großvater bin." Dann nickte er mit dem Kopf und schlief ein.

Die kleine Hirtin weinte und blickte ihren Liebsten an, den Porzellanschornsteinfeger. „Geh mit mir in die weite Welt hinaus", sagte sie, „hier können wir nicht mehr bleiben."

„Ich tue alles, was du willst", antwortete der kleine Schornsteinfeger.

„Wären wir erst vom Tisch herunter!" sagte die kleine Hirtin.

Der Schornsteinfeger tröstete sie und zeigte ihr, wie sie den kleinen Fuß auf die Leiste am Tischbein setzen mußte. Zum Schluß nahm er noch seine Leiter zu Hilfe, und dann waren sie unten auf dem Fußboden.

„Sie laufen fort! Sie laufen fort!" schrie der Ziegenbocksbein-Obenunduntergeneral zum Chinesen hinüber.

Die Hirtin und der Schornsteinfeger erschraken und sprangen schnell in die Schublade unter der Fensterbank. Dort drinnen war es aber ganz dunkel. „Das halte ich nicht aus!" rief die kleine Hirtin.

Als sie wieder auf dem Fußboden standen, war der alte Chinese aufgewacht und nickte so heftig mit dem Kopf, daß er am ganzen Körper wackelte.

„Verstecken wir uns in dem alten Topf dort auf der Kommode", sagte der kleine Schornsteinfeger.

„Ach, das nützt nichts", antwortete die kleine Hirtin. „Dort findet uns der Großvater bestimmt. Nein, wir müssen in die weite Welt hinaus!"

„Hast du wirklich den Mut, mit mir in die weite Welt zu gehen?" fragte der Schornsteinfeger. „Unser Weg führt durch den schwarzen Ofen und den schwarzen Kamin hinauf." Und er führte sie zur Ofentür hin.

„Da sieht es schwarz aus!" sagte die Hirtin. Und dann trippelte sie dem Schornsteinfeger nach. Drinnen im Ofen war es pechfinster.

„Jetzt sind wir im Kamin", sagte der Schornsteinfeger. „Schau, dort oben glitzert ein Stern."

Wirklich stand oben am Himmel ein Stern, der blitzte und funkelte, als wollte er ihnen den Weg zeigen. Sie kletterten und kletterten. Es war unheimlich, und es ging hoch hinauf, ganz hoch. Aber der Schornsteinfeger hielt die kleine Hirtin fest und half ihr bei jedem Tritt. Endlich waren sie oben auf dem Schornstein und setzten sich gleich auf den Schornsteinrand, so müde waren sie.

Der Himmel mit all seinen Sternen war über ihnen, und alle Dächer der Stadt waren unter ihnen. Die kleine Hirtin hatte nie gedacht, daß die Welt so groß sein könnte. Sie lehnte ihren Kopf an die Schulter des Schornsteinfegers und weinte.

„Die Welt ist viel zu groß!" rief sie. „Wären wir doch auf dem Tisch unter dem Spiegel geblieben! Ich bin dir in die Welt hinaus gefolgt, nun begleite mich wieder zurück!"

Der Schornsteinfeger redete ihr vernünftig zu und erinnerte sie an den alten Chinesen und den Ziegenbocksbein-Obenunduntergeneral. Sie schluchzte nur und küßte ihn, und dann konnte er nicht anders und gab nach, so verkehrt es auch war.

Mit großer Mühe stiegen sie den Schornstein wieder hinab. Dann standen sie in dem finsteren Ofen und lauschten. In der Stube war es ganz still. Sie schauten hinaus — da lag der alte Chinese auf dem Fußboden! Er war vom Tisch gefallen, als er hinter ihnen her wollte, und in drei Stücke zerbrochen. Der Kopf war in eine Ecke gekollert. Der Ziegenbocksbein-Obenunduntergeneral war dort, wo er immer gewesen war, oben auf dem Schranksims, und dachte nach.

„Schrecklich!" sagte die kleine Hirtin. „Der Großvater ist zerbrochen, und wir sind daran schuld."

„Beruhige dich!" antwortete der Schornsteinfeger. „Er kann gekittet werden und ist nachher wie neu."

„Glaubst du wirklich?" fragte sie. Dann kletterten sie auf das Tischchen, wo sie früher gestanden hatten.

„Jetzt sind wir wieder da", sagte der Schornsteinfeger. „Wir hätten uns die Mühe sparen können."

„Wenn nur erst der Großvater gekittet wäre!" sagte die kleine Hirtin.

Und gekittet wurde der alte Chinese. In den Hals bekam er eine Niete. Er sah wie neu aus, nur nicken konnte er nicht mehr.

„Sie sind wohl sehr hochmütig geworden seit Ihrem Unfall!" sagte der Ziegenbocksbein-Obenunduntergeneral. „Krieg ich nun die Hirtin oder krieg ich sie nicht?"

Die kleine Hirtin und der Schornsteinfeger schauten den alten Chinesen flehend an. Sie hatten solche Angst, daß er nicken würde. Aber das konnte er nicht.

Und so blieben die kleine Hirtin und der Schornsteinfeger beisammen und hatten einander lieb.

Der dumme Danilo

Es war einmal ein junger Mann, den nannten alle nur den „dummen Danilo". Sogar seine Mutter sagte manchmal: „Mein armer, lieber, dummer Danilo!" Und dabei seufzte sie.

Weil Danilo gehört hatte, daß Reisen klug mache, beschloß er, in die Welt zu wandern. Seine Mutter stand unter der Tür, als er fortging, und rief ihm nach: „Komm bald wieder zurück, mein armer, lieber, dummer Danilo!"

Danilo ging fröhlich fort, und je weiter er wanderte, desto leichter wurde ihm ums Herz, weil niemand mehr da war, der ihn „dummer Danilo“ nannte. Nach einer Weile kam er zu einem Baum, unter dem saß ein Bursche, der hatte die Beine mit einem Kettchen zusammengebunden.

„Wer bist du?“ fragte Danilo. „Und warum hast du die Beine mit einem Kettchen zusammengebunden?“

„Ich heiße Geschwind-wie-der-Wind“, antwortete der Bursche, „und meine Beine habe ich mit einem Kettchen zusammengebunden, weil sie sonst laufen und laufen würden, so geschwind wie der Wind.“

„Willst du mit mir kommen?“ fragte Danilo.

„Wohin gehst du?“ fragte Geschwind-wie-der-Wind.

„Immer gerade aus“, antwortete Danilo.

„Das ist das Richtige für mich“, sagte Geschwind-wie-der-Wind, und sie gingen zu zweit weiter.

Sie waren noch nicht lange gegangen, da kamen sie wieder zu einem Baum, unter dem saß ein Bursche, der hatte beide Ohren mit einem dicken Tuch verbunden.

„Wer bist du?“ fragte Danilo. „Und warum hast du deine Ohren mit einem Tuch verbunden?“

„Ich heiße Horch-ins-Land“, antwortete der Bursche, „und meine Ohren habe ich mit einem Tuch verbunden, weil ich sonst alles auf der Welt höre. Ich höre, was die Könige in ihren Palästen denken, und ich höre, was die Ameisen einander zuwispern.“

„Willst du mit uns kommen?“ fragte Danilo.

„Wohin geht ihr?“ fragte Horch-ins-Land.

„Immer gerade aus“, antwortete Danilo.

„Das ist das Richtige für mich“, sagte Horch-ins-Land, und sie gingen zu dritt weiter.

Wieder kamen sie zu einem Baum, unter dem saß ein Bursche, der hatte ein Gewehr, dessen Lauf zugestöpselt war.

„Wer bist du?“ fragte Danilo. „Und warum hast du dein Gewehr zugestöpselt?“

„Ich heiße Treff-ins-Ziel", antwortete der Bursche, „und mein Gewehr habe ich zugestöpselt, sonst trifft meine Kugel die Mücke am Sommerhimmel."

„Komm mit uns!" sagte Danilo, und sie wanderten zu viert weiter.

Gleich danach kamen sie zu einem Baum, unter dem saß ein Bursche, der hatte einen Felsblock auf dem Rükken.

„Wer bist du?" fragte Danilo. „Und warum hast du einen Felsblock auf dem Rücken?"

„Ich heiße Trag-den-Berg", antwortete der Bursche, „und ich schleppe den Felsblock, damit ich nicht aus der Übung komme!"

„Komm mit uns!" sagte Danilo, und sie wanderten zu fünft weiter.

Wieder nach einer Weile kamen sie zu einem Baum, unter dem saß ein Bursche, der hatte die Nasenlöcher mit Watte zugestopft.

„Wer bist du?" fragte Danilo. „Und warum hast du die Nasenlöcher mit Watte zugestopft?"

„Ich heiße Wirbelstürmchen", antwortete der Bursche, „und wenn ich die Watte aus meinen Nasenlöchern nehme, kann ich eine ganze Stadt fortblasen."

„Komm mit uns", sagte Danilo, und sie gingen zu sechst weiter.

Sie kamen in eine Stadt, dort lebte ein König, der hatte eine Tochter, die konnte schneller laufen, als ein Reh springt. Nur der sollte sie zur Frau bekommen, der sie im Wettlauf schlagen konnte.

Danilo ging zum König und fragte, ob sein Freund für ihn laufen dürfe.

„Meinetwegen" sagte der König, „ob du oder dein Freund — meine Tochter wird schneller sein."

„Das werden wir sehen", antwortete Danilo.

Am nächsten Morgen liefen die Prinzessin und Geschwind-wie-der-Wind um die Wette, und der König konnte kaum glauben, was er sah. Der fremde Bursche lief so leichtfüßig dahin wie der Wind. Er ließ die Prinzessin weit hinter sich.

„Einmal ist keinmal!“ rief die Prinzessin, als sie keuchend angerannt kam. „Morgen laufen wir noch einmal um die Wette.“

Sie hatte aber einen Ring mit einem Zauberstein, der ihr alle Wünsche erfüllte. Bevor sie schlafen ging, drehte sie den Ring am Finger und flüsterte: „Lieber Stein, mach dem fremden Läufer lahme Beine!“

Am nächsten Morgen, als der Wettlauf begann, schlich Geschwind-wie-der-Wind so langsam dahin, als könnte er kaum die Beine heben. Im Nu war die Prinzessin weit voran.

„Das geht nicht mit rechten Dingen zu“, sagte Horch-ins-Land, nahm sein Tuch von den Ohren und lauschte. Die Prinzessin dachte eben, wie gut es sei, daß ihr Ring einen Zauberstein besaß, mit dem sie dem Kerl die Beine lahm wünschen hatte können. Horch-ins-Land rief: „Die Prinzessin hat einen Ring mit einem Zauberstein am Finger und hat unseren Freund verwünscht, daß er nicht laufen kann!“

Treff-ins-Ziel nahm sein Gewehr, zog den Stöpsel heraus und drückte ab und schoß den Zauberstein aus dem Ring der Prinzessin. Sofort hörte der Wunsch zu wirken auf. Geschwind-wie-der-Wind fing zu laufen an. Und wie er lief! Es sah aus, als flöge er durch die Luft. Natürlich kam er vor der Prinzessin ins Ziel.

Die Prinzessin weinte, und der König rief: „Mein armes Kind, nun mußt du diesen Burschen heiraten!“

„Herr König“, sagte Danilo, „behaltet Eure Tochter, ich will sie nicht! Gebt mir soviel Gold und Silber, wie mein Freund hier tragen kann, und ich werde zufrieden sein und fortgehen.“

Der König schickte seine Diener in die Schatzkammer, und sie holten einen Sack Gold und Silber. Trag-den-Berg legte seinen Felsblock weg und schulterte den Sack. „Der wiegt ja nicht mehr als eine Fliege“, sagte er. „Habt Ihr nicht mehr Gold und Silber, Herr König?“

Der König mußte einen zweiten Sack bringen lassen, dann einen dritten, einen vierten und einen fünften, und noch immer hatte Trag-den-Berg noch nicht genug auf dem Rücken. Endlich war die Schatzkammer leer.

„Danke, das genügt!“ sagte Danilo, und vergnügt pfeifend wanderte er mit seinen Gefährten aus der Stadt.

„Lieber Vater“, rief die Prinzessin, „du wirst doch diesen Kerl nicht mit unserem ganzen Gold und Silber fortgehen lassen!“

„Das werde ich auch nicht!“ antwortete der König und sandte seine Soldaten aus, die sollten Danilo und seinen Freunden alle Schätze wieder abnehmen. Als Wirbelstürmchen die Soldaten erblickte, nahm er die Watte aus den Nasenlöchern und blies die Soldaten über Berge und Täler und Wälder, so daß sie viele Wochen brauchten, bis sie endlich wieder in ihre Stadt zurückkamen.

Danilo und seine Gefährten aber wanderten fröhlich weiter. Weil sie sich nicht trennen wollten, gingen sie alle sechs dorthin, wo Danilos Mutter lebte. Sie stand unter der Haustür und wartete schon und rief: „Da bist du ja, mein armer, lieber, du ...“ Sie hatte sagen wollen „dummer Danilo“, aber das Wort blieb ihr im Hals stecken. Trag-den-Berg warf seine Säcke auf den Boden, und ein Sack platzte auf, und das glitzernde Gold rollte heraus.

Von nun an nannte ihn niemand mehr den „dummen Danilo“.

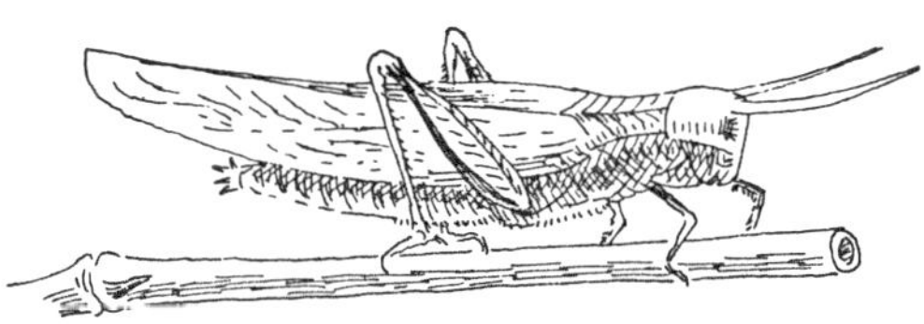

Schneiderlein Nadelfein

Es war einmal ein Schneider, den nannten alle Leute Schneiderlein Nadelfein, weil er die hübschesten und zierlichsten Kleider nähte und weil er selber so hübsch und zierlich war, beinahe so dünn wie eine Nadel, nur nicht ganz so dünn. Diesem Schneider träumte eines Nachts, er zöge in ein fernes Land und käme in eine ferne Stadt, und alle Menschen dort verbeugten sich vor ihm und fragten: „Schneiderlein Nadelfein, willst du unser König sein?"

Als Nadelfein erwachte, lachte er über den Traum und vergaß ihn. In der nächsten Nacht träumte er aber den gleichen Traum und in der dritten Nacht wiederum. Nun dachte Schneiderlein Nadelfein, er sollte doch in die weite Welt wandern und sein Glück versuchen. Er zog seinen besten Rock und die beste Hose an, steckte hundert Nadeln ein und hundert Zwirnspulen und drei Scheren, eine kleine, eine große und eine mittelgroße, und vergaß auch Fingerhut und Bügeleisen nicht.

Er wanderte und wanderte und kam zu einer Wiese. Der Wind wehte darüber hin, das Gras wisperte. „Wind, lieber Wind", rief Schneiderlein Nadelfein, „trag mich fort nach einem fernen Ort, ganz geschwind, lieber Wind!"

Der Wind faßte Schneiderlein Nadelfein und trug ihn fort. Es war herrlich, mit dem Wind zu fliegen, hoch in der Luft. Tief unten lagen Felder und Wiesen und Bäche und Dörfer. Nadelfein hätte immer so dahinfliegen können, aber der Wind wurde müde und setzte ihn sacht zu Boden, gerade neben einem Kornfeld.

„Wer ist da zu mir gepurzelt?" knarrte eine Stimme hinter dem kleinen Schneider.

Nadelfein blickte sich um und sah ein wunderliches Geschöpf. Es hatte zwei Stöcke als Beine, die steckten in der Erde, und es hatte zwei Stöcke als Arme. Auf dem Kopf trug es einen löchrigen Hut mit einer langen Feder, die war dreimal geknickt. Jacke und Hose waren so voller Löcher und Risse, daß man meinen konnte, es gäbe überhaupt nur Löcher und keinen Stoff mehr.

„Sehr erfreut über deinen Besuch!" knarrte das Geschöpf. „Ich bin eine Vogelscheuche und bewache Felder, Wiesen und Wälder. Ich vertreibe die Spatzen und jage die Katzen. Ich bekämpfe Löwen und Tiger und bin dabei immer der Sieger. Nur leider ist bis jetzt kein Löwe und Tiger gekommen. Darf ich fragen, wer du bist?"

„Schneiderlein Nadelfein bin ich", antwortete der Schneider. „Der Wind hat mich hergeweht, und ich bin auf dem Weg nach Irgendwo, um dort König zu werden."

„Schneiderlein Nadelfein, darf ich dein Gefährte sein!" rief die Vogelscheuche. „Es ist sehr einsam hier, und langweilig ist es auch, weißt du, weil die Löwen und Tiger nicht herkommen wollen."

Nadelfein dachte, daß zu zweit wandern viel lustiger wäre als alleine wandern, und sagte: „Komm nur mit!"

Daraufhin fragte die Vogelscheuche: „Kannst du mir nicht meine Jacke und meine Hose und meinen Hut flikken? Wenn du König wirst, will ich fein aussehen."

„Gern!" antwortete Nadelfein, nahm eine seiner hundert Nadeln und eine der hundert Zwirnspulen, steckte den Fingerhut an den Finger und machte sich an die Arbeit. Er nähte alle Löcher zu, stopfte sie kunstvoll und vergaß auch nicht, die Feder zu flicken.

Die Vogelscheuche zog die Beine aus der Erde und ging mit Nadelfein fort.

Sie wanderten und wanderten und wurden gute Freunde. Manchmal trug sie der Wind ein Stück Weges, und wenn er sich ausruhen wollte, gingen sie zu Fuß weiter. Endlich kamen sie in ein Land, das sah aus wie das Land, von dem Schneiderlein Nadelfein geträumt hatte, er würde dort König werden. Mitten in dem Land war eine Stadt, und auch die Stadt sah aus wie die Stadt im Traum. Seltsamerweise aber regnete es über der Stadt, obwohl rundherum alles im hellen Sonnenlicht lag. Und es regnete nicht nur, das Wasser platschte geradezu wie aus vollen Eimern nieder.

„Lieber Nadelfein", sagte die Vogelscheuche, „dorthin will ich nicht gehen, da werden ja meine schönen Kleider naß."

„Ich will lieber überhaupt nicht König sein, als König einer so nassen Stadt", antwortete Nadelfein.

Das Schneiderlein und die Vogelscheuche wollten weiterwandern, aber die Bewohner der Stadt hatten sie erblickt und kamen durchs Tor gelaufen. „Rettet uns!" riefen sie. „Rettet uns, bevor wir in dem schrecklichen Regen umkommen."

„Warum regnet es auf die Stadt, wenn ringsum die Sonne scheint?" fragte Nadelfein.

„Das wissen wir nicht", antworteten die Leute. „Unser guter König starb, und seine Tochter weinte drei Wochen lang. In der vierten Woche lachte sie wieder, da haben wir vor Freude alle Kanonen abgeschossen. Seither regnet und regnet und regnet es!"

Die Leute führten Nadelfein und die Vogelscheuche etwas näher an die Stadt, und da konnten sie sehen, wie Wasserbäche die Straßen entlang strömten, und Wasserbäche aus allen Fenstern und Türen liefen. Von der vielen Feuchtigkeit hatten die Bewohner Schnupfen bekommen, und es gab nicht genug Taschentücher. Die Kinder mußten in den Häusern bleiben und durften nicht mehr auf der Straße spielen, weil das Wasser sie sonst fortgeschwemmt hätte.

Die Vogelscheuche zupfte Nadelfein am Rock und wisperte: „Schnell weg von da, bevor wir einen Schnupfen bekommen!"

Nadelfein merkte nicht, daß sein Freund ihn zupfte, er

war in Gedanken versunken und dachte nach und dachte nach. Endlich rief er: „Gewiß habt ihr mit euren Kanonen ein Loch in den Himmel geschossen! Ich weiß, was man tun muß!“

Er bat die Bewohner der Stadt, ihm Leitern zu bringen, alle, alle Leitern, die zu finden waren. Die Leute schleppten Leitern daher, große und kleine, lange und kurze, und sie stellten die Leitern auf, eine auf die andere drauf. Nadelfein nahm seine hundert Nadeln und hundert Zwirnspulen, den Fingerhut, die Scheren und das Bügeleisen und kletterte hoch, immer weiter und weiter, Leiter um Leiter, bis er den Himmel gerade über sich sah. Und wahrhaftig, in den Himmel war ein riesengroßes Loch gerissen, und aus diesem Loch strömte der Regen nieder. Nadelfein steckte sich den Fingerhut an den Finger, fädelte eine seiner hundert Nadeln ein und begann zu nähen.

Er verbrauchte die hundert Nadeln und die hundert Zwirnspulen, und als die letzte Zwirnspule leer war, hatte er das Loch im Himmel geflickt, so kunstreich, als wäre es nie dagewesen. Dann nahm er das Bügeleisen und bügelte den Himmel, und der Himmel lachte, weil das so angenehm kitzelte.

Nadelfein kletterte die Leitern hinunter, eine nach der anderen. Das viele Regenwasser hatte sich inzwischen in der Stadt verlaufen, und nur noch ein paar Pfützen standen auf den Straßen, darin patschten Kinder und freuten sich. Die Prinzessin kam, sie hatte rote Wangen und sah allerliebst aus, sie küßte Nadelfein und fragte: „Schneiderlein Nadelfein, willst du mein Gemahl sein?“

Und alle Leute riefen: „Schneiderlein Nadelfein, willst du unser König sein?“

So wurde Schneiderlein Nadelfein König. Er lebte im Schloß mit seiner Prinzessin, sie kochte ihm jeden Tag sein Lieblingsessen, und er bekam rote Wangen wie sie und war bald nicht mehr so dünn wie eine Nadel, sondern ein ganz klein wenig dicker.

Die Vogelscheuche aber blieb der beste Freund des Königs, und sie paßte gut auf, daß nicht die Spatzen in der Königskrone ihr Nest bauten.

Der Feuervogel

Es war einmal ein König, der hatte einen Garten, darin stand ein Baum, der goldene Äpfel trug. Jeden Tag ging der König in den Garten und freute sich an dem schönen Baum. Eines Morgens aber, als die Äpfel eben reiften, fehlten ein paar davon. Darüber war der König betrübt, er sandte nachts einen Diener in den Garten, der sollte den Baum bewachen. Der Diener aber wurde müde und schlief ein. Am Morgen fehlten wieder Äpfel. In der Nacht darauf wachte ein anderer Diener. Ihm ging es nicht besser als dem ersten, auch ihm fielen die Augen zu, und während er schlief, verschwanden vom Baum die reifsten Äpfel.

Nun hatte der König einen Sohn, der wollte in der dritten Nacht den Baum hüten. Er setzte sich nicht hin wie die Diener, er ging im Garten umher, und wenn ihm die Augen schwer wurden, wusch er sie mit Tau von den Gräsern. Mitternacht war vorbei, da sah er plötzlich ein Licht, das wurde heller und heller, bis der ganze Garten strahlte. Ein Vogel mit goldglühendem Gefieder ließ sich auf dem Baum nieder und pickte an den Äpfeln. Der Königssohn schlich heran, streckte die Hände aus und faßte zu, aber der Vogel flatterte auf und flog fort. Nur eine seiner Schwanzfedern blieb in den Händen des Königssohnes. Er ging zu seinem Vater, erzählte ihm, was geschehen war, und zeigte ihm die Feder.

Die Feder war ganz aus Gold und prächtig anzusehen.

„Lieber Sohn“, sagte der König, „willst du nicht in die Welt ziehen, vielleicht findest du irgendwo diesen wunderbaren Feuervogel.“

Der Königssohn war damit einverstanden und zog in die weite Welt. Viele Tage wanderte er, und eines Morgens kam er zu einem großen Wald. Ein grauer Wolf trat unter den Bäumen hervor und sprach: „Wohin gehst du, Königssohn?“

„Ich bin in die Welt gezogen, den wunderbaren Feuervogel zu suchen“, antwortete der Königssohn. „Aber ich weiß nicht, wo ich ihn finden soll.“

„Setz dich auf meinen Rücken“, sagte der Wolf. „Ich will dir helfen.“

Was kann mir schon ein Tier des Waldes helfen, dachte der Königssohn. Weil er aber den Wolf nicht kränken wollte, setzte er sich auf dessen Rücken. Der Wolf begann zu laufen, lief so schnell wie der Wind, durch dunkle Wälder, über Felder und Wiesen, vorbei an Bächen und Seen. Gegen Mittag sah der Königssohn eine große Burg auf einem Hügel. Der Wolf hielt an und sprach: „Geh den Hügel hinan und durch das Tor in den Burghof. Die Wächter schlafen und werden dich nicht aufhalten. Im Hof steht ein goldener Käfig, darin sitzt der Feuervogel. Nimm den Vogel, aber laß den Käfig stehen.“

Als der Königssohn vor die Burg kam, war alles so, wie der Wolf es gesagt hatte. Die Wächter lagen in tiefem Schlaf, er schritt durch das Tor, und drinnen im Hof stand ein goldener Käfig, darin saß der Feuervogel. In seiner Freude vergaß der Königssohn den Rat des Wolfes, er nahm den Vogel nicht heraus, sondern wollte ihn im Käfig forttragen. Kaum hatte er den Käfig berührt, als der Feuervogel einen lauten Schrei ausstieß. Die Wächter stürzten herbei, packten den Königssohn und führten ihn vor den König, dem die Burg gehörte.

„Ich könnte dich töten“, sagte der König, „aber du bist

jung, und ich habe Mitleid mit dir. Ich schenke dir das Leben und will dir auch den Feuervogel geben, aber dafür mußt du mir das Pferd mit der goldenen Mähne bringen."

Der Königssohn ging betrübt fort, denn wie sollte er das Pferd mit der goldenen Mähne herbeischaffen. Er wußte ja nicht einmal, wo es zu finden war. Unten am Hügel wartete der Wolf und sagte: „Siehst du, so geht es, weil du nicht auf meinen Rat gehört hast! Aber ich will dir noch einmal helfen."

Wieder setzte sich der Königssohn auf den Rücken des Wolfes, und fort ging es, schnell wie der Wind. Es war noch nicht Abend, als der Königssohn eine Burg auf einem Hügel erblickte. Der Wolf hielt an und sprach: „Geh den Hügel hinan, geh in die Burg hinein. Im Stall wirst du das Pferd mit der goldenen Mähne finden. Führe es aus dem Stall, aber rühre den goldenen Zügel nicht an!"

Auch die Wächter vor dieser Burg schliefen. Nichts regte sich im Hof, und kein Mensch war zu sehen. Im Stall lagen die Pferdeknechte im Stroh und schliefen. Ein weißes Pferd stand da mit einer Mähne ganz aus Gold. Der goldene Zügel blitzte von lauter Edelsteinen. Noch nie hatte der Königssohn etwas so Herrliches gesehen, und bevor er noch Zeit hatte, sich an den Rat des Wolfes zu erinnern, hatte er den Zügel schon bewundernd angefaßt. Im selben Augenblick wieherte das Pferd, die Knechte kamen herbei, packten den Königssohn und führten ihn vor den König der Burg.

Es war wie in der Burg des Feuervogels. Auch dieser König wollte dem jungen Dieb Leben und Pferd schenken, wenn er ihm dafür die Königstochter mit den goldenen Haaren brächte.

Als der Königssohn zu seinem Freund kam, wußte der Wolf schon alles. „Dummer Junge", schalt er, „ich sehe schon, daß ich alles selber tun muß. Setz dich auf meinen Rücken!"

Noch einmal ging es fort wie der Wind zu einem Schloß, das hatte einen schönen Garten, darin saß ein Mädchen und kämmte sein goldenes Haar. Der Wolf sprang in den Garten, faßte das Mädchen, setzte es zu dem Königssohn auf seinen Rücken und lief mit ihnen zur Burg des Königs, der das Pferd mit der goldenen Mähne besaß.

Als sie dort ankamen, blieb der Wolf stehen, und die Königstochter und der Königssohn stiegen von seinem Rücken. Sie sagten kein Wort und sahen einander traurig an.

„Ich sehe schon", brummte der Wolf, „ihr zwei wollt voneinander nicht lassen. Keine Angst, ich helfe euch!"

Er schlug einen Purzelbaum, und als er aufstand, hatte er sich in ein Mädchen mit goldenen Haaren verwandelt. Als der König der Burg dieses schöne Mädchen sah, schenkte er dem Königssohn das Pferd mit der goldenen Mähne. Sobald der Königssohn fortgeritten war, wollte der König seine Braut an der Hand nehmen, aber wie erschrak er, als er plötzlich einen grauen Wolf vor sich erblickte. Vor Entsetzen konnte er sich nicht regen, und der Wolf entwischte und lief zu seinen Freunden.

Sie zogen gemeinsam zur Burg des Königs, der den Feuervogel besaß. Vor der Burg ließ das Pferd den Kopf hängen und wollte nicht weitergehen.

„Ich sehe schon", brummte der Wolf, „du willst bei den beiden bleiben." Er schlug einen Purzelbaum und wurde zu einem Pferd mit goldener Mähne. Als der König das Pferd sah, brachte er den Feuervogel und schenkte ihn dem Königssohn. Dann wollte er das Pferd besteigen, aber kaum saß er im Sattel, da wurde das Pferd zu einem grauen Wolf. Vor Schreck plumpste der König auf die Erde.

Der Wolf floh mit dem Königssohn auf dem Rücken aus der Burg und rannte dorthin, wo die Königstochter und das Pferd mit der goldenen Mähne auf sie warteten.

„Nun seid ihr alle drei beisammen, Mädchen mit den goldenen Haaren, Pferd mit der goldenen Mähne und du, Vogel mit den goldenen Federn“, sagte der Wolf.

Der Feuervogel begann zu singen. Und wie er sang, fiel das graue Fell von dem Wolf ab, und der Wolf wurde zu einem jungen Mann und war der Bruder der Königstochter. Ein böser Zauberer hatte ihn in einen Wolf verwandelt, und er konnte nur dann erlöst werden, wenn das Mädchen mit den goldenen Haaren, das Pferd mit der goldenen Mähne und der Vogel mit den goldenen Federn zueinander kamen.

Da war die Freude groß, und sie zogen gemeinsam heim. Der Königssohn heiratete die Königstochter mit den goldenen Haaren, und sie bekamen viele kleine Prinzen und Prinzessinnen, und nichts hatten die Kinder lieber, als wenn ihre Eltern vom grauen Wolf erzählten.

Witzenspitzel

Es war einmal ein König von Rundumherum, in dessen Schloß lebte ein Junge, der Witzenspitzel hieß. Weil Witzenspitzel klug und fröhlich war, liebte ihn der König und wollte ihn immer bei sich haben. Die anderen Diener im Schloß vergönnten dem Jungen sein Glück nicht, wurden neidisch und böse und taten alles, um ihm zu schaden. Einmal streuten sie Erbsen vor den Thron, als Witzenspitzel dem König die goldene Krone aufsetzen sollte. Ein andermal nagelten sie ihm Melonenschalen an die Schuhsohlen, als er dem König die Suppe bringen sollte. Witzenspitzel war aber so geschickt, daß er über die Erbsen nicht stolperte und auf den Melonenschalen nicht ausrutschte. Da steckten die Diener die Köpfe zusammen und überlegten, wie sie ihn für immer loswerden könnten.

Nun hatte der König einen Feind, der war ein Riese und hieß Labelang und wohnte auf einem großen Hügel in einem prächtigen Schloß, das mitten in einem dunklen Wald stand. Seine Frau hieß Dickedull, und als Diener hatte er einen Löwen namens Hahnebang und einen Bären namens Honigbart und einen Wolf namens Lämmerfraß und einen fürchterlichen Hund, der Hasenschreck genannt wurde. Außerdem besaß er ein Pferd, das hieß Flügelbein und konnte schneller laufen als alle andern Pferde.

Im Nachbarland von Rundumherum aber lebte eine sehr schöne Königin mit ihrer Tochter Prinzessin. Der König von Rundumherum hätte die schöne Königin gern zur Frau gehabt. Sie ließ ihm jedoch sagen, daß noch viele andere Könige sie auch gern zur Frau hätten und daß sie nur den heiraten wolle, der auf dem schnellsten Pferd zu ihrem Schloß käme.

Als die neidischen Diener das hörten, gingen sie zum König und sprachen: „Herr König, kein Pferd ist schneller als Flügelbein, das der Riese Labelang im Stall stehen hat. Witzenspitzel hat gesagt, für ihn wäre es eine Kleinigkeit, Flügelbein herbeizuschaffen." So sprachen die Diener und hofften in ihren Herzen, der Riese Labelang würde Witzenspitzel gewiß umbringen.

Der König rief Witzenspitzel zu sich und sagte: „Lieber Witzenspitzel, ich werde dir immer dankbar sein, wenn du mir das Pferd Flügelbein bringst. Hast du aber wirklich keine Angst vor dem Riesen?"

„Nein, Herr König", antwortete Witzenspitzel.

Witzenspitzel war viel zu klug, um nicht zu wissen, was die Diener vorhatten, und ein wenig ängstlich war ihm schon zu Mute, aber er ließ sich nichts anmerken und versprach, das Pferd Flügelbein zu holen. Er nahm einen Schiebekarren, darauf stellte er einen Topf voller Honig. Dann holte er einen Sack, da hinein steckte er einen Gokkelhahn, einen Hasen und ein Lamm. Den Sack legte er auch auf den Karren, und er gab noch einen langen Strick dazu und eine Schachtel Niespulver.

Am Morgen marschierte er mit seinem Schiebekarren fort, und gegen Abend kam er zu dem hohen Hügel. Er schob den Karren durch den dunklen Wald bis vor das Schloß des Riesen Labelang. Es war Nacht geworden und ganz finster. Drinnen im Schloß schnarchten der Riese und seine Frau, der Löwe und der Bär und der Wolf und der Hund. Das Pferd Flügelbein stand im Stall, war noch munter und scharrte mit den Hufen.

Leise, ganz leise, nahm Witzenspitzel seinen langen Strick und spannte ihn vor die Schloßtür von einem Baum zum andern und stellte die Schachtel mit Niespulver dazwischen. Ein kleines Stück weiter weg stand ein anderer Baum, dorthin trug er den Honigtopf. Dann ging er in den Stall, band das Pferd Flügelbein los und setzte sich darauf. Den Sack mit dem Hahn, dem Lamm und dem Hasen hielt er mit der einen Hand fest, mit der anderen faßte er den Zügel und ritt aus dem Stall.

Das Pferd Flügelbein konnte aber sprechen und schrie ganz laut:

„Dickedull und Labelang!
Honigbart und Hahnebang!
Lämmerfraß und Hasenschreck!
Witzenspitzel reitet Flügelbein weg!“

Da wachten Labelang und Dickedull auf, sie weckten den Bären, den Löwen und den Wolf und den Hund, und alle stürzten aus dem Schloß und wollten Witzenspitzel fangen.

In der Dunkelheit stolperten der Riese Labelang und seine Frau Dickedull über den Strick, den Witzenspitzel gespannt hatte, und fielen mit den Gesichtern in die Schachtel voll Niespulver. Sie rieben sich die Augen und niesten ein Mal über das andere Mal. Labelang sagte: „Zur Gesundheit, Dickedull!" — „Ich danke", sagte Dikkedull. Dann sagte sie: „Zur Gesundheit, Labelang!" und „Ich danke", antwortete Labelang. Bis sie das Niespulver aus den Augen geweint und aus der Nase geniest hatten, war Witzenspitzel schon weit fort.

Der Bär Honigbart war als erster hinter ihm drein, als er aber den Honigtopf unter dem Baum sah, bekam er Lust auf Honig, hockte sich hin und fing zu schlecken an. Der Löwe Hahnebang rannte als zweiter dem Pferd Flügelbein nach. Witzenspitzel hörte ihn kommen und ließ den Gockelhahn aus dem Sack. Nun fürchtete sich der Löwe Hahnebang zwar vor nichts auf der Welt, aber vor einem Hahn hatte er entsetzliche Angst. Als der Gockel laut zu krähen anfing, machte der Löwe sofort kehrt und floh ins Riesenschloß zurück.

Der Wolf Lämmerfraß hatte das Pferd Flügelbein beinahe schon eingeholt, da ließ Witzenspitzel das Lamm aus dem Sack. Wie der Wolf das Lamm sah, rannte er ihm nach und wollte es unbedingt erwischen. Witzenspitzel galoppierte weiter, und schon war er nahe dem Schloß von Rundumherum, da hörte er hinter sich ein schreckliches Gebell. Geschwind ließ er den Hasen aus dem Sack, und da sprang der Hund Hasenschreck dem Hasen nach.

Witzenspitzel kam mit Flügelbein glücklich ins Schloß. Der König umarmte ihn und wollte nicht aufhören, sich zu bedanken. Am nächsten Morgen setzte sich der König auf das Pferd Flügelbein und ritt zur schönen Königin. Keiner der anderen Könige hatte ein so schnelles Pferd wie er, so wurde Hochzeit gefeiert, und der König von Rundumherum bekam die schöne Frau Königin.

Der Riese Labelang und seine Frau, die Dickedull, aber wollten nicht mehr in ihrem Schloß leben, wo ein frecher Knirps ihnen Niespulver vor die Tür gestellt hatte. „Wer weiß, was ihm noch alles einfällt", sagten sie und wanderten mit dem Bären Honigbart und dem Löwen Hahnebang und dem Wolf Lämmerfraß und dem Hund Hasenschreck in ein fernes Land, wo sie sich ein neues Schloß bauten und fortan in Frieden lebten.

Als der König von Rundumherum erfuhr, daß der Riese und seine Frau fortgezogen waren, ritt er mit seiner Königin und der Tochter Prinzessin und Witzenspitzel auf den hohen Hügel. Dort gingen sie in das Schloß und gingen durch alle Stuben, Kammern und Keller, sahen sich alle Dachluken, Ofenlöcher und Waschküchen an und was es sonst noch zu sehen gab. Dann fragte der König den Witzenspitzel, was er zur Belohnung für seine treuen Dienste haben wolle, und Witzenspitzel antwortete: „Ich möchte die Prinzessin heiraten."

Der Prinzessin war das recht, denn Witzenspitzel gefiel ihr. Die beiden heirateten und wohnten im Riesenschloß und waren dort so glücklich, wie sie es nur sein konnten.

Die falschen Diener aber ärgerten sich so sehr, daß sie alle krank wurden und sich für zwei Wochen ins Bett legen mußten.

Das Pferd auf dem Herd

Eines Tages ging Gretlein in die Küche, und da sah sie auf dem Herd ein Pferd sitzen, das hätte in einem Suppentopf Platz gehabt, und es war grün. Gretlein sagte: „Ein Pferd auf dem Herd" und wunderte sich. Das Pferdchen saß auf dem Herd und guckte Gretlein an, und da kam sie näher und wollte es streicheln, aber klappschnapp — biß das Tierlein zu und an Gretleins Finger hing ein Tropfen Blut. Zwei Tränen stiegen Gretlein in die Augen. Da erschrak das kleine Pferd und verschwand. Gretlein steckte den Finger in den Mund und lutschte daran.

„Lutsch nicht am Finger", sagte die Mutter.

„Es war ein Pferd auf dem Herd", sagte Gretlein. „Es hat mich gebissen. Und es war grün."

„Schwindel nicht, Gretlein", sagte die Mutter. „Es gibt kein Pferd auf dem Herd und ein grünes schon gar nicht."

Da sagte Gretlein: „Grünes Pferd spring auf den Herd!" und das kleine grüne Pferd kam gesprungen und setzte sich auf den Herd. Da ging die Mutter näher zum Herd, sie wollte das Pferd aus der Nähe sehen. Aber Gretlein sagte schnell: „Pferd spring vom Herd!" und das Pferdchen verschwand.

„Was war denn das?" fragte die Mutter.

„Ein Pferd auf dem Herd", sagte Gretlein.

Die Mutter wollte es auch probieren und sagte: „Pferd auf den Herd!" aber das Pferd kam nicht. Da sagte sie: „Siehst du, Gretlein, es sitzt kein Pferd auf dem Herd und ein grünes schon gar nicht!"

Da zeigte Gretlein den Finger, und daran war noch die Bißspur zu sehen, und Gretlein sagte: „Es hat mich gebissen, und jetzt folgt es mir, weil es traurig ist, daß es mich gebissen hat. Und dir folgt es nicht, weil dich hat es ja nicht gebissen."

„Ruf es doch noch einmal!" sagte die Muttter. Aber Gretlein schüttelte den Kopf und wollte nicht, und dabei blieb es.

Manchmal freilich, wenn sie allein in der Küche war, sagte sie: „Grünes Pferd spring auf den Herd", und dann kam das kleine grüne Pferd gesprungen und ließ sich sogar streicheln und biß nicht mehr. Es kam, sooft Gretlein den Spruch sagte und solange, bis die Wunde auf Gretleins Finger verheilt war, und dann nie wieder.

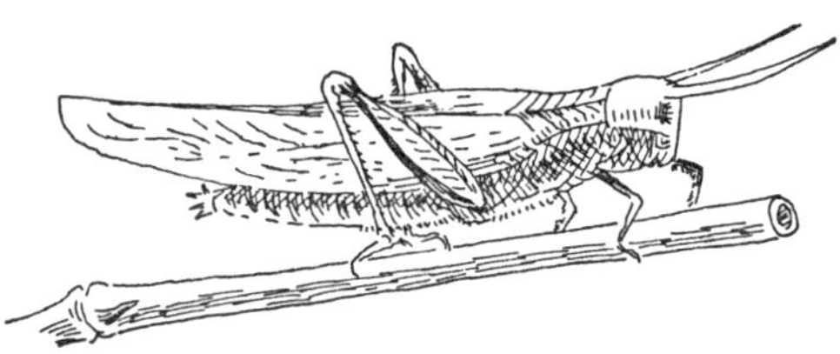

Der Glücksring

Es waren einmal ein Mann und eine Frau, die fanden beim Kartoffelgraben einen Glücksring. Auf dem Ring stand in winzigen Buchstaben eingegraben:

Eins zwei drei
Wünsche habt ihr frei.

Der Mann und die Frau liefen in ihr Häuschen, setzten sich nieder und fingen an nachzudenken, was sie sich wünschen sollten. Endlich kamen sie überein, sich fürs erste einen Glückstopf zu wünschen, in dem immer Geld läge und der nie leer sein würde, so viel sie auch davon herausnähmen.

„Steck den Ring an den Finger", sagte die Frau zu ihrem Mann. „Wenn du ihn am Finger hast, mußt du ihn drehen, und ich werde unseren Wunsch sagen. Ich glaube, so macht man es, wenn man zusammen einen Glücksring findet."

Der Mann steckte den Ring an den Finger. Als er ihn zu drehen begann, fiel der Frau plötzlich ein, daß es vielleicht nicht gut ist, sich mit leerem Magen etwas zu wünschen. Und da sagte sie: „Wie schön wäre es, wenn eine große, fette, dicke, knusprige Bratwurst auf unserem Tisch läge."

Schwupp — da lag sie, die dicke, fette, große, knusprige Bratwurst, auf einem Teller, mitten auf dem Tisch.

„Wenn diese dicke, fette, große, knusprige Bratwurst doch an deiner dummen Nase hinge!" schrie der Mann.

Schwupp — da hing die Bratwurst der Frau an der Nase fest und ging nicht mehr herunter. Die Frau fing zu weinen und zu schluchzen an:

„Mein Lebtag muß ich mit der Bratwurst an der Nase herumlaufen! Gib nur acht auf den dritten Wunsch, daß wir den nicht auch vertun!"

„Liebe Frau“, sagte der Mann, „was haben wir von einem Glückstopf oder sonst etwas dergleichen, wenn dir eine dicke, fette, große, knusprige Bratwurst an der Nase festgewachsen ist? Da ist mir schon lieber, die Bratwurst läge wieder auf dem Tisch und wir könnten sie essen.“

Schwupp — lag sie auf dem Teller, die dicke, fette, knusprige Bratwurst. Der Mann und die Frau aßen sie auf, und als sie gegessen war, sagte die Frau: „In meinem ganzen Leben war ich noch nicht so froh und glücklich.“

Und der Mann sagte: „Ich auch nicht! Es muß eine große, dicke, knusprige, fette Glücksbratwurst gewesen sein!“

Der alte Großvater und der Enkel

Es war einmal ein steinalter Mann, dem waren die Augen trüb geworden, die Ohren taub, und die Knie zitterten ihm. Wenn er nun bei Tisch saß und den Löffel kaum halten konnte, schüttete er Suppe auf das Tischtuch.

„Da vergeht einem der Appetit!“ sagten sein Sohn und dessen Frau. Der alte Großvater mußte sich in eine Ecke setzen, und sie gaben ihm sein Essen in eine Schüssel und nicht einmal genug, so daß er nie satt wurde. Da saß nun der alte Großvater, sah betrübt nach dem Tisch, und die Augen wurden ihm naß.

Einmal konnten seine zitterigen Hände die Schüssel nicht festhalten, sie fiel zur Erde und zerbrach. Die junge Frau schalt, er sagte aber nichts und seufzte nur. Da kaufte sie ihm ein Futtertröglein, daraus mußte er nun essen.

Wie sie so dasaßen, trug der kleine Enkel auf der Erde Brettlein zusammen.

„Was machst du da?“ fragte der Vater.

„Ich mache ein Tröglein“, antwortete das Kind, „dar-

aus sollen Vater und Mutter essen, wenn ich groß bin."

Da sahen sich Mann und Frau eine Weile an, fingen endlich an zu weinen, holten den alten Großvater an den Tisch und ließen ihn von nun an immer mitessen und sagten auch nichts, wenn er ein wenig verschüttete.

Der Brief mit dem schwarzen Rand

Es war ein Briefträger, der mußte einmal einen Brief mit einem schwarzen Rand austragen. Der Briefträger wußte, daß in so einem Brief mit schwarzem Rand etwas Trauriges steht, vielleicht daß ein Freund gestorben ist. Diesen Brief sollte der Briefträger einem alten Mann hintragen, der schon sehr alt war und sehr allein. Der Briefträger wollte ihm den Brief erst gar nicht bringen, aber das mußte er doch. Und da setzte er sich hin und malte mit Buntstift eine Blume auf das Kuvert und dachte: Vielleicht tröstet das den alten Mann ein bißchen.

In dem Brief stand wirklich, daß dem alten Mann der Freund gestorben war, und der alte Mann wurde sehr traurig und weinte und schaute immerzu auf den Brief. Da sah er plötzlich die kleine Blume, die der Briefträger hingemalt hatte, und dachte: Wie kommt denn die da hin? Und wie er das dachte, fing die kleine Blume zu wachsen an und wurde so groß wie ein Gänseblümchen. Der alte Mann nahm einen Blumentopf und setzte die Blume ein und goß sie jeden Tag. Die Blume blühte und blühte, und der alte Mann wurde ein bißchen weniger traurig und ein bißchen weniger einsam. Eines Tages erzählte er dem Briefträger die Geschichte von der merkwürdigen Blume, und der Briefträger sagte: „Das hätte ich nicht gedacht." Der alte Mann lud den Briefträger für Sonntag zum Kaffee ein, und sie spielten Karten und wurden Freunde, und die Blume stand am Fenster und nickte dazu.

Das Schachtelgeschachtel

Es war einmal eine Schachtel, in der war eine Schachtel, und in dieser Schachtel war wieder eine Schachtel. In dieser Schachtel aber war eine Schachtel, in der keine Schachtel war.

In dieser Schachtel war ein Kästchen mit so vielen Schubladen, daß man sie gar nicht zählen konnte. In der ersten war ein Eisbär. In der zweiten war ein Affe. In der dritten eine Ringelnatter, in der vierten ein Mops. In der fünften war eine Glaskugel, in der sechsten war wieder eine Glaskugel. In der siebenten war ein Diamant, in der achten war eine Kastanie. In der neunten lag ein kleiner rosa Schinken aus Papier, in der zehnten lag eine Haselnuß, in der elften lagen zwei Knöpfe, ein roter und ein blauer. Der blaue hatte einen Fliegenpilz aufgepreßt, rot mit weißen Punkten.

In der zwölften lag ein Ring mit einem Stein aus rosa Glas, in der dreizehnten ein Zwirnfaden. In der vierzehnten war ein kleines Zahnrad mit einer Kurbel. In der fünfzehnten aber saß ein kleiner Sterngucker mit Zipfelmütze.

In der sechzehnten saß ein Schornsteinfeger aus Holz. Seine Augen waren grün, und wenn man die Schublade aufzog, blinzelte er ins Licht. Machte man die Schublade wieder zu, dann glimmerten seine Augen im Dunkeln.

In der siebzehnten Schublade war eine einbeinige Prinzessin, in der achtzehnten ein tausendjähriger Milchzahn. In der neunzehnten eine kleine Gießkanne, in der zwanzigsten nur ein Blutfleck. In der einundzwanzigsten eine Füllfeder, die konnte man statt mit Tinte mit Himbeersaft füllen. In der zweiundzwanzigsten waren drei Schneesterne aus echtem Schnee. In der dreiundzwanzigsten ein silberner Bleistiftspitzer. Was in der vierundzwanzigsten Schublade war, das weiß ich nicht mehr, aber es gab noch viele Schubladen, und das ging so fort.

Ich weiß nur, daß in der neununddreißigsten Schublade eine Schachtel war, der hätte man gar nicht angesehen, dieser kleinen Schachtel, daß in ihr, so winzig klein sie war, wieder eine Schachtel war, die war schon ein gutes Stück größer, und in der größeren war wieder eine Schachtel, die noch größer war als die Schachtel vorher. Aber alle diese Schachteln und alles, was in ihnen war, ging in einen Kirschkern.

Irgend jemand hat die Kirsche gegessen und den Kern dann ausgespuckt. Genau dort steht jetzt ein neuer Kirschbaum. Ob dieser Kirschbaum gewöhnliche Kirschen trägt oder solche, in denen wieder ein Kirschkern steckt, ein Kirschkern mit einem Schachtelgeschachtel, das weiß ich nicht, und das weiß überhaupt niemand.

Wie der Fuchs die Seehunde zählte

Einmal kam ein Fuchs ans Meeresufer und sah Möwen und Enten und Gänse über das Wasser fliegen. Weil er hungrig war, wollte er eine Ente fangen. Als eine ganz nahe an ihm vorbeiflog, sprang er nach ihr, verfehlte sie aber und plumpste ins Wasser. Eine große Welle kam und trug ihn weit hinaus aufs Meer. Er schwamm und schwamm und wollte ans Ufer zurück, aber immer kam wieder eine Welle und trug ihn noch weiter ins Meer hinaus.

Sein Pelz wurde schwer von Salzwasser, und er wurde müde. Ich werde untergehen und ertrinken, dachte er.

Da sah er einen kleinen Seehund im Wasser spielen, und plötzlich fiel ihm etwas ein. „Nein, so was!“ rief er. „Es gibt noch Seehunde! Ich habe gehört, daß sie längst alle gestorben sind.“

„Wer sagt das?“ fragte der kleine Seehund.

„Alle Tiere an Land behaupten es“, antwortete der

Fuchs, obwohl das gar nicht stimmte.

„So eine Lüge!“ rief der kleine Seehund. „Seehunde gibt es viele!“

„Wirklich?“ sagte der Fuchs. „Das kann ich nicht glauben. Gewiß bist du der letzte Seehund, der im Meer lebt.“

Der kleine Seehund ärgerte sich und rief seine Freunde herbei, um dem Fuchs zu beweisen, daß es noch Seehunde gab. Von allen Seiten kamen Seehunde geschwommen. Es war eine so große Schar, daß bis zum Ufer das Meer voll von ihnen war.

„Genug! Genug!“ rief der Fuchs. „Ich sehe schon, daß die Tiere des Landes gelogen haben. Jetzt will ich euch zählen und allen sagen, wie viele ihr seid.“

Die Seehunde hielten still. Der Fuchs sprang von Seehundrücken zu Seehundrücken und zählte dabei. „Ein Seehund, zwei Seehunde ... zehn ... zwanzig ... fünfzig ... hundert ... zweihundert ... dreihundert ...“

Der dreihundertdreiunddreißigste Seehund war ganz nahe am Ufer. Der Fuchs sprang von seinem Rücken an Land und schüttelte sich das Wasser aus dem Pelz.

„Danke, liebe Seehunde“, rief er. „Dreihundertdreiunddreißig habe ich gezählt, und gewiß seid ihr noch dreimal mehr!“

„Wirst du das auch allen Landtieren berichten?“ fragten die Seehunde.

„Selbstverständlich! Ich werde es gleich jetzt tun“, antwortete der Fuchs.

Dann lief er ins Land hinein, suchte sich ein stilles Plätzchen, legte sich dort nieder und ließ sich von der Sonne den Pelz trocknen.

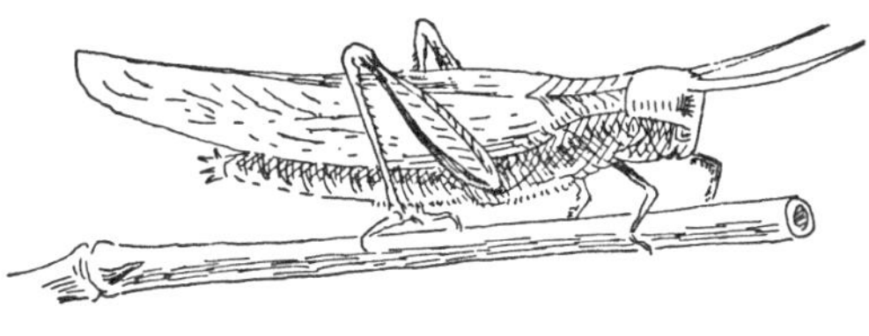

Hans mein Hänschen

Es war einmal ein Junge, der hieß Hans mein Hänschen. Eines Morgens zog er aus, sein Glück zu suchen. Er war noch nicht lange gewandert, da begegnete ihm eine Katze.

„Wohin gehst du, Hans mein Hänschen?" fragte die Katze.

„In die weite Welt", antwortete Hans mein Hänschen, „weil mir das gefällt, dort such' ich mein Glück, dann kehr' ich zurück."

„Darf ich mitkommen?" fragte die Katze und hob die Tatze.

„Fein! Jetzt sind wir zu zwei'n!" sagte Hans mein Hänschen, und er und die Katze wanderten weiter. Trippeltrappel, trippeltrappel, trippeltrappel — trapp!

Eine Gans kam dahergewatschelt.

„Wohin gehst du, Hans mein Hänschen?" fragte die Gans.

„In die weite Welt", antwortete Hans mein Hänschen, „weil mir das gefällt, dort such' ich mein Glück, dann kehr' ich zurück."

„Darf ich mitkommen?" fragte die Gans und wackelte mit dem Schwanz.

„Komm nur mit, dann sind wir zu dritt!" antwortete Hans mein Hänschen, und er und die Katze und die Gans wanderten weiter. Trippeltrappel, trippeltrappel, trippeltrappel — trapp!

Ein Hund saß am Wegrand.

„Wohin gehst du, Hans mein Hänschen?" fragte der Hund.

„In die weite Welt", antwortete Hans mein Hänschen, „weil mir das gefällt, dort such' ich mein Glück, dann kehr' ich zurück."

„Darf ich mitkommen?" fragte der Hund und jappte und schnappte.

„Komm mit mir, dann sind wir vier“, antwortete Hans mein Hänschen, und er und die Katze, die Gans und der Hund wanderten weiter. Trippeltrappel, trippeltrappel, trippeltrappel — trapp!

Ein Ziegenbock hüpfte daher.

„Wohin gehst du, Hans mein Hänschen?“ fragte der Ziegenbock.

„In die weite Welt“, antwortete Hans mein Hänschen, „weil mir das gefällt, dort such' ich mein Glück, dann kehr' ich zurück.“

„Darf ich mitkommen?“ fragte der Ziegenbock, wedelte mit dem Ziegenschwänzlein und hüpfte ein Ziegentänzlein.

„Komm mit mir, fünf sind besser als vier“, antwortete Hans mein Hänschen, und er und die Katze, die Gans, der Hund und der Ziegenbock wanderten weiter. Trippeltrappel, trippeltrappel, trippeltrappel — trapp!

Ein Hahn stolzierte einher.

„Wohin gehst du, Hans mein Hänschen?“ fragte der Hahn.

„In die weite Welt“, antwortete Hans mein Hänschen, „weil mir das gefällt, dort such' ich mein Glück, dann kehr' ich zurück.“

„Darf ich mit euch ziehen und kikerikien?“ fragte der Hahn.

„Gern!“ antwortete Hans mein Hänschen. „Sechs, die miteinandergehn, das ist schön!“

So waren sie nun sechs und wanderten weiter, trippeltrappel, trippeltrappel, trippeltrappel, immer weiter und weiter, bis es Nacht wurde und ganz finster. Da schauten sie nach einem Plätzchen aus, wo sie schlafen konnten, sahen ein Licht und gingen darauf zu und kamen zu einem Räuberhaus.

In dem Räuberhaus saßen sechs Räuber und aßen.

„Wollen wir sie necken, wollen wir sie ein bißchen

schrecken?“ fragte Hans mein Hänschen.

„Ja“, antworteten die Tiere, und sie fingen an Lärm zu machen, ein jeder auf seine Art. Hans mein Hänschen schrie, die Katze miaute, die Gans schnatterte, der Hund bellte, der Ziegenbock meckerte und der Hahn krähte. Die Räuber bekamen Angst und rannten aus dem Haus und auf und davon.

Hans mein Hänschen und die Tiere gingen in das Räuberhaus und aßen das Räubernachtmahl. Dann legte die Katze sich auf den Sessel, die Gans legte sich hinter die Tür, der Hund legte sich unter den Tisch, der Ziegenbock suchte sich eine Schlafstätte im Keller, und Hans mein Hänschen und der Hahn kletterten aufs Dach, setzten sich dort nieder und guckten die schönen Sterne an.

Die Räuber wollten aber doch wissen, wer sie aus ihrem Räuberhaus vertrieben hatte, und einer der Räuber sollte nachsehen. Es dauerte nicht lange, da kam er zurück und jammerte:

„Unser Haus muß verhext
und verzaubert sein,
Ich geh' nicht noch einmal hinein!
Im Sessel sitzt eine Hexe mit Krallen,
die hat gekreischt und mich angefallen.
Ein Ungeheuer hockt hinter der Tür,
das kam mit Gezisch und Geschnauf herfür,
das zwickte mich in den linken Fuß,
schaut her, wie ich jetzt hinken muß!
Unter dem Tisch ist einer gesessen,
der wollt mich mit Messer und Gabel fressen!
Sogar im Keller sitzt ein Gespenst!
Da sagte ich mir: Mein Lieber, jetzt rennst!
Und wie ich rannte, schrien mir vom Dach
allerhand Geister: ‚Du Räuber!‘ nach.
Nie mehr geh' ich in das Haus hinein!“

„Wir auch nicht!" sagten die anderen Räuber. Und sie rannten, solange ihre Beine sie trugen, und in das Räuberhaus wollten sie nie und nimmer zurück.

Hans mein Hänschen und die Tiere aber legten sich schlafen und schliefen bis zum Morgen. Als die Sonne aufging, wanderten sie weiter und sangen: „Wir ziehen in die weite Welt, weil uns das gefällt! Wir suchen unser Glück, dann kehren wir zurück!"

Haben sie ihr Glück gefunden?

Ja! Das will ich meinen!

Die zwölf seidenen Tanzschuhe

Es war einmal ein Junge, der hieß Michel. Er hatte keinen Vater und keine Mutter mehr, er lebte bei einem Bauern und hütete dessen Schafe. Eines Morgens trieb er wie immer die Schafe auf die Weide, und weil der Tag heiß war, legte er sich in den Schatten eines Baumes und schlief ein. Wie er dalag und schlief, sah er im Traum eine schöne Frau in goldenem Kleid, die trat zu ihm und sagte: „Michel Patenkind, geh zum Schloß des Königs!"

Er erwachte, schaute um sich, aber da waren nur die Schafe und keine schöne Frau. Am nächsten Tag träumte er den gleichen Traum und am dritten Tag wiederum. Da erinnerte er sich, daß seine Mutter ihm erzählt hatte, er habe eine Fee zur Patin. Er führte die Schafe heim und wanderte fort zum Schloß des Königs.

Nun hatte dieser König zwölf Töchter, eine immer schöner als die andere. Sie schliefen in einer Kammer, in der zwölf Betten standen, und abends, wenn sie darin lagen, verschloß der König die Tür mit drei Riegeln und einem großen Schlüssel. Wenn er aber am Morgen die Tür öffnete, waren die Sohlen der seidenen Prinzessinnenschuhe durchgetanzt. Niemand wußte, wie dies geschehen konnte. Die zwölf Schwestern sagten, sie hätten die ganze Nacht geschlafen, und sooft auch der König an der Tür lauschte, er hörte nie Tanzmusik oder das Geräusch tanzender Füße. Im ganzen Land hatte er verkünden lassen, wer das Rätsel der durchtanzten Schuhe löse, bekäme eine der Prinzessinnen zur Frau. Es waren auch Prinzen gekommen, zwölf an der Zahl, und hatten einer nach dem anderen in der Kammer der Königstöchter gewacht. Beim Morgendämmern waren sie jedoch nicht mehr in der Kammer und spurlos verschwunden.

Michel kam zum Schloß und wurde dort Gärtnerjunge. Jeden Morgen mußte er zwölf Blumensträuße binden und den zwölf Prinzessinnen bringen. Elf von ihnen nahmen die Blumen und schauten ihn nicht einmal an, die zwölfte und jüngste aber, die Linette hieß, lächelte jedesmal und sagte: „Danke!"

Eines Nachts erschien Michel wieder die Frau im goldenen Feenkleid. Sie gab ihm einen kleinen Kirschbaum, eine goldene Harke und eine goldene Kanne. „Michel Patenkind", sprach sie, „pflanze den Kirschbaum in den Garten, harke ihn mit der goldenen Harke und gieße ihn mit der goldenen Kanne. Sobald er Blüten trägt, geh zu ihm und sage:

Ich habe dich gepflegt,
ich habe dich gehegt,
mit der Harke aus Gold,
mit der Kanne aus Gold,
Wünschel-wünschel-Baum,
erfüll mir meinen Traum.

Dann sprich einen Wunsch aus, und er wird dir erfüllt werden."

Michel erwachte, und neben seinem Bett waren ein Kirschbäumchen, eine goldene Harke und eine goldene Kanne. Er ging in den Garten und pflanzte den Baum,

harkte ihn mit der goldenen Harke und goß ihn mit Wasser aus der goldenen Kanne. Als eine Woche vergangen war, fand Michel den Baum voller weißer Blüten. Michel trat hin und sagte den Spruch, den seine Patin ihn gelehrt hatte:

„Ich habe dich gepflegt,
ich habe dich gehegt,
mit der Harke aus Gold,
mit der Kanne aus Gold,
Wünschel-wünschel-Baum,
erfüll mir meinen Traum."

Und er setzte hinzu: „Mach mich für diese Nacht unsichtbar, lieber Baum!"

Wünschel-wünschel-wünschel, wisperten die Blätter, und Michel war unsichtbar geworden. Er ging ins Schloß und schlüpfte in die Kammer der Prinzessinnen, bevor der König die drei Riegel vorschob und den großen Schlüssel umdrehte. Die Prinzessinnen lagen in ihren Betten und warteten, bis es still geworden war. Dann standen sie auf, kämmten sich ihr Haar vor dem Spiegel und zogen schöne Kleider und die seidenen Tanzschuhe an. Die älteste der Prinzessinnen klatschte dreimal in die Hände. Im Boden öffnete sich eine Tür, hinter der eine Treppe lag. Leise, ganz leise, huschten die Prinzessinnen die Treppe hinunter, die älteste zuerst und Linette zuletzt und ganz zum Schluß Michel, den sie nicht sehen konnten, weil der Wünschelbaum ihn unsichtbar gemacht hatte.

Tief und immer tiefer führte die Treppe in die Erde hinab. Auf einer Stufe gab Michel nicht acht und trat Linette auf den Kleidersaum. „Schwestern", rief Linette erschrocken, „da ist jemand hinter uns und hält mich am Kleid fest!"

„Angsthäschen", antwortete die Älteste, „das bildest du dir nur ein."

Endlich hörte die Treppe auf. Die Prinzessinnen schritten durch einen Wald, dessen Bäume silberne Blätter trugen. Und danach kam ein Wald mit goldenen Blättern und wieder hernach einer, von dessen Zweigen Edelsteine blitzten. Hinter dem Edelsteinwald lag ein Schloß, und vor dem Schloß warteten zwölf Prinzen. Jeder der Prinzen nahm eine Prinzessin an der Hand und führte sie ins Schloß hinein in einen großen Saal, der war ganz aus Silber und Gold. Die zwölf Prinzen aber waren jene, die bei den Prinzessinnen gewacht hatten und verwunschen worden waren, jede Nacht mit ihnen zu tanzen. Süße Musik erklang. Michel saß in einer Ecke, schaute dem Tanz zu und wünschte sich, er wäre der zwölfte Prinz und tanzte mit Linette.

Als die Sohlen der seidenen Tanzschuhe voller Löcher waren, hörte die Musik auf, und die Königstöchter verließen das Schloß. Im Wald der silbernen Blätter brach Michel einen Zweig ab. Es knackste leise, und Linette rief: „Schwestern, da ist jemand!"

„Angsthäschen!" antwortete die älteste Schwester. „Es war nur eine Maus, die im Laub raschelte!"

Am nächsten Morgen versteckte Michel den Zweig mit den silbernen Blättern im Blumenstrauß der jüngsten Prinzessin. Als sie den Zweig entdeckte, wurde sie sehr nachdenklich, aber sie verriet ihren Schwestern nichts.

Abends ging Michel wieder zum Wünschelbaum, und es war wie in der Nacht zuvor. Auf der Treppe trat er Linette auf den Saum ihres Kleides, nur sagte sie diesmal kein Wort. Auf dem Heimweg brach er einen Zweig mit goldenen Blättern. Die älteste Königstochter hörte das Knacksen, blieb stehen und rief: „Schwestern, da ist jemand!"

„Aber nein", sagte Linette, „es war nur eine Maus, die im Laub raschelte!"

Am Morgen fand sie in ihrem Blumenstrauß den Zweig

mit den goldenen Blättern. Die dritte Nacht kam und der dritte Morgen, da war ein Zweig aus dem Edelsteinwald in ihrem Strauß. Linette ging in den Garten, trat zu Michel und sagte: „Gärtnerjunge, dreimal bist du uns ins Schloß der tanzenden Prinzen gefolgt, und wir haben dich nicht gesehen. Wie ist das möglich?"

„Prinzessin", antwortete Michel, „ich war unsichtbar."

„Warum verrätst du uns nicht dem König, meinem Vater?"

„Ich habe nicht das Herz, dich zu verraten", antwortete Michel.

Zufällig stand die älteste der Schwestern am Fenster und hörte, was Michel und Linette sprachen. Sie rief ihre Schwestern und Linette zu sich und sagte, sie müßten den Gärtnerjungen verzaubern wie die zwölf Prinzen, damit er das Geheimnis nicht verraten könne. „Geh zum Gärtnerjungen, Linette", sagte die Älteste, „und lade ihn ein, uns heute nacht zu begleiten."

Linette wollte nicht, denn sie wußte, daß dann der Gärtnerjunge auf ewig verwunschen war. Die Schwestern redeten ihr zu und meinten endlich: „Wenn du es nicht tust, Linette, so liebst du uns nicht mehr!"

Da gab Linette nach, ging zu Michel und lud ihn ein, sie und ihre Schwestern in das Schloß unter der Erde zu begleiten. Nun ahnte Michel, was das bedeutete, aber er wollte lieber verzaubert werden als Linette kränken. Er ging zum Wünschelbaum und sagte:

„Ich habe dich gepflegt,
ich habe dich gehegt,
mit der Harke aus Gold,
mit der Kanne aus Gold,
Wünschel-wünschel-Baum,
erfüll mir meinen Traum."

Und er setzte hinzu: „Schenk mir schöne Kleider, lieber Baum!"

Wünschel-wünschel-wünschel, wisperten die Blätter, und Michel stand da, kostbar gekleidet wie ein Prinz. Er ging ins Schloß. Niemand erkannte ihn, und alle dachten, er wäre ein Königssohn aus einem fernen Land. Er trat vor den König hin und bat, nachts bei den Prinzessinnen wachen zu dürfen.

Der König erlaubte es, aber er tat es nicht gern, weil er glaubte, auch diesen Prinzen nie wiederzusehen. Als Michel in die Kammer der Prinzessinnen trat, grüßten sie ihn und waren sehr freundlich, nur Linette schwieg und sagte kein Wort. Die älteste der Königstöchter klatschte dreimal in die Hände. Michel und die Prinzessinnen gingen die Treppe hinunter, gingen durch den Wald mit den silbernen Blättern, gingen durch den goldenen Wald und durch den Wald voller Edelsteine.

Sie kamen zum Schloß, und die Prinzen und Prinzessinnen führten Michel in den Saal. Als er eintrat, reichten sie ihm einen Becher Wein zum Willkommen. Es war aber so, daß jeder, der aus dem Becher trank, verwunschen wurde und Nacht um Nacht mit den Prinzessinnen tanzen mußte, bis die Sohlen ihrer seidenen Schuhe voller Löcher waren. Michel nahm den Becher.

„Nein! Du sollst nicht daraus trinken!" rief Linette, ergriff den Becher und warf ihn zu Boden, daß der Wein verschüttet wurde.

Im selben Augenblick war der Zauber gebrochen, das Schloß versank, und es wurde so dunkel wie in einer Nacht ohne Mond und Sterne. Michel fiel in einen tiefen Schlaf.

Als er erwachte, fand er sich in der Kammer der Königstöchter. Die zwölf Prinzen waren da, und elf von ihnen traten zu jenen Königstöchtern hin, mit denen sie Nacht um Nacht getanzt hatten, knieten nieder und fragten, einer nach dem anderen: „Willst du meine Frau werden?“ Nur der zwölfte Prinz stand verlegen auf der Seite, denn Linette hatte Michel an der Hand genommen, und es war klar, daß keine Braut für den zwölften Prinzen da war.

Die Hochzeit wurde gefeiert. Die elf Prinzen heirateten die elf Prinzessinnen, Linette aber heiratete Michel. Der zwölfte Prinz ritt fort, um anderswo eine Braut zu suchen. Am Morgen der Hochzeit gingen Michel und Linette in den Garten und wollten den Wünschelbaum besuchen, als sie aber hinkamen, war er nicht mehr da.

„Gewiß hat ihn deine Patin zu sich genommen, wir beide brauchen ihn ja nicht mehr“, sagte Linette.

Die Krähe, die nicht aufgab

Einmal war eine Krähe, die war so durstig, so durstig, und weit und breit gab es keinen Bach und keine Quelle. Endlich sah sie vor einem Haus einen Wasserkrug stehen. Die Krähe flatterte hin und wollte trinken. Der Krug war aber nur halb voll, und die Krähe konnte den Kopf nicht durch die enge Öffnung zwängen. Immer wieder steckte sie den Schnabel hinein — es nützte nichts!

In der Nähe scharrten ein paar Hühner nach Futter, sie sahen die Krähe und gackerten: „Gagagaga! Gib's auf! Gib's auf! Der Krug ist zu eng! Dein Schnabel ist zu kurz!“

Wenn ich aufgebe, dachte die Krähe, werde ich vor Durst sterben.

Und sie setzte sich hin und dachte nach, und dann fiel ihr etwas ein. Sie pickte Kieselsteinchen auf und warf sie in den Krug, einen Kiesel nach dem anderen, bis der Krug sich mit Steinchen füllte und das Wasser bis an den Rand heraufstieg. Jetzt konnte die Krähe trinken.

„Gagagaga! Wer hätte das geglaubt!“ gackerten die Hühner.

„Man darf nur nicht aufgeben!“ antwortete die Krähe, breitete die Flügel aus und flog fort.

Das Rübchen will nicht heraus

Der Großvater hat ein Rübchen gepflanzt und sagt zu ihm: „Wachse, mein Rübchen, wachse! Groß und dick und süß sollst du werden!“

Das Rübchen wächst und wächst und wird groß und dick und süß.

Der Großvater kommt und sagt: „Jetzt zieh ich dich heraus!“ Er zieht und zieht und zieht an dem großen, dikken, süßen Rübchen.

Aber er kann es nicht herausziehn.

„Großmutter, hilf mir!“ ruft der Großvater. „Da ist ein großes, dickes, süßes Rübchen! Aber es will nicht heraus!“

Die Großmutter hält sich am Großvater an,
und beide ziehen am Rübchen sodann.
Aber sie können es nicht herausziehn.

„Enkelchen, komm und hilf uns!“ ruft die Großmutter. „Da ist ein großes, dickes, süßes Rübchen, aber es will nicht heraus!“

Das Enkelkind hält sich an Großmutter an,
die Großmutter hält sich am Großvater an,
der Großvater hält sich am Rübchen an,
und alle drei ziehen am Rübchen sodann.
Aber sie können es nicht herausziehn.

„Hündchen, komm und hilf uns!“ ruft das Enkelkind. „Da ist ein großes, dickes, süßes Rübchen, aber es will nicht heraus!“

Das Hündchen hält sich am Enkelkind an,
das Enkelkind hält sich an Großmutter an,
die Großmutter hält sich am Großvater an,
der Großvater hält sich am Rübchen an,
und alle vier ziehen am Rübchen sodann.
Aber sie können es nicht herausziehn.

„Kätzchen, komm und hilf uns!" ruft das Hündchen. „Da ist ein großes, dickes, süßes Rübchen, aber es will nicht heraus!"

Das Kätzchen hält sich am Hündchen an,
das Hündchen hält sich am Enkelkind an,
das Enkelkind hält sich an Großmutter an,
die Großmutter hält sich am Großvater an,
der Großvater hält sich am Rübchen an,
und alle fünf ziehen am Rübchen sodann.
Aber sie können es nicht herausziehn.

„Mäuslein, komm und hilf uns!" ruft das Kätzchen. „Da ist ein großes, dickes, süßes Rübchen, aber es will nicht heraus!"

Das Mäuschen hält sich am Kätzchen an,
Das Kätzchen hält sich am Hündchen an,
das Hündchen hält sich am Enkelkind an,
das Enkelkind hält sich an Großmutter an,
die Großmutter hält sich am Großvater an,
der Großvater hält sich am Rübchen an,
und alle sechs ziehen am Rübchen sodann.
Aber sie können es nicht herausziehn.

Da läßt das Mäuschen das Kätzchen los und sagt:

„Kätzchen, laß das Hündchen los,
und Hündchen, laß das Enkelkind los,
und Enkelkind, laß die Großmutter los,
und Großmutter, laß den Großvater los,
und Großvater, laß das Rübchen los!"

Da lassen sie alle los.

Das Mäuschen aber geht hin und schnuppert an der Rübe. Dann beißt es ein Stückchen davon ab und sagt: „Mmmmhhhh! Süüüüüß!"

Und dann bindet es sein Schwänzlein um die Rübe und dreht sich um und zieht an und

pflupf!
ist das Rübchen heraußen.

Das Märchen vom Dilldapp

Einst lebte in einer Stadt eine Frau, die hatte einen Sohn, der hieß Dilldapp. Der Junge konnte es seiner Mutter nie recht machen, sie nannte ihn einen Tolpatsch und Dummling und schalt und schimpfte den ganzen Tag. Je mehr sie schalt, desto mehr machte Dilldapp verkehrt.

Die Mutter sprach: „Dilldapp, bring mir deine Hose!"

Da pflückte Dilldapp eine Rose.

Die Mutter sprach: „Bring mir einen Wecken!"

Da sammelte Dilldapp im Garten Schnecken.

Die Mutter sprach: „Dilldapp, bring die Kanne!"

Dilldapp kam daher mit einer Pfanne.

Die Mutter sprach: „Dilldapp, ich brauche Salz!"

Dilldapp ging zum Krämer und kaufte Schmalz.

Einmal sagte die Mutter: „Bring mir den Rock und das Bügeleisen!" Da ging Dilldapp weg und kam nach einer Stunde mit einem Ziegenbock und zwei Geißen. Seine Mutter wurde darüber so böse, daß sie den Besen nahm und ihn aus dem Haus jagte.

Dilldapp wanderte traurig fort. Er wanderte über Felder und durch Wälder, und abends kam er zu einem hohen Berg. Müde und hungrig ging Dilldapp den Berg hinan. Oben sah er ein Licht. Er ging darauf zu, und da war eine Höhle, und in der Höhle brannte Feuer, daneben saß ein dickes, großes, fettes Ungeheuer und kochte Brei in einem Topf.

Der Brei duftete köstlich. Dilldapp schnupperte und hätte gern davon gekostet. „Guten Abend“, sagte er höflich zu dem Ungeheuer.

„Guten Abend“, sagte das Ungeheuer. „Warum läufst du nicht vor mir davon?“

„Warum soll ich davonlaufen?“ fragte Dilldapp verwundert.

„Weil ich ein Ungeheuer bin“, antwortete das Ungeheuer.

„Bist du eins?“ fragte Dilldapp.

„Freilich bin ich eins“, antwortete das Ungeheuer und lud Dilldapp ein, sich zu ihm zu setzen und mit ihm zu essen. Das ließ sich Dilldapp nicht zweimal sagen, er setzte sich und griff tüchtig zu. Dann legte er sich nieder und schlief ein.

Von nun an blieb er in der Höhle und half dem Ungeheuer, so gut er konnte. Am Anfang machte er oft etwas verkehrt, zum Beispiel brachte er statt Reisig einen Zeisig. Weil das Ungeheuer aber nur gutmütig lachte, machte Dilldapp schließlich nur noch selten etwas verkehrt. Als ein Jahr um war, bekam Dilldapp Sehnsucht nach seiner Mutter und wollte wissen, wie es ihr ging.

Das Ungeheuer sagte: „Geh zu deiner Mutter, Dilldapp! Als Geschenk will ich dir einen Esel mitgeben.“ Es klatschte in die großen, dicken, fetten Hände, und da kam ein hübscher grauer Esel angetrabt.

Das Ungeheuer zwinkerte Dilldapp zu und sprach:

„Daß dein Glück recht lange daure,
sag zum Esel nie Aurekakaure!“

„Ich will's mir merken“, antwortete Dilldapp. Er ritt auf dem Esel fort und winkte, solange er das Ungeheuer

sehen konnte, und das Ungeheuer winkte zurück.

Dilldapp ritt durch Wälder und Felder. Er mußte immer daran denken, was das Ungeheuer ihm aufgetragen hatte. Endlich sagte er: „Ja, mein lieber Esel, ich weiß wohl, daß du Aurekakaure heißt, aber ich werde mich hüten, dich Aurekakaure zu nennen."

Kaum hatte Dilldapp das Wort Aurekakaure ausgesprochen, als der Esel lauter funkelnde Goldstücke ausspuckte. Dilldapp stieg aus dem Sattel, sammelte die Goldstücke und band sie in sein Taschentuch. Dann ritt er weiter. Abends kam er zu einem Wirtshaus, dort wollte er übernachten.

Als der Wirt den Esel in den Stall führte, bat Dilldapp: „Lieber Herr Wirt, sagen Sie ja nicht Aurekakaure zu meinem Esel!" Er setzte sich zu Tisch, aß und trank und ging schlafen.

Der Wirt hatte gesehen, daß sein Gast ein Taschentuch voller Goldstücke bei sich hatte, und dachte: Warum soll ich zu dem Esel nicht Aurekakaure sagen? Da muß ein Geheimnis dahinterstecken! Als alle im Haus schliefen, schlich er in Strümpfen leise mit einer Laterne in den Stall und leuchtete Dilldapps Esel von allen Seiten an. „Das ist doch seltsam", sprach er vor sich hin, „daß ich zu dir nicht Aurekakaure sagen soll!" Im selben Augenblick spuckte der Esel lauter Goldstücke aus. Da wußte der Wirt, warum er nicht Aurekakaure sagen sollte. Er besann sich nicht lange und vertauschte den wunderbaren Esel mit seinem eigenen Esel.

Am Morgen verlangte der Wirt alles Gold, das Dilldapp in sein Taschentuch eingebunden hatte. Ich habe ja meinen Esel, dachte Dilldapp und gab dem Wirt das Gold. Dann setzte er sich auf den Esel, merkte nicht, daß es ein anderer war, und ritt fort.

Als er daheim angekommen war, erzählte er der Mutter seine Abenteuer. Er führte den Esel ins Zimmer und sprach: „Lieber Esel Aurekakaure, nun zeig, was du kannst!“

Der Esel konnte aber nichts zeigen, weil er ein ganz gewöhnlicher Wirtshausesel war. „Aurekakaure! Aurekakaure!“ rief Dilldapp ein ums anderemal. „Iah!“ antwortete der Esel. Die Mutter meinte, ihr Dilldapp wolle sich lustig über sie machen und jagte ihn aus dem Haus.

Weinend wanderte Dilldapp zurück zu dem Ungeheuer, das schon alles wußte, was geschehen war, und ihn tröstete. Dilldapp blieb ein weiteres Jahr, dann bekam er wieder Sehnsucht nach seiner Mutter. Diesmal schenkte ihm das Ungeheuer eine hübsche Serviette und sagte: „Hier, mein lieber Dilldapp, nimm das Tüchlein! Damit es dir aber nicht geht wie das erstemal, so hüte dich, bevor du bei deiner Mutter bist, zu sagen: ‚Tüchlein, Tüchlein, tu dich auf!‘“

Dilldapp versprach es und wanderte fort. Als er eine Weile gegangen war, zog er die Serviette aus der Tasche, schaute sie an und sprach: „Bevor ich bei meiner Mutter bin, sage ich bestimmt nie zu dir: Tüchlein, Tüchlein, tu dich auf!“ Kaum hatte er diese Worte gesprochen, als die Serviette sich von selber ausbreitete und voller Goldstücke dalag. Er steckte sie vergnügt ein und kam bald darauf zu demselben Wirtshaus.

Der schlaue Wirt sah, daß sein Gast wieder die Tasche voller Goldstücke hatte, versteckte sich in der Schlafkammer und hörte, wie Dilldapp zu sich selber sprach: „Ich werde dem Wirt nie, nie sagen, was es mit diesem Tuch auf sich hat, und er wird nie wissen, daß man ‚Tüchlein, Tüchlein, tu dich auf!‘ sprechen muß.“

Als Dilldapp eingeschlafen war, vertauschte der Wirt die Serviette mit einer seiner eigenen Servietten und verlangte am Morgen alles Gold, das Dilldapp bei sich hatte.

Ich habe ja mein Tüchlein, dachte Dilldapp, gab dem Wirt das Gold und zog weiter. Daheim ging es ihm wie beim erstenmal. Das Tüchlein füllte sich nicht mit Gold, und die Mutter jagte ihn erzürnt aus dem Haus. Dilldapp wanderte traurig zu dem Ungeheuer zurück, das schon alles wußte und ihn tröstete. Als ein weiteres Jahr vergangen war, wollte Dilldapp es noch einmal mit seiner Mutter versuchen.

Das Ungeheuer sprach: „Hier hast du einen Knüppel zum Andenken, mein lieber Dilldapp. Aber sage nie: ‚Knüppel auf!' oder ‚Knüppel ab!'"

Dilldapp bedankte sich herzlich und ging fort. Unterwegs war er aber doch neugierig und sagte: „Knüppel auf!" Im selben Augenblick sprang ihm der Knüppel auf den Rücken und prügelte ihn tüchtig. In seiner Herzensangst rief Dilldapp: „Knüppel ab!" Sogleich hielt der Knüppel inne und legte sich vor seine Füße nieder.

„Nun weiß ich, was ich tun muß!" sagte Dilldapp und ging schnurstracks zu dem Wirtshaus. Der Wirt begrüßte ihn wie einen großen Herrn und brachte ihm die besten Speisen. Dilldapp aß und trank und ließ es sich schmekken. Vor dem Schlafengehen sagte er: „Herr Wirt, seien Sie so gut und bewahren Sie mir den Knüppel bis morgen früh auf. Aber sagen Sie ja nie: ‚Knüppel auf!'"

Als alles ruhig im Haus war, ging der Wirt mit dem Knüppel in seine Kammer und sagte: „Knüppel auf!" Da begann der Knüppel auf seinem Rücken zu tanzen und schlug so kräftig zu, daß der Wirt zu Dilldapp rannte und um Hilfe flehte.

„O, Herr Wirt!" rief Dilldapp. „Sie wollen meinen Knüppel los sein? Da will ich zuerst aber meinen Esel und mein Tüchlein zurückhaben!"

Der Wirt lief in den Stall, holte den Esel Aurekakaure, lief in seine Kammer und holte das Tüchlein. Nun sagte Dilldapp: „Knüppel ab!" und der Knüppel hörte zu schlagen auf. Dilldapp nahm den Knüppel, steckte das Tüchlein ein, setzte sich auf Aurekakaure und ritt fort.

Daheim ließ er den Esel Aurekakaure eine ganze Truhe voller Goldstücke spucken, und eine zweite Truhe füllte er mit Gold aus dem Tüchlein. Das Gold gab er seiner Mutter, so daß sie immer genug zum Leben hatte, dann ritt er zurück auf den hohen Berg, wo ihn das große, dicke, fette Ungeheuer schon erwartete. Die beiden blieben für immer beisammen und lebten fröhlich und zufrieden.

Der schlaue Hase

Irgendwo im fernen Afrika und irgendwann einmal nibbelte ein Hase auf einer Wiese Gräser und Kräuter. Ein Fluß rann an der Wiese vorbei. Die Sonne schien heiß. Der Hase nibbelte und nibbelte, und die Gräser und Kräuter schmeckten ihm. Da kam ein Elefant dahergestampft, sah den Hasen und trompetete: „Fort mit dir, Hase! Hier will ich fressen! Ihr Kleinen habt zu verschwinden, wenn wir Großen kommen."

Der Hase hüpfte davon. Büsche wuchsen am Ufer. Das Gras stand hoch und dicht. Der Hase begann wieder zu nibbeln. Da tauchte aus dem Fluß ein dickes Nilpferd auf, stampfte an Land und brüllte: „Fort mit dir, Hase! Hier will ich fressen! Ihr Kleinen habt zu verschwinden, wenn wir Großen kommen."

Du bist ein ganz blödes fettes Nilpferd, dachte der Hase, und der Elefant ist ein ganz blöder trampeliger Elefant. Ich werde es euch beiden zeigen!

Der Hase hoppelte davon, holte ein Seil und hoppelte damit zum Elefanten.

„Großmächtiger Elefant", sagte der Hase. „Wollen wir Seilziehen und unsere Kräfte messen?"

Der Elefant verschluckte sich beinahe an einem Laubbüschel, so sehr erheiterte ihn der Vorschlag des Hasen.

Er packte das Seilende mit dem Rüssel, der Hase nahm das andere Ende in sein Mäulchen und sprang hinter die Büsche, wo das Nilpferd weidete.

„Großmächtiges dickes Nilpferd“, sagte der Hase. „Wollen wir Seilziehen und unsere Kräfte messen?“

Das Nilpferd verschluckte sich beinahe an einem Grasbüschel, so sehr erheiterte es der Vorschlag des Hasen. Es klappte das Maul auf und packte das Seilende.

„Ich laufe hinter die Büsche“, rief der Hase. „Dort liegt das andere Seilende. Warte, bis ich rufe!“

Der Hase hüpfte zu den Büschen, versteckte sich und rief: „Los! Ziehen!“

Der Elefant zog. Das Nilpferd zog. Sie zogen und zogen, sie strengten sich mächtig an. Sie stemmten die Beine ein, sie stampften, sie schnaubten und schnauften. Sie konnten einander nicht vom Fleck ziehen.

Endlich waren sie so erschöpft, daß sie beide gleichzeitig das Seil losließen und sich niedersetzen mußten. Der Hase hüpfte zum Nilpferd. „He, du Dicker!“ rief er. „Bin ich nun so stark wie du, oder bin ich nicht so stark?“

Dann hüpfte der Hase zum Elefanten. „He, du Trampelbein!“ rief er. „Bin ich nun so stark wie du, oder bin ich nicht so stark?“

Und der Hase hüpfte auf die Wiese, nibbelte da ein Gräschen und dort ein Kraut. Als Elefant und Nilpferd sich wieder erholt hatten, standen sie beschämt auf. Der Elefant fraß Laub von den Büschen, das Nilpferd fraß Grasbüschel, der Hase nibbelte, und es war Futter genug für alle drei.

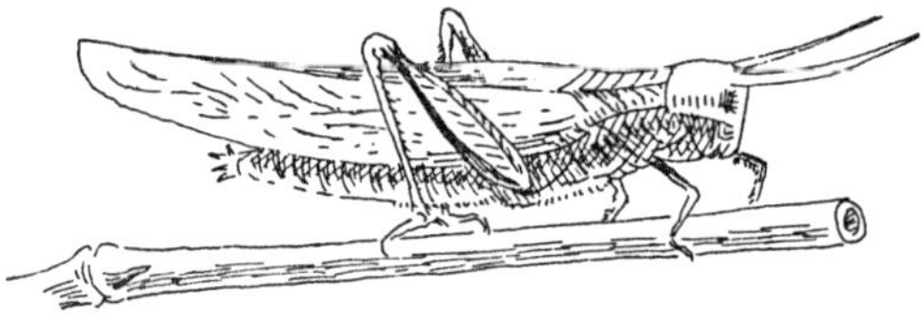

Das Eiszapfenfräulein

Es war einmal ein Mann, der wohnte ganz allein in einem kleinen Haus. Einmal, früh am Morgen, sah er einen Eiszapfen am Fenster hängen, kling-klang-gläsern hing er da und glitzerte.

„Wenn ich so ein glitzerndes, kling-klang-gläsernes Mädchen zur Frau haben könnte“, sagte der Mann, „das wäre wunderbar!“

Am Abend klopfte es an die Tür.

Der Mann öffnete.

Da stand ein Mädchen draußen, kling-klang-gläsern und glitzernd, mit weißem, schneebleichem Gesicht.

„Ich bin der Eiszapfen vor deinem Fenster,“ sagte das Mädchen. „Du hast gesagt, daß du mich heiraten willst. Willst du das wirklich?“

„Ja, du kling-klang-glitzerndes, gläsernes Mädchen“, sagte der Mann. Und da wurden sie Mann und Frau.

Sie waren sehr glücklich, und die Zeit verging. Allmählich dachte der Mann gar nicht mehr daran, auf welche Weise seine Frau zu ihm gekommen war. Eines Tages sagte er: „Meine liebe Frau, du gießt immer kaltes Wasser in die Badewanne, wenn du baden willst, und niemals heißes! Warum?“

Die junge Frau lächelte, aber sie antwortete nicht.

Dem Mann ließ das keine Ruhe. So sagte er eines Tages zu einer alten Nachbarin: „Meine Frau hat noch nie in heißem Wasser gebadet. Immer badet sie eiskalt. Mir ist das unheimlich!“

„Das werden wir gleich haben!“ sagte die Nachbarin. Und am selben Tag kam sie und füllte heißes Badewasser in die Wanne. Dann nahm sie die junge Frau an der Hand und zog sie ins Badezimmer. Die junge Frau wollte nicht in das warme Bad steigen, aber sie war eine sehr zarte, kling-klang-gläserne junge Frau, und die alte Nachbarin war dick und kräftig. Die Nachbarin hob die Eiszapfenfrau in das warme Bad und ging hinaus.

„Sie badet schon!“ sagte sie draußen zu dem Mann. „Horch, wie sie plätschert!“

Der Mann ging an die Tür und horchte, aber er hörte kein Plätschern.

„Du meine kling-klang-gläserne Frau!“ rief er. „Was tust du denn? Warum plätscherst du nicht?“

Keine Antwort.

Da wurde ihm ängstlich, und er öffnete die Tür.

Drinnen war niemand. In der Badewanne schwamm ein Haarkamm.

„Sie ist weg!“ schrie der Mann. „Nachbarin! Meine Frau ist fort!“

Die Nachbarin kam daher und schaute, und dann sagte sie: „Oh weh! Ich hätte daran denken sollen, daß man Eiszapfen nicht heiß badet. Das vertragen sie nicht.“

Der Mann saß da und weinte um seine kling-klang-gläserne Eiszapfenfrau. Da sagte die Nachbarin:

„Weine nicht. Wenn sie dich lieb hat, verzeiht sie dir und kommt am ersten kalten kling-klang-gläsernen Wintermorgen wieder. Dann sag ihr gleich, solange sie noch am Fenster hängt, daß wir sie nie wieder heiß baden wollen!“

„Glaubst du, kommt sie wieder?“ fragte der Mann.

„Ja“, sagte die Nachbarin.

Und so war es auch.

Die Wichtelmännchen

Es war einmal ein Bauer, der hatte einen Stall voll schöner Pferde. Eines Tages kamen Wichtelmännchen und richteten sich ihre Wohnung unter dem Stall ein. Von dieser Zeit an wollten die Pferde nicht mehr im Stall bleiben, sie

wieherten und stampften und gaben auch nachts keine Ruhe. Eines Abends ging der Bauer über seinen Hausflur und hörte unter dem Backtrog ein Flüstern. Er lugte hin und sah vier Wichtlein, die kneteten Brot aus Teig, den sie aus dem Backtrog genommen hatten.

„Knete zu, knete zu!" sprach eins der Wichtlein zum anderen.

Der Bauer wollte sie nicht stören und verhielt sich ganz still. Die Wichtelmännchen aber bemerkten ihn, und eines sagte: „Weißt du, warum deine Pferde so unruhig sind? Weil wir unter den Stall gezogen sind und jetzt dort wohnen! Stell sie in einen andern Stall!"

Der Bauer befolgte den Rat des Wichtelmännchens, und seine Pferde wurden noch schöner und kräftiger, als sie zuvor gewesen waren. Und weil der Bauer die Wichtelmännchen nicht gescholten hatte, daß sie von seinem Teig Brot kneteten, halfen sie ihm von nun an heimlich bei der Arbeit.

Stiefelchen

Einmal war eine Prinzessin, die dachte sich immerfort die allertollsten Lügengeschichten aus. Ihr Vater, der König, war schon ganz verzweifelt. Seine Frau, die Königin, tröstete ihn. „Wir wollen unserer Tochter selber Lügengeschichten erzählen", sagte die Königin. „Sie wird uns nicht glauben, sich ärgern und rufen: Das ist nicht wahr! Dann wird sie gewiß geheilt sein."

Also dachten sich König und Königin und alle Leute im Schloß die tollsten Lügengeschichten aus, aber die Prinzessin ärgerte sich nie und sagte niemals: Das ist nicht wahr!

Der König ließ im ganzen Land verkünden, die jungen Männer sollten aufs Schloß kommen und Lügengeschichten erzählen. Wer seine Tochter dazu brächte, „Das ist nicht wahr“ zu sagen, sollte sie zur Frau haben.

Die jungen Männer im Land ließen sich nicht lange bitten. Von weit und breit kamen sie, aber sie mochten erzählen, was sie wollten, nie sagte die Prinzessin: Das ist nicht wahr!

Es lebte aber ein hübscher Junge im Land, dessen Vater war Schuster, und alle nannten ihn daher nur Stiefelchen. Eines Tages ging Stiefelchen von daheim fort, pfiff sich ein Lied ums andere und wanderte zum Schloß. Dort wurde er zur Prinzessin geführt.

„Einen schönen guten Morgen“, grüßte die Prinzessin, „obwohl ich nicht sagen kann, daß der Morgen schön ist, weil schon drei junge Männer da waren, die mir langweilige Geschichten erzählt haben. Wenn das so weitergeht, mache ich Urlaub auf dem Mond. Mein Vater hat dort ein Haus gebaut, das ist so groß, daß ich eine ganze Woche brauche, wenn ich durch alle Zimmer gehen will.“

Stiefelchen antwortete: „Groß ist das Haus deines Vaters auf dem Mond schon, aber das Haus, das mein Vater auf der Sonne gebaut hat, ist noch viel größer. Bis ich durch alle Zimmer gegangen bin, brauche ich ein ganzes Jahr.“

„Schön und gut“, antwortete die Prinzessin, „einen so riesigen Ochsen wie mein Vater hat deiner aber bestimmt nicht. Unser Ochse hat einen so großen Kopf, daß zwischen seinen Hörnern ein Heuwagen Platz hat.“

„Das ist noch gar nichts gegen den Ochsen meines Vaters“, sagte Stiefelchen. „Zwischen seine Hörner kann man die ganze Scheune stellen.“

„Schön und gut“, erwiderte die Prinzessin, „aber was sagst du zu dem Apfelbaum, den ich im Garten meines Vaters gepflanzt habe? Er trägt Äpfel so groß wie Wagenräder.“

„Das ist noch lange nichts gegen den Apfelbaum, den

ich gestern früh im Garten meines Vaters pflanzte", sagte Stiefelchen. „Am Abend war er schon so hoch wie der Kirchturm. Ich wollte die Äpfel pflücken und kletterte hinauf, und der Baum wuchs und wuchs weiter, bis zu den Wolken und noch viel höher. Da kam der Wind und trug mich fort, dreimal um die Erde. Dann ließ er mich fallen, und ich fiel und fiel und fiel endlich in ein Fuchsloch. Dort in dem Fuchsloch bist du gesessen, Prinzessin, und hast meine Stiefel geflickt!"

„Das ist nicht wahr!" rief die Prinzessin.

So bekam Stiefelchen sie zur Frau und das halbe Königreich dazu. Zum Lügengeschichten-Erzählen hatte die Prinzessin nicht mehr viel Zeit. Nur einmal in der Woche, und zwar am Sonntag, dachten Stiefelchen und die Prinzessin sich die allertollsten Lügengeschichten aus und erzählten sie einander.

Die Drosselquelle

Es waren einmal drei Schwestern, die wünschten sich, so schön zu singen, daß alle, die ihnen zuhörten, Kummer und Sorgen vergaßen. Sie gingen von Dorf zu Dorf und sangen, aber sie konnten die Herzen der Menschen mit ihrem Gesang nicht rühren, und niemand nahm sich Zeit, ihren Liedern zu lauschen. Da wurden die Mädchen traurig. Sie versteckten sich in einem Bambusgebüsch, wo niemand sie sehen konnte, und weinten. So viele Tränen flossen aus ihren Augen, daß ein Tränenbach aus dem Bambusgebüsch hervorplätscherte. Und die drei Schwestern weinten, bis aus dem Bach ein großer, breiter Fluß geworden war.

Ein Fisch mit goldfunkelnden Flossen kam in dem Fluß geschwommen, streckte den Kopf aus dem Wasser und fragte: „Warum weint ihr, meine hübschen Kinder?"

„Wir möchten die Herzen der Menschen mit unserem Gesang rühren und können es nicht“, antworteten die drei Schwestern. „Niemand nimmt sich Zeit, unseren Liedern zu lauschen. Die Bauern auf den Reisfeldern arbeiten weiter, bis ihr Rücken krumm wird und schmerzt, die Kaufleute denken nur an die Waren, die sie verkaufen wollen. Keiner vergißt seinen Kummer und seine Sorgen über unserem Gesang.“

„Kennt ihr den Weißen Wolkenberg?“ fragte der Fisch mit den goldfunkelnden Flossen. „Auf seinem Gipfel oben entspringt eine Quelle. Diese Quelle heißt die Drosselquelle. Wer aus ihr trinkt, dessen Gesang rührt die Herzen der Menschen. Aber der Weg dorthin ist weit und mühsam.“

„Danke, Fisch mit den goldfunkelnden Flossen“, antworteten die Mädchen. „Wir werden zu der Drosselquelle gehen.“

Die drei Schwestern gingen und gingen und kamen endlich zu dem Weißen Wolkenberg. Sie waren sehr müde. Ihre Schuhe waren von den Steinen zerfetzt, ihre Kleider von den Dornen zerrissen. Auf dem halben Weg zum Gipfel setzte die älteste Schwester sich nieder und sagte: „Ich bin zu müde, ich kann nicht mehr. Ihr müßt allein zur Quelle gehen. Trinkt und singt mir dann etwas Hübsches vor, dann werde ich gewiß wieder frisch und munter.“

Die mittlere und die jüngste Schwester gingen weiter. Sie kamen zu einem Baum, dort setzte die mittlere Schwester sich nieder. „Ich bin zu müde, liebe Schwester“, sagte sie, „geh du nur weiter, trink von der Quelle und sing mir etwas Hübsches vor, dann werde ich gewiß wieder frisch und munter.“

Die jüngste Schwester ging allein weiter. Auch sie wurde müde, so müde, doch sie dachte: Ich muß die Quelle finden und daraus trinken, damit meine Schwestern wieder frisch und munter werden.

Endlich war sie oben auf dem Gipfel, und da floß die Quelle aus dem Stein, und ihr Plätschern klang, als sänge sie. Die jüngste Schwester beugte sich nieder und trank. Dann schöpfte sie mit den Händen Wasser, um es ihrer Schwester unter dem Baum zu bringen. Ihr war, als schwebte sie, so leicht fiel ihr plötzlich jeder Schritt. Sie lief zu dem Baum und gab ihrer Schwester zu trinken. Wieder lief sie zur Quelle, schöpfte noch einmal Wasser und lief zu der ältesten Schwester und gab auch ihr zu trinken.

Als sie nun alle drei von dem Wasser der Quelle getrunken hatten, wuchsen ihnen Flügel; sie wurden zu Vögeln und schwangen sich hoch in die Luft. Sie flogen in die Dörfer zu den Menschen und sangen. Und da war niemand, der ihnen nicht zuhörte. Und alle, die Kummer und Sorgen hatten, vergaßen über dem Lied der Drosseln ihr Leid.

Das Pfirsichkind

Im fernen Land Japan lebten ein Mann und eine Frau, die nannten einander Mütterchen und Väterchen und später Großmütterchen und Großväterchen, obwohl sie keine Kinder hatten und auch keine Enkel. Ihr Leben lang hatten sie sich ein Kind gewünscht, aber dieser Wunsch war ihnen nicht erfüllt worden.

Eines Tages ging der alte Mann in den Wald, um Brennholz zu holen. Die alte Frau ging an den Fluß, um Wäsche zu waschen. Als sie ihre Arbeit begonnen hatte, kamen den Fluß herunter Pfirsiche geschwommen. Alle bis auf einen Pfirsich trugen die Wellen weiter, aber den einen Pfirsich trugen sie zu der Stelle, an der die alte Frau ihre Wäsche wusch.

Sie griff nach dem Pfirsich und fischte ihn heraus.

Es war der schönste Pfirsich, den sie jemals gesehen hatte, rosig und rund und reif. Die alte Frau hatte nicht das Herz, ihn zu essen. Sie dachte: Mein Mann soll ihn auch kosten. Wir werden den Pfirsich miteinander essen!

Sie legte den Pfirsich ins Gras und wusch ihre Wäsche, und als sie fertig war, trug sie die Wäsche heim und den Pfirsich auch.

Am Abend kam der alte Mann heim. Er war müde und setzte sich nieder, um auszuruhen. Da sah er, daß die alte Frau Wangen hatte, so rosig wie ein Pfirsich.

„Was hast du denn heute?“ fragte er.

Die alte Frau nahm den Pfirsich und wurde dabei noch ein wenig rosiger. Sie gab den Pfirsich ihrem Mann und sagte:

„Er kam den Fluß heruntergeschwommen, als ich unsere Wäsche wusch. Aber ich wollte ihn nicht alleine essen.“

Der alte Mann nahm den Pfirsich aus ihrer Hand und schaute ihn an. Ihm war, als hätte er noch nie einen solchen Pfirsich gesehen, sein ganzes Leben lang nicht. Endlich sagte er:

„Wollen wir ihn essen, Großmütterchen?“

„Ja, Großväterchen“, sagte die Frau.

Sie holten ein Messer und wollten den Pfirsich entzweischneiden, aber das Messer hatte die wunderschöne Frucht kaum berührt, als sie ganz von selber aufsprang.

Dort, wo sonst bei einem Pfirsich der Kern sitzt, lag zusammengerollt ein kleiner Knabe. Er reckte sich und streckte sich und öffnete die Augen.

Der alte Mann und die alte Frau erschraken vor Freude so sehr, daß ihnen fast das Herz stehenblieb. Sie nahmen das Kind ganz vorsichtig und legten es in ihr großes Bett, denn ein Kinderbett hatten sie ja nicht.

Das Pfirsichkind schlief ein, und während es schlief,

zimmerte der alte Mann ein kleines Bett. Die alte Frau nähte, so schnell sie konnte, kleinwinziges Bettzeug und ein paar kleinwinzige Nachthemden. Als sie mit ihrer Arbeit fertig waren, zeigten sie einander voll Freude das Bettchen und das Bettzeug und liefen, ihr Pfirsichkind zu holen. Es schlief noch immer, aber inzwischen war es so groß geworden wie ein Kind, das eben auf die Welt gekommen ist, und es paßte nicht mehr in das Bettlein.

„So soll unser Pfirsichkind zwischen uns in unserem Bett schlafen", sagten der Mann und die Frau.

Dann legten sie sich glücklich nieder und schliefen ein, und zwischen ihnen beiden schlief das rosige Pfirsichkind.

Am Morgen war das Kindchen schon wieder größer geworden. Als es erwachte, fing es zu schreien an wie ein Kind, das hungrig ist.

Der alte Mann sprang aus dem Bett und heizte den Herd, und die alte Frau stellte Milch aufs Feuer und kochte Hirsebrei. Das Kind aß den ganzen Topf voller Hirsebrei auf, und als es gegessen hatte, tat es den Mund zum Sprechen auf und sagte: „Danke!"

Der alte Mann und die alte Frau wunderten sich nicht mehr, daß ihr Kind schon sprechen konnte, denn sie waren die Wunder nun schon ein wenig gewohnt.

Pfirsichkind wuchs und wuchs, und in einem Monat schon war es ein schöner, starker und kluger Junge. Der alte Mann und die alte Frau lehrten ihn alles, was sie selber wußten. Eines Tages erzählten sie ihm von bösen Erdgeistern, die weit weg in einem Hügel lebten.

„Liebe Eltern, erlaubt mir, daß ich fortziehe", sagte Pfirsichkind. „Ich will zu dem Hügel ziehen, in dem die bösen Erdgeister leben, ich will mit ihnen kämpfen und sie besiegen, damit sie nicht einmal zu uns kommen und euch ein Leid antun."

„Mein liebes Pfirsichkind", sagte die Mutter, „bleib bei uns! Du bist noch ein Kind!"

„Du bist viel zu jung, um mit Erdgeistern zu kämpfen", sagte der Vater.

„Ich bin jung, aber stark", antwortete Pfirsichkind. „Habt keine Angst um mich!"

Da fühlten der Mann und die Frau, daß sie ihr Pfirsichkind nicht länger zurückhalten konnten. Sie kochten die besten Hirseknödel, die es gibt, damit ihr Junge auf dem langen Weg nicht hungern mußte. Sie gaben ihm ein Schwert, segneten ihn und ließen ihn ziehen.

Pfirsichkind wanderte fort zum Hügel der bösen Erdgeister. Unterwegs begegnete ihm ein Hund, der bellte:

„Nimm mich mit, Pfirsichkind! Ich wollte immer schon einem Pfirsichkind dienen."

„Gut", sagte Pfirsichkind. „Hier hast du einen Hirseknödel. Iß ihn, dann wirst du zehnmal so stark."

Der Hund aß den Hirseknödel und wurde zehnmal so stark. Pfirsichkind und der Hund zogen weiter und begegneten einem Fasan. Auch der Fasan wollte Diener des Pfirsichkindes werden, bekam ebenfalls einen Hirseknödel und wurde zehnmal so stark als der stärkste Fasan. Zuletzt trafen sie einen Affen. Nachdem auch der Affe einen Hirseknödel erhalten hatte, zogen sie alle gemeinsam weiter zum Hügel der bösen Erdgeister.

Als sie beinahe dort waren, sagte Pfirsichkind zu dem Hund, dem Fasan und dem Affen:

„Hört gut zu! Wir sind alle stark, weil wir die Hirseknödel gegessen haben, die meine Eltern mit Liebe kochten. Aber stark sein ist zu wenig. Auch die Erdgeister sind stark."

„Ich werde sie beißen und zerreißen", bellte der Hund.

„Ich hacke ihnen die Augen aus, damit sie blind werden", keckerte der Fasan.

„Ich schleppe sie auf die Bäume und hänge sie in die Äste", kreischte der Affe. „Dort soll der Wind sie schaukeln, bis sie schwindlig werden, die Sonne soll sie verbrennen und der Regen sie ersäufen."

„Ich will aber nicht, daß in den Bäumen tote Geister schaukeln", antwortete Pfirsichkind. „Die Erdgeister wohnen tief unten im Dunkel, und wenn ein Lichtstrahl sie trifft, können sie nur blinzeln. Willst du sie ganz blind machen, Fasan? Und du, Hund? Wenn du sie beißt und zerreißt — wohin soll ihr Blut fließen? Es wird als Quelle irgendwo zutage treten und Menschen erschrecken."

„Was willst du tun, Pfirsichkind?" fragten der Hund und der Fasan und der Affe.

„Ich werde anklopfen und sehen, wie es weitergeht", antwortete Pfirsichkind und klopfte an das große schwarze Tor des Erdgeisterhügels.

Das Tor sprang auf, und hui — kamen sie heraus, kleine rote Erdgeister und kleine schwarze Erdgeister, krabblig und beschwänzt und blinzelnd. Sie kicherten und brummten und waren so viele, so viele! Pfirsichkind trat einen Schritt auf sie zu und hob das Schwert. Es blitzte in der Sonne.

Die kleinen Erdgeister wimmelten winselnd in die Höhle zurück und holten die großen Erdgeister.

Die großen Erdgeister kamen dahergestürmt und gepoltert, brüllend und jaulend und krächzend. Als sie Pfirsichkind und seine drei Tiere vor dem Tor stehen sahen, höhnten sie:

„Komm nur herein, Pfirsichkind! Komm nur herein mit deinem Fasan und deinem Hund und deinem Affen! Komm, damit wir dich ein bißchen zerquetschen und zertrampeln können und ein bißchen auffressen! Du Angstpfirsich, du zitterst ja!"

Nun war Pfirsichkind gewiß erschrocken. Es hatte noch niemals echte Erdgeister gesehen, und sie waren das erste Schreckliche auf der Welt, das ihm begegnete, denn seine Eltern hatten ihm nur Liebe geschenkt.

Der Hund knurrte. Der Affe fletschte die Zähne. Der

Fasan schlug drohend mit den Flügeln. Pfirsichkind hob das Schwert, und tapfer traten sie ins Dunkel der Erdgeisterhöhle. In der Finsternis aber blitzte das Schwert nicht mehr, weil kein Lichtstrahl es traf.

Die Erdgeister grölten und jaulten vor Vergnügen und schleppten Pfirsichkind und seine Diener hinunter in ihre tiefste Höhle. Dort sahen Pfirsichkind und seine Freunde nichts als nur das Blinzelgefunkel der Erdgeisteraugen, die leuchteten schwächer als Glühwürmchen.

Der Mut wollte Pfirsichkind sinken, aber dann dachte es: Ich will hier nicht sterben, das darf nicht sein! Pfirsichkind griff nach dem Schwert, aber die Erdgeister hatten es fortgeschleppt. Rings um ihn tobte und schrie und schlurfte es. Dann sagte der größte und stärkste der Erdgeister:

„Jetzt werden wir dich fressen. Zu uns kommt selten ein Pfirsich heruntergekollert. Das wird ein Festessen! Und Hundebraten und Fasan am Spieß und Affenschinken ist auch nicht zu verachten!"

Sie haben Hunger, dachte Pfirsichkind und griff in seine Tasche und fand dort noch einen Hirseknödel, den seine Eltern gekocht hatten.

Der Obererdgeist blinzelte den Hirseknödel an und fragte mißtrauisch: „Was ist das?" Und dann schnappte er danach und fraß den Knödel auf einen Bissen. Kaum hatte er ihn aber geschluckt, da wurde ihm so seltsam zumute. Er wußte nicht, wie ihm war, aber er konnte nicht anders, als sanft und friedlich sagen:

„Noch nie habe ich sowas gegessen! Es schmeckt nach etwas, das wir hier unten nicht kennen. Womit ist es gekocht?"

„Mit Liebe!" sagte Pfirsichkind. „Und wenn du mich auch auffrißt, bin ich doch stärker als ihr alle zusammen. Denn du hast von einer Speise gekostet, nach der du hungern wirst dein Leben lang."

Der schwarze Erdgeist fing zu weinen an. Und als die anderen Erdgeister ihn weinen sahen, begannen sie bitterlich zu schluchzen. In der Höhle wurde es ein wenig lichter, weil die vielen Tränen der Erdgeister das Blinzelgefunkel ihrer blassen Augen widerspiegelten.

„Du bist stark, Pfirsichkind! Du bist stärker als wir!" weinten die Erdgeister, die großen und die kleinen.

In der Höhle wurde es immer heller. Und wenn die Erdgeister auch noch trampelten und polterten und jaulten und fauchten, so klang das nur noch laut, aber nicht mehr böse. Pfirsichkind bekam viele Geschenke, und die Erdgeister geleiteten es bis zum schwarzen Tor. Dort standen sie und winkten zum Abschied und sahen dabei länger die Sonne, als jemals zuvor in ihrem Leben. Pfirsichkind aber zog mit seinen Tieren zu den Eltern nach Hause.

Das Geschenk des Kranichs

Einmal, da lebten eine Großmutter und ihr Enkelsohn ganz allein in einer Hütte. Sie besaßen nur ein winziges Feld und eine einzige Ziege. Auf dem Feld säte der Junge Weizen aus. Als die ersten grünen Halme aus dem Boden stachen, freute er sich, und jeden Morgen sah er nach, wie hoch sie schon gewachsen waren. Eines Morgens aber war die Hälfte ausgerupft. Der Junge wachte in der Nacht darauf, und als die Sterne am Himmel standen, kam ein Kranich geflogen, ließ sich auf dem Feld nieder und begann die zarten Halme auszurupfen. Der Junge schlich hin, packte den Kranich und sagte: „Jetzt habe ich dich, du Dieb!"

Er wollte den Kranich töten, aber dann tat ihm der schöne Vogel mit dem silbergrauen Gefieder leid. „Gewiß hast du die Halme ausgerupft, weil du Hunger hast", sagte er. „Aber wenn du das tust, haben meine Großmutter und ich nichts zu essen. Flieg fort, und laß mein Feld in Ruhe!"

Der Kranich sah den Jungen an, als verstünde er jedes Wort, breitete die Flügel aus und flog davon.

Der Junge ging zurück in die Hütte und legte sich auf sein Bett. Er schlief ein und träumte, der Kranich träte an sein Bett und breitete eine weiche Decke aus vielerlei Pelzen über ihn. „Du hast mir das Leben geschenkt", sagte der Traumkranich, „dafür schenke ich dir diese Decke. Hüte sie gut!"

Der Junge erwachte. Es war dunkel in der Hütte. Was man alles im Traum erlebt! dachte er. So weich und warm war er aber noch nie in seinem Bett gelegen, und weil er ganz schlaftrunken war, fielen ihm wieder die Augen zu.

Am Morgen, als er und die Großmutter erwachten, lagen sie nicht mehr auf ihren armseligen Betten. Die kleine Hütte hatte sich verwandelt, sie war zu einem schönen Haus geworden. Und der Junge hatte eine Bettdecke, die war aus vielerlei kostbaren Pelzen genäht. Staunend gingen der Junge und seine Großmutter durch das Haus. Alles war da, was sie brauchten, die Küche war voller Töpfe, Pfannen und Teller und Schüsseln. Im Stall neben dem Haus standen Ziegen und Kühe und Pferde. Und vor dem Haus, an Stelle des winzigen Ackers, breiteten sich Felder mit Weizen und Korn und grüne, saftige Wiesen aus.

Von nun an hatten der Junge und seine Großmutter ein gutes Leben, und es fehlte ihnen an nichts.

Es trug sich aber zu, daß der König des Landes von dem wunderbaren Geschenk des Kranichs hörte. Er ritt mit seinen Dienern zum Haus des Jungen, und als er die Decke aus den kostbaren Pelzen sah, wollte er sie haben und nahm sie dem Jungen weg.

An diesem Abend ging der Junge traurig zu Bett, denn er hätte lieber alles andere hergegeben als das Geschenk des Kranichs. Nachts wachte er auf, weil ihn fror. Er und seine Großmutter lagen wieder auf den armseligen Betten in der alten Hütte. Stall, Felder und Wiesen waren verschwunden. Da weinte der Junge sich in den Schlaf. Und wie er schlief, erschien ihm der Kranich im Traum, reichte ihm eine kleine hölzerne Schale und sagte: „Geh damit zum König und bitte ihn, daß er sie mit Mehl füllt."

Der Junge wachte auf, und neben ihm stand wirklich eine kleine hölzerne Schale. Gleich am Morgen wanderte er fort, ging zum König und bat ihn, die Schale mit Mehl zu füllen.

„Dieser Wunsch sei dir gern gewährt", antwortete der König und dachte, es sei ja nur eine Handvoll Mehl.

Die Schale wollte sich aber nicht mit Mehl füllen. Soviel die Diener des Königs auch hineingaben, nie wurde sie voll. Die Diener schleppten Säcke um Säcke Mehl herbei, schon waren alle Vorratskammern leer. Dem König wurde es unheimlich zumute, und er wollte den Jungen fortschicken.

„Herr König", antwortete der Junge, „Ihr habt mir versprochen, die Schale mit Mehl zu füllen. Entweder Ihr haltet Euer Versprechen und füllt sie mir an, oder Ihr gebt mir meine Decke aus vielerlei Pelzen wieder!"

Da ließ der König die Decke holen und gab sie dem Jungen zurück. Der Junge nahm seine Decke und ging. Als er heimkam, stand da wieder das schöne Haus, und um das Haus breiteten sich die fruchtbaren Äcker und Wiesen aus. Am Himmel aber zogen Wolken dahin, und dem Jungen war es, als flöge dort oben ein silbergrauer Kranich. „Danke, Kranich!" rief der Junge.

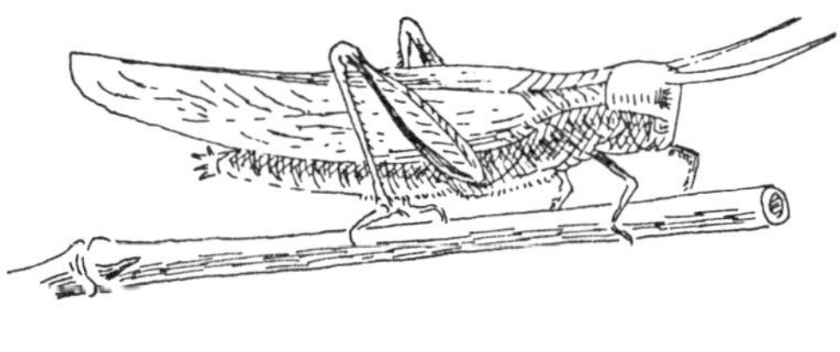

Der Wettlauf

Ein Hirsch kam an einen großen See und sah sein Spiegelbild im Wasser. „Was für ein prächtiges Geweih habe ich!" sagte er. „Was für einen starken, schönen Körper! Und wie schlank und kräftig meine Beine sind!"

Wie er dastand und sich betrachtete, schnappte ein dikker Karpfen nach einer Fliege, die ins Wasser gefallen war. „Armer Karpfen!" rief der Hirsch. „Was für ein großes Maul hast du! Und wie häßlich und plump du bist! Und nicht einmal Beine hast du, sondern nur ein paar lächerliche Flossen!"

„Warum verspottest du mich?" fragte der Karpfen. „Glaubst du, daß ich dein Geweih schön finde? Man könnte meinen, du hättest zwei Bäume auf dem Kopf. Und was sollten wir Fische mit langen Beinen tun? Im Wasser sind Flossen nützlicher."

„Kannst du etwa damit laufen?" fragte der Hirsch. „Ich aber, ich bin der schnellste Läufer im Wald."

„Wollen wir um die Wette laufen? Du an Land und ich im Wasser?" fragte der Karpfen. „Wir werden sehen, wer schneller ist."

„Die Wette gilt, Karpf Großmaul", antwortete der Hirsch. „Morgen früh komme ich wieder und werde dir zeigen, was laufen heißt!"

Der Hirsch ging in den Wald zurück und sah sich schon als Sieger. Der Karpfen aber rief alle Karpfen im See zu sich und sagte: „Verteilt euch morgen früh entlang des ganzen Seeufers. Ich bleibe hier an dieser Stelle. Der Hirsch wird laufen und laufen, aber immer wird einer von euch vor ihm sein, und der Hirsch wird glauben, daß er mich nie einholen kann."

Am nächsten Morgen kam der Hirsch, trat ans Ufer und rief: „Karpf Großmaul, wo bist du?"

„Hier bin ich", antwortete der Karpfen und tauchte

auf. Dann zählte er: „Eins und zwei und drei, Sieger sei, wer als erster ist zurück. Hirsch, versuch dein Glück! Los!"

Der Karpfen hatte kaum ausgesprochen, als der Hirsch schon einen gewaltigen Sprung tat und zu laufen begann. Und wie er lief! Der Wind konnte nicht schneller sein. Der Karpfen aber blieb zurück, wiegte sich im Wasser und fächelte gemächlich mit den Flossen.

Der Hirsch rannte das Ufer entlang. „Karpf Großmaul, wo bist du?" rief er und war sicher, daß der Karpfen noch weit, weit zurück sein müsse. Aber da antwortete es ein ganzes Stück voraus: „Hier bin ich! Lauf schneller, Hirsch!"

Der Hirsch konnte es nicht glauben. Er strengte sich mächtig an, er lief, wie er noch nie gelaufen war.

Nun habe ich ihn bestimmt überholt, dachte er und rief wieder: „Karpf Großmaul, wo bist du?"

„Hier bin ich!" antwortete es von weit vorne.

Immer, wenn der Hirsch rief, antwortete einer der Karpfen. Und der See war so groß! Der Hirsch schnaubte, er meinte, er könnte nicht mehr atmen, seine Beine wollten ihn nicht mehr tragen. Mit letzter Kraft erreichte er das Ziel, brach dort zusammen und blieb keuchend liegen.

„Nun, wer kann schneller laufen?" fragte der Karpfen. „Du mit deinen langen Beinen an Land, oder ich mit meinen Flossen im Wasser?"

Der Hirsch gab keine Antwort, er stand mühsam auf und wankte in den Wald zurück.

Die Karpfen aber schwammen im See umher, schnappten nach Fliegen und freuten sich, daß sie Fische waren und Flossen hatten.

Drei Wünsche

Ein Mann hatte eine häßliche Frau. Die beiden lebten glücklich miteinander, aber der Mann dachte oft bei sich: Wenn meine Frau nur nicht so häßlich wäre! Ich hätte so gern eine schöne Frau.

Eines Nachts, als er schlief, träumte ihm, er höre eine Stimme, die zu ihm sprach: „Du hast drei Wünsche frei. Dreimal darfst du um etwas bitten, und es wird dir gewährt werden."

Der Mann erwachte, weckte seine Frau und erzählte ihr von dem Traum.

„Wenn du drei Wünsche frei hast, könntest du da nicht einen für mich tun?" bat die Frau.

„Hast du einen Wunsch?" fragte er.

„Einen großen!" antwortete sie, denn sie hatte längst gemerkt, was ihr Mann im geheimen dachte. „Ich wünsche mir, nicht mehr so häßlich zu sein."

„Dann wünsche ich mir, daß du wunderschön bist!" rief der Mann.

Im selben Augenblick war seine Frau so schön, daß er nicht glauben konnte, sie sei noch immer dieselbe wie zuvor. Am Morgen ging er mit ihr durch die Stadt spazieren, damit alle sähen, wie wunderschön seine Frau geworden war. Die beiden kamen am königlichen Palast vorbei, der König erblickte die Frau und wollte sie für sich haben. Er sandte seine Diener auf die Straße, und sie mußten dem Mann die Frau wegnehmen und in den Palast führen.

Der Mann ging nach Hause und dachte: Nun bin ich ganz allein. Der König wird mir meine Frau nicht zurückgeben. Ach, hätte ich sie doch nie schön gewünscht!

Dann fiel ihm ein, daß er noch zwei Wünsche frei hatte. Sollte er sich eine andere Frau wünschen? Er brachte es aber nicht über sich, das zu tun. Immerzu mußte er an seine Frau denken, die im Königspalast war. Er dachte: Wenn sie häßlich wäre, würde der König sie nicht haben wollen. Ich werde mir wünschen, daß sie wieder so häßlich wird wie zuvor. Dann wird der König sie fortschicken. Aber vielleicht hat er sich in sie verliebt? Wenn er sie liebt, wird sie ihm auch gefallen, wenn sie häßlich ist. Ich weiß, was ich tue. Ich werde mir wünschen, daß meine Frau im Königspalast zu einem Äffchen wird. Ein Äffchen wird der König nicht zur Frau haben wollen.

Der Mann sprach seinen zweiten Wunsch und verwandelte die Frau in ein Äffchen.

Als der König statt der schönen Frau ein Äffchen neben sich erblickte, erschrak er und rief: „Zauberei! Fort mit dem Affen!"

Die Diener jagten das Äffchen aus dem Palast, und es lief durch die Stadt und lief zur Hütte des Mannes. Dort setzte es sich hin und weinte. „Lieber Mann", jammerte es, „kannst du mich nicht in das zurückwünschen, was ich früher war? Ich war häßlich, aber ein Mensch. Ich will deine Frau sein und kein Affe!"

Der Mann dachte nach, so lang, wie er noch niemals nachgedacht hatte. Inzwischen hatte er gelernt, daß man mit dem Wünschen vorsichtig sein muß.

Endlich sagte er: „Ich wünsche mir, daß du wieder meine Frau bist. Aber ich wünsche mir auch, daß du so aussiehst, wie du mir erschienen bist, als ich dich verloren habe. Da wußte ich nicht mehr, daß du häßlich bist, sondern nur, daß du gut bist und daß ich dich liebhabe."

Sofort verschwand das Äffchen, und die Frau saß vor ihm und war so wie zuvor. Nur freilich kam sie ihm nicht mehr häßlich vor. Das ist bei allem so, das man mit den Augen der Liebe sieht.

Das Zitronenschwein

Es war einmal ein Zitronenschwein, das war aus einer Zitrone gemacht, mit vier Zahnstocherbeinchen und einem geringelten Zahnstocherschwanz, und vorne hatte es ein Schweinsrüsselchen wie jede Zitrone eins hat, nur ein besonders schönes. Und zwei Augen aus Gewürznelken hatte es und zwei eingeschnittene Zitronenklappohren. Es war eigentlich ein Neujahrszitronenschweinchen, extra dafür gemacht, auf dem Silvestertisch zu stehen und Glück zu wünschen.

Wie das aber so kommt, standen schon so viele Glückspilze und Kleeblätter und Schweinchen aus Marzipan zum Glückwünschen auf dem Silvestertisch, und so viel zu essen und zu trinken, daß das Zitronenschwein in der Küche vergessen wurde. Und dort stand es nun.

Da sprang das Zitronenschweinchen vom Küchentisch und marschierte auf seinen Zahnstocherbeinchen ins Wohnzimmer und rief aus Leibeskräften: „Viel Glück! Viel Glück!" Aber niemand hörte ihm zu. Da lief es fort. Es lief aus dem Zimmer ins Vorzimmer hinaus, und dort stand gerade die Tür offen, weil jemand in den Keller gegangen war, um eine Kiste Bier zu holen. Das Zitronenschweinchen lief aus der Wohnung und hopste und kugelte die Stiegen hinunter, bumste gegen eine Tür im unteren Stockwerk und blieb auf der Fußmatte liegen

Es dauerte eine Weile, bis die Tür aufging, aber dann stand eine alte Frau da, die keine Kinder mehr hatte, und niemand war gekommen, ihr zum neuen Jahr Glück zu wünschen. Aber als sie die Tür öffnete, um zu sehen, wer geklopft hatte, saß da das Zitronenschweinchen. „Nein sowas", sagte die alte Frau, „ein Zitronenschweinchen! Mit Zahnstocherbeinchen!" Vor Aufregung fiel ihr nicht einmal auf, daß sich das reimte, und sie sprach gleich weiter: „Komm doch herein, du liebes Schwein! Jetzt ist also doch jemand gekommen, der mir zu Neujahr Glück wünscht!"

Und sie freute sich sehr.

Das Nudelteig-Kleid

Es war ein Mädchen, das konnte so gut kochen wie kein anderes im Dorf. Viele junge Männer wollten sie heiraten. Einer gefiel ihr, und den nahm sie.

Jeden Tag kochte die junge Frau die Lieblingsspeisen ihres Mannes, jeden Tag der Woche eine andere. Sie kochte gut und flink. Wenn sie fertig war, lief sie aus dem Haus und plauderte mit den Nachbarinnen.

Eines Tages kam der Mann nach Hause und sagte: „Warum läufst du immer aus dem Haus? Mir paßt das nicht!"

„Aber ich war doch mit dem Kochen längst fertig!" sagte die junge Frau. „Hat dir das Essen nicht geschmeckt?"

„Es hat mir geschmeckt", sagte der junge Mann. „Aber ich möchte, daß du zu Hause bleibst."

Am nächsten Tag, als die junge Frau das Essen kostete, schien ihr, die Suppe wäre nicht so gut wie sonst. Sie lief zur Nachbarin, um sich eine besonders kräftige Suppenwürze auszuleihen.

Als der Mann heimkam, löffelte er die Suppe, ohne zu merken, wie gut sie war, und sagte ärgerlich: „Du warst schon wieder bei der Nachbarin!"

„Ich wollte mir nur eine besonders kräftige Suppenwürze ausleihen", sagte die junge Frau.

„Papperlapapp, ich will's nicht, daß du fortgehst!" rief der Mann. „Ich will nicht, daß du den Nachbarinnen erzählst, was du alles in deine Suppe tust. Dann kochen sie genausogut wie du, und das gefällt mir nicht. Wenn du nichts mehr zu tun hast, koch was Süßes als Nachspeise."

Am nächsten Tag kochte die junge Frau süßen Zimtreis als Nachspeise. Als sie kostete, dachte sie: Fehlt nicht ein bißchen Zimt? Ich muß die Nachbarin kosten lassen! Und sie lief mit einem Löffel voll Zimtreis zur Nachbarin.

Die Nachbarin kostete und sagte: „Das ist der beste Zimtreis, den ich jemals gegessen habe."

Die junge Frau lief nach Hause, und da stand ihr Mann und sagte: „Du bist schon wieder fortgewesen!"

„Ich wollte die Nachbarin kosten lassen", antwortete die Frau. „Ich wollte ganz sicher sein, daß genug Zimt im Zimtreis ist."

„Immer hast du Ausreden!" rief der Mann.

Am nächsten Morgen nahm er die Kleider seiner Frau, er nahm die Vorhänge von den Fenstern und die Tischdecke vom Tisch und sperrte alles in den Schrank ein. Er dachte: Heute muß meine Frau zu Hause bleiben! Sie hat keine Kleider zum Anziehen und nichts, worin sie sich einhüllen könnte.

„Koch mit bitte Mohnnudeln, die esse ich so gern", sagte er und ging weg.

Die junge Frau knetete aus Mehl und Wasser und Salz und Eiern Nudelteig und walkte ihn mit dem Nudelwalker zu einem großen dünnen Fleck aus. Dann legte sie den Nudelfleck zum Trocknen auf den Küchentisch, und da sah er wie ein Tischtuch aus.

Bis er trocken ist und ich die Nudeln schneiden kann, will ich Mohn mahlen, dachte die junge Frau.

Sie hatte aber keinen Mohn im Haus.

Ich kann doch nicht splitternackt zum Kaufmann gehen! dachte sie. Da fiel ihr Blick auf den großen Nudelfleck, sie nahm ihn, schnitt Ärmellöcher aus und schlüpfte hinein und band das Nudelteigkleidchen mit einem Stück Schnur als Gürtel zu. So ging sie zum Kaufmann und kaufte Mohn.

Die Nachbarinnen und alle Leute, denen sie begegnete, fragten: „Was ist denn das für ein Kleid? Das sieht ja aus, als wäre es aus Nudelteig!“

„Es ist aus Nudelteig“, antwortete die junge Frau. „Mein Mann hat mir die Kleider weggesperrt, und ich hatte keinen Mohn im Haus. Was hätte ich tun sollen?“

„Du hättest ihm die Nudeln ohne Mohn zu essen geben sollen“, antworteten die Leute. „Hat die Welt schon so etwas gehört! Der Mann ist ja verrückt!“

Die junge Frau ging nach Hause, setzte sich in ihrem Nudelteig-Kleid auf einen Stuhl und fing an zu weinen. Endlich dachte sie: Jetzt wird mein Mann bald heimkommen! Sie wollte den Nudelteig vom Tisch nehmen, aber dort war er nicht. Sie suchte ihn überall, aber fand ihn nicht. Vor lauter Kummer hatte sie vergessen, daß sie den Nudelteig als Kleidchen angezogen hatte.

Nach einer Weile kam ihr Mann heim. Er war hungrig, wollte sich gleich zu Tisch setzen und essen.

„Ich habe nichts gekocht“, sagte die junge Frau. „Ich bin zum Kaufmann gegangen und habe Mohn gekauft, und als ich heimkam, konnte ich den Nudelteig nicht mehr finden.“

„Du bist zum Kaufmann gegangen? Ohne Kleider?!“ rief der Mann.

„Aber nein!“ rief die Frau. „Ich hab mir aus dem Nudelteig ein Kleid – ach, da ist er ja, der Nudelteig!“

Da wußte der Mann erst nicht, was er sagen sollte. Und plötzlich mußte er lachen, und zugleich mußte er weinen, und er lachte und weinte und weinte und lachte, und endlich sagte er: „Du meine liebe Frau, ich glaube, ich war wirklich verrückt. Sei nicht böse! Ich hatte solche Angst, daß du mir einmal davonläufst und nicht wiederkommst!“

„Ich hab dich doch lieb, sonst hätte ich einen anderen Mann geheiratet“, antwortete die Frau. „Aber Nudeln koche ich jetzt keine mehr. Ich mag heute nicht kochen!“

Der gestiefelte Kater

Ein Müller hatte drei Söhne, seine Mühle, einen Esel und einen Kater. Als der Müller starb, teilten die drei Söhne das Erbe: Der älteste bekam die Mühle, der zweite den Esel, der dritte den Kater, weiter blieb nichts für ihn übrig.

Da war er traurig und sprach zu sich selbst: „Mein ältester Bruder kann mahlen, mein zweiter kann auf seinem Esel reiten, was aber kann ich mit dem Kater anfangen? Ich bin schlecht dran!"

„Hör", fing der Kater an, der alles verstanden hatte, „gar so schlecht bist du mit mir nicht dran. Laß mir nur ein Paar Stiefel machen, daß ich mich unter den Leuten sehen lassen kann, dann soll dir bald geholfen sein."

Der Müllerssohn wunderte sich, daß der Kater reden konnte. Weil aber eben der Schuster vorbeiging, rief er ihn herein und ließ dem Kater ein Paar Stiefel anmessen. Als sie fertig waren, zog der Kater sie an, nahm einen Sack, den er oben mit einer Schnur zuziehen konnte, und gab ein wenig Korn hinein. Dann warf er den Sack über den Rücken und ging auf zwei Beinen, wie ein Mensch, zur Tür hinaus.

Damals regierte im Land ein König, der aß Rebhühner so gern. Der ganze Wald war voll von ihnen, aber sie waren so scheu geworden, daß kein Jäger sie mehr erwischen konnte. Als der Kater in den Wald kam, öffnete er den Sack, die Schnur aber legte er ins Gras und behielt das Ende in der Pfote. Er versteckt sich hinter einer Hecke und lauerte. Die Rebhühner kamen bald gelaufen, fanden das Korn und hüpften in den Sack hinein.

Als sie darin waren, zog der Kater den Strick zu, warf den Sack auf den Rücken und ging geradewegs nach des Königs Schloß.

Die Wache rief: „Halt! Wohin?"

„Zum König“, antwortete der Kater kurzweg.

„Bist du toll, ein Kater zum König?“

„Laß ihn nur gehen“, sagte der zweite Wächter, „der König hat doch oft Langeweile, vielleicht macht ihm der Kater mit seinem Brummen und Schnurren Vergnügen.“

Als der Kater vor den König kam, verbeugte er sich und sagte: „Mein Herr, der Graf, läßt den Herrn König grüßen und schickt ihm hier Rebhühner, die er gefangen hat.“

Der König staunte über die schönen fetten Rebhühner und befahl, dem Kater soviel Gold aus der Schatzkammer in den Sack zu tun, als er tragen konnte.

„Das bring deinem Herrn und dank ihm noch vielmals für sein Geschenk“, sagte der König.

Der arme Müllerssohn saß zu Hause am Fenster, stützte den Kopf in die Hand und dachte, daß er nun sein letztes Geld für die Stiefel des Katers hergegeben hatte. Da trat der Kater herein, warf den Sack vom Rücken, schnürte ihn auf und schüttete das Gold vor den Müllerssohn hin.

„Da hast du etwas für die Stiefel“, sagte der Kater. „Der König läßt dich grüßen und dir viel Dank sagen.“

Der Müllerssohn war froh über das Gold, konnte aber nicht begreifen, wie das zugegangen war. Der Kater zog die Stiefel aus und erzählte ihm alles. Dann sagte er: „Du hast zwar jetzt Geld genug, aber dabei soll es nicht bleiben. Morgen zieh ich meine Stiefel wieder an, du sollst noch reicher werden. Dem König hab ich auch gesagt, daß du ein Graf bist.“

Am andern Tag ging der Kater wieder gestiefelt auf die Jagd und brachte dem König einen Sack voll Rebhühner. So ging es alle Tage, und der Kater wurde so beliebt bei dem König, daß er im Schloß herumstreichen durfte, wie er wollte.

Einmal stand der Kater in der Küche des Königs und

wärmte sich, da hörte er, wie der Kutscher sagte, er müsse den König und die Prinzessin im Wagen an den See spazierenfahren. Der Kater schlich nach Haus und sagte zu dem Müllerssohn: „Wenn du ein Graf werden willst, dann komm mit mir hinaus an den See und nimm darin ein Bad."

Der Müllerssohn wußte nicht, was er dazu sagen sollte, aber er ging mit dem Kater, zog sich splitternackend aus und sprang in den See. Der Kater nahm die Kleider, trug sie fort und versteckte sie. Kaum war er damit fertig, kam der König dahergefahren, und der Kater fing an, erbärmlich zu miauen. „Ach, allergnädigster König!" rief er. „Mein Herr hat hier im See gebadet, da ist ein Dieb gekommen und hat ihm die Kleider gestohlen. Nun ist der Herr Graf im Wasser und kann nicht heraus, und wenn er noch länger darin bleibt, wird er sich erkälten und sterben."

Wie der König das hörte, ließ er die Kutsche anhalten, und einer seiner Diener mußte ins Schloß zurückreiten und schöne Kleider holen. Der Müllerssohn zog sie an, und der König lud ihn zu sich in die Kutsche. Der Prinzessin war es recht, denn des Katers Graf war jung und schön, und er gefiel ihr.

Der Kater lief aber voraus und kam zu einer großen Wiese, wo über hundert Leute dabei waren, Heu zu rechen.

„Liebe Leute, wem gehört die Wiese?" fragte der Kater.

„Dem bösen Zauberer", antworteten sie.

„Hört", sagte der Kater, „gleich wird der König vorbeifahren. Wenn er fragt, wem die Wiese gehört, dann antwortet: dem Grafen. Tut ihr das, so seid ihr den Zauberer los."

Darauf lief der Kater weiter und kam an ein Kornfeld, wo mehr als zweihundert Leute das Korn schnitten.

„Liebe Leute, wem gehört das Feld?" fragte der Kater.

„Dem bösen Zauberer", antworteten sie.

„Hört", sagte der Kater, „gleich wird der König vorbeifahren. Wenn er fragt, wem das Feld gehört, dann antwortet: dem Grafen. Tut ihr das, so seid ihr den Zauberer los."

Endlich kam der Kater zu einem prächtigen Wald, da waren mehr als dreihundert Leute und fällten die großen Eichen.

„Liebe Leute, wem gehört der Wald?" fragte der Kater.

„Dem bösen Zauberer", antworteten sie.

„Hört", sagte der Kater, „gleich wird der König vorbeifahren. Wenn er fragt, wem der Wald gehört, dann antwortet: dem Grafen. Tut ihr das, so seid ihr den Zauberer los."

Der Kater lief noch weiter und kam an des Zauberers Schloß, ging hinein und trat keck vor den Zauberer hin. Der Zauberer sah ihn böse an. „Was willst du, Kater?" fragte er.

Der Kater verbeugte sich und sagte: „Ich habe gehört, daß du dich in jedes Tier verwandeln kannst. In einen Hund, Fuchs oder Wolf wird wohl nicht so schwierig sein. Daß du dich aber in einen Elefanten verwandeln kannst, will ich nicht glauben!"

„Nichts leichter als das", antwortete der Zauberer verächtlich und stand im nächsten Augenblick als Elefant da.

„Das ist tüchtig", sagte der Kater. „Kannst du dich aber auch in einen Löwen verwandeln?"

„Nichts leichter als das", antwortete der Zauberer wieder und stand als Löwe vor dem Kater.

Der Kater stellte sich erschrocken und rief: „Das ist unglaublich und ganz wunderbar, das hätte ich mir nie träumen lassen. Kannst du dich aber auch in ein so kleines Tier wie eine Maus verwandeln? Du bist gewiß der größte Zauberer auf der Welt, aber so etwas wirst nicht einmal du zuwege bringen."

Der Zauberer fühlte sich geschmeichelt und wurde ganz freundlich. „O ja, liebes Kätzchen, das kann ich auch“, sagte er und sprang als Maus im Zimmer herum. Der Kater war hinter ihm her, fing die Maus mit einem Sprung und fraß sie auf.

Der König aber war mit dem Grafen und der Prinzessin weiter spazierengefahren und kam zu der großen Wiese.

„Wem gehört die Wiese?“ fragte der König.

„Dem Herrn Grafen“, riefen alle, wie der Kater ihnen befohlen hatte.

„Ihr habt da eine schöne Wiese, Herr Graf“, sagte der König.

Danach kamen sie an das große Kornfeld. „Wem gehört das Feld, ihr Leute?“ fragte der König.

„Dem Herrn Grafen“, riefen alle.

„Ihr habt da ein schönes Kornfeld, Herr Graf“, sagte der König.

Als sie zu dem Wald kamen, fragte er: „Wem gehört der Wald, ihr Leute?“

„Dem Herrn Grafen“, riefen alle.

Der König wunderte sich und sagte: „Ihr müßt ein reicher Mann sein, Herr Graf, ich selber habe keinen so prächtigen Wald.“

Endlich kamen sie an das Schloß. Der Kater stand oben an der Treppe, und als der Wagen unten hielt, sprang er herab und sagte: „Herr König, seid willkommen im Schloß meines Herrn, des Grafen!“

Der König stieg aus und staunte über das prächtige Schloß, das größer und schöner war als sein eigenes. Der Kater aber führte den Grafen und die Prinzessin hinauf in den Saal, der ganz von Gold und Edelsteinen flimmerte, und dort fragte er die Prinzessin, ob sie den Grafen heiraten wolle.

„Ja“, antwortete die Prinzessin.

Da heiratete der Müllerssohn die Prinzessin, und als ihr Vater starb, wurde er selber König. Der gestiefelte Kater aber wurde Erster Minister und bekam das schönste Plätzchen im Schloß zum Schlafen, und jeden Morgen brachte ihm die Prinzessin warme Milch zu trinken und streichelte ihn, bis er vor Behagen schnurrte.

Die Maus und die Schnecke

Einmal begegnete eine Maus auf der Wiese einer Schnecke.

„Es muß langweilig sein, wenn man eine Schnecke ist", sagte die Maus. „Den ganzen Tag herumkriechen und noch dazu das eigene Haus auf dem Rücken zu schleppen! Schau mich an, wie flink ich bin!" Die Maus lief zum nächsten Busch und war schon wieder zurück. „Wärst du nicht lieber eine Maus wie ich, Schnecke?" fragte sie.

„Ich bin gern eine Schnecke", antwortete die Schnecke. „Es stört mich nicht, daß ich nur langsam krieche. Außerdem ist es sehr praktisch, sein Haus auf dem Rükken zu tragen, da ist man immer gleich daheim."

„Die Geschmäcker sind eben verschieden", sagte die Maus, huschte davon und war stolz, eine Maus und mauseflink zu sein. Plötzlich kam eine große Katze und wollte die Maus fangen. Wie da die Maus rannte! Jetzt wäre sie gern eine Schnecke gewesen, um gleich in ihr Haus flüchten zu können. Aber das Mauseloch war weit weg. Beinahe hätte die Katze die Maus erwischt. Im allerletzten Augenblick erreichte die Maus ihr Mauseloch und schlüpfte hinein. Dann saß sie drinnen, und ihr Mauseherz klopfte ganz laut, und sie brauchte lange, bis sie sich von dem Schreck erholte.

Die Schnecke aber kroch friedlich dahin und freute sich, daß sie eine Schnecke war.

Wie der Riese die Sonne stahl

Einmal war ein Riese, dem war das Licht der Sonne viel zu hell. Er stahl die Sonne vom Himmel, steckte sie in eine Kiste und sperrte sie in sein Haus. Da wurde es finster auf der Welt. Die Blumen wollten nicht mehr blühen, die Vögel nicht mehr singen. Die Bäche rannen stumm dahin.

Auf einem hohen Baum hatte ein alter Rabe sein Nest. So still und finster war es, daß die Rabenjungen sich unter Mutter Rabe verkrochen und nicht mehr fraßen und nicht mehr piepsten.

Der alte Rabe war ein weiser Rabe, und von Urgroßvater Rabe hatte er viele Zaubersprüche und andere nützliche Dinge gelernt. Er flog zum Haus des Riesen und schaute zum Schornstein hinein. Der Riese war ausgegangen. In einer Ecke stand die Kiste, und in der Wiege lag das Riesenkind und schlief. Der Rabe schlüpfte durch den Schornstein, packte das Riesenkind und trug es zu seinem Nest. Dort schlug er er dreimal mit den Flügeln, krächzte dreimal, drehte sich dreimal um sich selber und sprach einen der Zaubersprüche, die ihn sein Urgroßvater gelehrt hatte:

„Krah krah krorum,
dreimal krah brimborum.
Rabenbein und Mondenlicht,
was du bist, das bist du nicht.
Krah krah krorum,
dreimal krah brimborum."

Da war das Riesenkind ein Rabenjunges geworden. „Paß auf dein neues Junges auf", sagte der Rabe zu Mutter Rabe. Dann flog er wieder zur Hütte des Riesen, flog durch den Schornstein hinein, stellte sich in die Riesenwiege, schlug dreimal mit den Flügeln, krächzte dreimal, drehte sich dreimal um sich selber und sagte den alten Zauberspruch:

„Krah krah krorum,
dreimal krah brimborum.
Ich bin jetzt, was ich nicht ist.
Du sei jetzt, was du nicht bist.
Krah krah krorum,
dreimal krah brimborum",

und verwandelte sich in das Riesenkind.

Bald danach kam der Riese heim und sagte: „Wie gemütlich finster ist es! Die Sonne soll nur in meiner Kiste scheinen, da stört sie niemanden."

„Hu-hu-hu", plärrte das Rabenriesenkind. „Gib mir die Sonne! Ich will mit ihr spielen!"

„Nichts da!" antwortete der Riese. „Die Sonne bekommst du nicht!"

„Hu-hu-hu", plärrte das Riesenkind. „Gib mir die Sonne!"

„Die Sonne ist in der Kiste, und dort bleibt sie!" antwortete der Riese.

„Hu-hu-hu", plärrte das Riesenkind. „Gib mir die Sonne!"

„Sei still!" sagte der Riese.

Aber das Riesenkind plärrte weiter. Es wollte die Sonne! Es wollte mit der Sonne spielen! Es strampelte mit den Beinen, es warf die Kissen aus der Wiege, es plärrte und brüllte. Der Riese hielt sich die Ohren zu, aber das nützte nichts. Er versteckte sich im Bett und zog die Decke über den Kopf.

„Hu-hu-hu! Gib mir die Sonne!" plärrte das Riesenkind.

Es strampelte und schrie die ganze Nacht. Der Riese tat kein Auge zu und fand keine Minute Schlaf. Am Morgen brüllte das Riesenkind noch immer.

„Da hast du die Sonne!“ rief der Riese, nahm den Deckel von der Kiste und warf die Sonne in die Wiege. Gleich wurde es hell im Haus. Der Riese floh aus dem Haus und lief in den Wald, wo es am allerfinstersten war.

Das Riesenkind sprang auf, drehte sich dreimal um sich selber, sagte den alten Zauberspruch:

„Krah krah krorum,
dreimal kra brimborum.
Rabenbein und Mondenlicht,
was ich bin, das bin ich nicht.
Bist du der wie zu Beginn,
bin ich wieder, was ich bin.
Krah krah krorum,
dreimal krah brimborum“,

und verwandelte sich in den alten, weisen Raben. Er versuchte, die Sonne durch den Schornstein zu schieben, aber der Schornstein war zu eng. Da rollte er die Sonne zur Tür und schob und schob, und die Sonne machte sich ganz klein, so klein sie nur konnte, und war bei der Tür draußen. Sie stieg hoch, stieg hinauf in den Himmel, und es wurde hell und warm auf der Welt. Die Vögel sangen, die Blumen blühten, und alle Bäche plätscherten. Der Rabe hüpfte aus dem Riesenhaus, flog zu seinem Nest, nahm das in ein Rabenjunges verwandelte Riesenkind und brachte es in das Riesenhaus. Er legte es in die Wiege, schlug dreimal mit den Flügeln, krächzte dreimal, drehte sich dreimal um sich selber und sagte:

„Krah krah krorum,
dreimal krah brimborum.
Rabenschwarz und Mondenschein,
du bist du und ich bin mein.
Krah krah krorum,
dreimal krah brimborum.“

Das Riesenkind bekam seine wirkliche Gestalt wieder, und der Rabe flog heim.

Der Riese kam aus dem Wald gelaufen. „Warte nur!“ schrie er zur Sonne hinauf. „Ich stehle dich vom Himmel und steck dich wieder in die Kiste!“

Die Sonne hat sich aber kein zweitesmal stehlen lassen. Der Riese nahm sein Riesenkind und wanderte fort und fand endlich einen Berg, darin war eine große Höhle. Dort blieben Riese und Riesenkind und hatten es gemütlich finster.

Das wunderbare Segelschiffchen

Ich seh ein Schiffchen segeln
auf dem blauen Meer,
das Schiff kommt aus dem Märchenland
gerade zu uns her.

Mit Zucker ist's beladen,
weiß und rosenrot,
die Segel sind aus Seide,
die Masten sind aus Gold.

Und vierundzwanzig Mäuse
in himmelblauen Hosen,
die piepsen laut und leise:
„Wir sind die Schiffsmatrosen!“

Ein Entchen ist ihr Kapitän
mit einem Sack am Rücken.
Im Sack sind lauter Briefe drin
für dich und für die Mücken.

Der Erfinder und der große Schneehase

Es war einmal ein Erfinder, der erfand Skier, die bergauffuhren, und so konnte man sich das Anstellen beim Lift oder an der Gondelbahn ersparen. Als die Skier fertig waren, probierte der Erfinder sie aus. Er schnallte sie an, drückte auf den Bergfahrt-Hebel und fuhr bergauf. Es ging schneller als auf einem Skilift. Als er oben auf der Bergstation war, wollte er noch weiter. Er fuhr bis zum allerhöchsten Gipfel und dort drückte er auf den Hebel „Pause“ und schaute sich um.

Kein Mensch war zu sehen, keine Hütte, keine andere Skispur als seine eigene. In Gipfelschneegeglitzer und Eisgeklingel stand er da und schaute um sich, und es wurde ihm ganz wunderlich zumut. Es war sehr herrlich oben, aber bitter kalt. Der Erfinder begann zu frieren und wollte umkehren. Er bückte sich, um den Hebel auf Talfahrt zu stellen, aber der Schalthebel war vereist und die Batterien waren in der Kälte ausgefallen. Es wurde immer kälter und endlich so kalt, daß seine Skischuhe an den Skiern und seine Füße in den Schuhen festfroren. Der Erfinder stand auf dem Gipfel und bekam Angst, er würde nie wieder ins Tal kommen. Da rief er um Hilfe, aber kein Mensch hörte ihn.

Aber jemand hörte ihn doch, und das war der große Schneehase. Der große Schneehase kam und legte sich mit seinem warmen Pelz um den Erfinder und wärmte ihn soweit auf, daß er ihn aus den Schuhen kriegte, und dann nahm er ihn mit in die große Schneehasenhöhle. Dort durfte der Erfinder bis zum Frühjahr bleiben.

Als es taute, führte der große Schneehase den Erfinder zu dem Gipfel zurück, und da waren die Skier wieder aufgetaut und auch der Hebel ließ sich umstellen. „Vielen Dank“, sagte der Erfinder. „Im nächsten Winter komm’ ich wieder, dann hab’ ich meine Erfindung verbessert.

Und alle Leute werden solche Skier haben. Nächsten Winter bringe ich Frau und Kinder mit und eine Menge anderer Leute. Wir werden gleich ein gutgeheiztes Hotel herauftransportieren, und du kriegst das schönste Zimmer darin mit Bad und Fernseher. Und eine Diskothek bringen wir auch mit, damit hier einmal was los ist."

„Für mich ist hier genug los", sagte der große Schneehase. „Man hört den Schnee fallen und das Eis klingeln, und wenn ich fernsehen will, seh ich mir die Sterne an."

„Na schön", sagte der Erfinder. „Wie du willst. Ich hätte dir nur gern etwas geschenkt, weil du mich gewärmt und gerettet hast."

Da antwortete der große Schneehase: „Du bist ein freundlicher Mensch, es tut mir nicht leid, daß ich dich gerettet habe. Aber laß es hier oben wie es ist. Du kannst mich gern wieder besuchen, aber bitte leise, sonst verscheuchst du mich nach Nirgendwo!"

„Naja", sagte der Erfinder. „Ich werde es mir überlegen." Und dann stellte er den Hebel auf Talfahrt und fuhr ins Tal zurück.

Der Hund und der Mond

Ein Hund hatte einen dicken Knochen gefunden, und weil er ihn in Ruhe vor den anderen Dorfhunden fressen wollte, lief er in den Urwald.

Es war Nacht. Am Himmel stand der große runde Mond. Als der Hund zu einem Tümpel kam, sah er auf dem Wasser das bleiche Spiegelbild des Mondes und meinte, es wäre ein fettes Stück Fleisch. „Das ist besser als so ein schäbiger Knochen!" sagte der Hund. Er ließ den Knochen fallen und sprang in den Tümpel. Das Wasser spritzte auf, und das Spiegelbild des Mondes zerbrach in lauter kleine Lichtfunken.

Wo ist denn nur das fette Stück Fleisch? dachte der Hund. Er stieg ans Ufer, setzte sich auf die Hinterbeine und kratzte sich mit dem rechten Vorderbein hinterm Ohr.

Das Wasser beruhigte sich. Bald war es glatt und unbewegt wie zuvor, und der Mond spiegelte sich darin.

„Ha, da ist ja das fette Fleisch!" bellte der Hund und sprang mit einem Satz in den Tümpel. Wie das platschte und patschte! Fort war das Stück Fleisch! Der Hund suchte eine ganze Weile im Tümpel herum und kletterte schließlich enttäuscht ans Ufer.

Er saß nicht lange — da erblickte er wieder das Spiegelbild des Mondes auf dem Wasser und sprang zum drittenmal in den Tümpel, wieder vergebens.

So ging es die ganze Nacht. Sooft der Hund in den Tümpel sprang, verschwand der Mond auf dem Wasser.

Endlich verblaßte der Mond am Himmel. Da erinnerte sich der Hund an seinen Knochen und fing an ihn abzunagen. Er dachte: War das eine aufregende Nacht! Und der Knochen schmeckte ihm so gut, wie ihm noch nie ein Knochen geschmeckt hatte.

Die sprechende Rübe

Ein Mann ging auf seinen Rübenacker. Was wollte er dort? Er wollte eine Rübe aus der Erde graben. Was glaubt ihr, geschah auf dem Rübenacker?

„Hände weg!" sagte die Rübe. „Nie bist du zu mir gekommen und hast Unkraut gejätet! Nie hast du mir Wasser gegeben, wenn die Sonne heiß schien! Laß mich in der Erde und verschwinde!"

Der Mann schaute um sich. Neben ihm stand nur sein kleiner Hund, der ihn begleitet hatte. Der Mann sah sich noch einmal um.

„Ist da wer?“ fragte der Mann.

„Da ist nicht wer“, antwortete der kleine Hund. „Es war deine Rübe, die gesprochen hat. Hör gut zu, was sie dir sagt!“

Was tat der Mann?

Er rannte.

Er rannte und rannte und kam zu einem Bach.

Dort saß ein Fischer und fischte.

„Warum rennst du?“ fragte der Fischer.

„Soll ich nicht rennen?“ keuchte der Mann. „Ich ging auf meinen Acker und wollte eine Rübe ausgraben. Und die Rübe sagte: ‚Laß mich in der Erde und verschwinde!‘ Und mein Hund sagte: ‚Hör gut zu, was deine Rübe spricht!‘“

„Und? Deswegen brauchst du doch nicht fortzurennen“, sagte der Fischer.

„Hat er die Rübe in der Erde gelassen?“ fragte die Angel des Fischers.

Da rannte nicht nur der Mann, es rannte auch der Fischer. Sie kamen zu einem Busch, unter dem saß eine Frau und spielte auf ihrer Flöte.

„Wohin so eilig?“ fragte die Frau.

„Meine Rübe sagte, ich soll sie in der Erde lassen“, rief der Mann. „Und mein Hund sagte: ‚Hör zu, was die Rübe spricht!‘“

„Und meine Angel fragte: ‚Hat er die Rübe in der Erde gelassen?‘“ rief der Fischer.

„Ist das alles?“ fragte die Frau. „Wegen so was würde ich nicht wegrennen.“

„Glaub mir“, sagte die Flöte, „wenn eine Rübe und ein Hund und eine Angel zu dir sprechen, würdest du auch rennen.“

Da rannten nicht nur der Mann und der Fischer, es rannte auch die Frau.

Sie kamen zu einem Fluß, in dem ein Junge badete.

„Warum rennt ihr alle so?“ fragte der Junge.

„Meine Rübe sagte, ich soll sie in der Erde lassen“, rief der Mann. „Mein Hund sagte: ‚Hör zu, was die Rübe spricht!‘“

„Und meine Angel fragte“, rief der Fischer, „hat er die Rübe in der Erde gelassen?“

„Und meine Flöte sagte: ‚Du würdest auch rennen, wenn eine Rübe, ein Hund und eine Angel zu dir sprechen!‘“ rief die Frau.

„Deswegen rennt ihr so?“ fragte der Junge.

„Wundert dich das?“ fragte der Fluß, in dem der Junge badete.

Da rannten nicht nur der Mann und der Fischer und die Frau, es rannte auch der Junge.

Sie kamen ins Dorf. Dort saß der Bürgermeister auf der Bank vor seinem Haus.

„Was ist los, liebe Leute?“ fragte er.

Der Mann, der Fischer, die Frau und der Junge berichteten, was geschehen war.

Der Bürgermeister hörte geduldig zu. „Das ist doch kein Grund, sich aufzuregen“, erklärte er. „Geht alle heim und denkt nicht mehr daran.“

Als der Mann, der Fischer, die Frau und der Junge fortgegangen waren, murmelte der Bürgermeister vor sich hin: „Was den Leuten nur alles einfällt!“

„Nicht wahr?“ sagte seine Bank. „Eine Rübe, die spricht! So was Dummes habe ich noch nie gehört!“

Da fiel der Bürgermeister vor Schreck von der Bank.

Fünfzig auf einen Schlag

Es war einmal ein armer Mann, der hieß Hamed. Jeden Tag ging er in den Wald, sammelte Brennholz und verkaufte es. Er bekam dafür immer gerade so viel Geld, daß er sich Brot und Tabak kaufen konnte. Eines Tages aber reichte sein Verdienst nicht nur für Brot und Tabak, sondern auch noch für einen Topf Milch.

„Jetzt bin ich reich!“ sagte der arme Hamed. Er setzte sich und schaute Brot, Milch und Tabak an und war glücklich. Wie er so saß und schaute, kam eine Fliege, ließ sich auf dem Topfrand nieder und trank von der Milch. Gleich danach kam die nächste Fliege und wieder die nächste. Bald war der Topfrand voller Fliegen, die ihren Rüssel in die Milch tunkten. „Laßt mir etwas übrig!“ bat Hamed, aber die Fliegen blieben sitzen und tranken weiter. Hamed wurde zornig. Er nahm ein Tuch, schlug auf die Fliegen los, und sie fielen in die Milch und ertranken. Hamed zählte — es waren fünfzig Fliegen!

„Fünfzig auf einen Schlag!“ rief er. „Was für ein Held bin ich doch! Ich will nicht mehr länger Brennholz sammeln. Ich werde in die weite Welt ziehen!“

Hamed ging zum Dorfschmied und ließ sich ein Schwert schmieden, auf dem die Worte standen: Fünfzig auf einen Schlag! Als das Schwert fertig war, hängte Hamed es sich an den Gürtel und zog auf Abenteuer aus.

Er wanderte weit, sehr weit, bis er zu einer Stadt kam. Dort stand ein großes Haus mit einer hohen Mauer rundum. Das Haus gehörte einem Fürsten, der eine schöne Tochter hatte. Hamed kletterte auf die Mauer und blickte neugierig in den Garten, der dahinter lag. In dem Garten standen prächtige Apfelbäume voller Früchte. Hamed sprang von der Mauer, pflückte Äpfel und aß, bis er sich nicht mehr rühren konnte. Dann legte er sich unter den größten Apfelbaum und schlief ein.

Bald darauf kam ein Wächter vorbei. Er sah den Fremden unter dem Apfelbaum, erblickte das Schwert im Gras und las die Inschrift: Fünfzig auf einen Schlag. Der Wächter erschrak, lief zu dem Fürsten und meldete, welch ein Held unter dem Apfelbaum lag.

„Wecke den Helden höflich und bring ihn her", antwortete der Fürst.

Der Wächter ging zurück und weckte den Helden höflich. Hamed hatte aber so gut geschlafen, daß er keine Lust hatte, wach zu werden. „Was weckst du mich?" sagte er ungehalten. „Auch Helden müssen schlafen!" Und sogleich schlief er wieder ein.

Der Wächter eilte zu dem Fürsten zurück.

„Wir müssen noch höflicher sein!" sagte der Fürst. „Ich werde selber hingehen und ihn wecken."

Und er ging hin und weckte Hamed.

„Es ist grausam, einen zu wecken, der sanft unter einem Apfelbaum schläft!" sagte Hamed zu dem Fürsten. „Grausame Leute pflege ich einfach abzumurksen. Lies einmal, was auf meinem Schwert geschrieben steht!"

Der Fürst las, was auf Hameds Schwert geschrieben stand, und war sehr froh, einen so starken Mann unter seinem Apfelbaum gefunden zu haben. So sagte er: „Sehr geehrter Held, ich bin ein Fürst und habe eine Tochter. Bisher habe ich vergeblich einen würdigen Schwiegersohn gesucht. Wenn du meine Tochter haben willst, gebe ich sie dir zur Frau."

„Ist sie schön?" fragte Hamed.

„Schön und reich", antwortete der Fürst. „Willst du nicht ins Haus kommen und bei mir speisen? Dann kannst du sie selber sehen."

„Mir soll's recht sein!" sagte Hamed. Er ging ins Haus und speiste mit dem Fürsten und seiner Tochter. Die Fürstentochter war sehr schön und gefiel ihm.

„Ich nehme sie!" sagte er.

Die Hochzeit wurde gefeiert. Wenige Tage später kamen Feinde vor die Stadt und klirrten mit ihren Schwertern. Ihre Pferde wieherten laut. Der Fürst und seine Tochter eilten zu Hamed, der auf dem Bett lag und eine Pfeife rauchte. „Hilf uns, tapferer Hamed!" riefen sie.

„Hilf uns, oder wir sind verloren!"

„Gut!" antwortete Hamed. „Ich werde die Feinde vertreiben. Aber ich will es auf meine Art und Weise tun, und keiner darf mir dabei zusehen."

Hamed wollte aber gar nicht kämpfen, sondern sich davonmachen. Er nahm sein Schwert und ging in den Hof. Dort setzte er sich verkehrt auf ein junges, feuriges Pferd und ließ sich von den Dienern darauf festbinden. Dann sagte er: „Und jetzt marsch ins Haus! Und daß keiner mir auch nur nachblinzelt!"

Alle gehorchten, und Hamed galoppierte aus dem Tor, denn er dachte: Dieses feurige, junge Pferd wird mich schnell in Sicherheit bringen. Hoffentlich falle ich nicht herunter, ich bin noch nie auf einem Pferd gesessen!

Das Pferd galoppierte mitten unter die Feinde und schlug dabei nach allen Seiten aus. Die anderen Pferde wurden so verwirrt, daß sie ebenfalls auszuschlagen begannen. Es gab ein wildes Durcheinander mit blutigen Köpfen und Knien, und die Feinde flohen, so schnell sie konnten.

Von dem vielen Ausschlagen und Herumspringen war das junge Pferd müde geworden, es trottete mit Hamed zum Stadttor zurück. Alle Männer und Frauen und Kinder kamen gerannt und nannten ihn einen großen Helden.

Kein Feind wagte sich mehr in die Nähe der Stadt. Eines Tages aber erschien ein Löwe in der Gegend. Zu jeder Mahlzeit fraß er ein paar Schafe und zwischendurch noch einen Hirten.

„Nur der tapfere Hamed kann uns retten", sagten die Bewohner der Stadt. „Er hat fünfzig auf einmal erschlagen. Einen Löwen zu töten, ist für ihn gewiß eine Kleinigkeit."

Als Hamed dies hörte, erschrak er, aber er zeigte es nicht und sagte: „Selbstverständlich ist Löwentöten eine

Kleinigkeit für mich. Aber ich will es auf meine Art tun, ihr wißt schon! Niemand darf mir zusehen." Und er dachte dabei: Ich hätte schon längst verschwinden sollen. Vielleicht kann ich jetzt noch rechtzeitig fliehen.

„Ich brauche einen großen Sack voll Tabak", erklärte er. „Das ist gerade das richtige für eine Löwenjagd!" Der Fürst brachte ihm also einen Sack voll Tabak und ließ ihn ziehen.

Hamed wanderte dahin, begegnete einem Mann und fragte, wo der Löwe sei.

„Am Kreuzweg mußt du links gehen", antwortete der Mann. „Von dort kommt der Löwe immer."

Hamed bedankte sich bei dem Mann und ging weiter. Als er an den Kreuzweg kam, was glaubt ihr, wohin er ging? Richtig: er ging nach rechts! Denn er dachte: Bin ich froh, daß ich den Weg kenne, auf dem der Löwe *nicht* kommt!

Diesmal aber kam der Löwe zufällig auf dem rechten Weg daher. Hamed erschrak bis ins Herz. Er rannte und rannte auf einen Baum zu und kletterte hinauf. Hinter ihm drein rannte der Löwe. Er fauchte, schlug die Klauen in den Stamm und brüllte. Vor Schreck entfiel Hamed der Sack voll Tabak.

Nun hielt der Löwe den Sack, der da herunterplumpste, für den Mann, den er verfolgt hatte. Er zerbiß und zerriß den Sack und fraß ihn mitsamt dem Tabak. Der viele Tabak war aber so stark, daß der Löwe betäubt wurde und einschlief.

Hamed klettete vom Baum hinunter und warf vorsichtig ein paar Steinchen auf den schnarchenden Löwen. Der Löwe rührte sich nicht. Hamed wagte sich näher, zupfte an einem Löwenohr, wurde immer mutiger und sagte: „Na, wie wär's, Löwe? Willst du mit mir kämpfen? Ich habe fünfzig auf einen Schlag getötet. Heda! Auf!" Er zog eine Schnur aus der Tasche und band sie dem Löwen um den Hals. „Vorwärts!" schrie er.

Der Löwe erwachte ein wenig, ließ sich taumelig zerren und schubsen und tappte langsam dahin. Soll ich zu Fuß gehen? dachte Hamed, setzte sich auf den Löwen und ritt in die Stadt zurück.

Dort band er den Löwen im Hof an, ging ins Haus des Fürsten und ließ sich feiern. Die Bewohner der Stadt, der Fürst und die Tochter und Hamed feierten bis tief in die Nacht, und als sie müde waren, legten sie sich schlafen.

Bald danach erwachte der Löwe, denn der Tabak hatte zu wirken aufgehört. Wütend zerriß der Löwe den Strick, brüllte laut und rannte davon. Am nächsten Morgen kamen der Fürst und seine Tochter zu Hamed und baten: „Hamed, du starker Held, der Löwe ist geflohen! Bitte, kämpfe noch einmal mit ihm!"

Was sollte Hamed tun? Wiederum wanderte er allein fort und nahm nur sein Schwert und einen neuen Sack voll Tabak mit.

Diesmal wählte er den linken Weg. Wer kam ihm aber darauf entgegen? Richtig: es war der Löwe! Hamed floh entsetzt und kletterte zum zweitenmal auf den Baum. Dabei blieb sein Schwert an einem Ast hängen und riß ein spitzes Stück Holz aus dem Stamm. Als der Löwe auf den Baum klettern wollte, verletzte er sich daran, fiel blutend nieder und starb.

„Siehst du, das kommt davon", sagte Hamed zu dem toten Löwen. „Habe ich dir nicht gestern schon gezeigt, wer stärker ist?"

Er stieg vom Baum, ging gemütlich zur Stadt und verkündete: „Ihr könnt den Löwen holen. Er liegt auf dem linken Weg und ist mausetot. Mit dem nächsten Löwen müßt ihr aber selber kämpfen. Und um eure Feinde müßt ihr euch von nun an auch selber kümmern. Ich, Hamed, der fünfzig erschlug und so weiter, ich habe genug für euch getan!"

Da sagten alle Bewohner der Stadt, auch der Fürst und seine Tochter: „Der tapfere Hamed hat recht!"

Wie der Bauer auf dem Tiger ritt

Es war einmal ein Tiger, der hatte es gar nicht gern, wenn sein Fell naß wurde. Eines Tages aber kam er in ein schreckliches Unwetter. Es blitzte und donnerte, der Sturm brauste, und der Regen prasselte. Was tat unser Tiger? Er sah eine Hütte, lief hin und suchte unter dem Dach Schutz. In der Hütte wohnte eine alte Frau. Es war eine sehr alte Hütte, und das Dach hatte da ein Loch und dort ein Loch, es tropfte da, und es tropfte dort. Es tropfte aufs Bett, es tropfte auf den Tisch, es tropfte auf den Stuhl. Die alte Frau schob das Bett beiseite, schob den Tisch beiseite, schob den Stuhl beiseite. Kaum hatte sie das getan, tropfte es von anderen Stellen, und sie mußte Bett und Tisch und Stuhl von neuem fortrücken. „Dieses ewige Getropfe!" jammerte die Frau. „Es macht mich noch verrückt! Lieber hätte ich eine Herde Elefanten im Haus! Will denn das ewige Getropfe nie aufhören!"

Der Tiger lauschte verwundert, hörte das Poltern, wenn die Frau Tisch und Bett und Stuhl beiseiterückte, und dachte: Was kann das EWIGE GETROPFE sein? Ich habe noch nie von einem Wesen gehört, das so heißt! Gewiß ist es ein schreckliches Untier, weil es solchen Krach macht. Soll ich fliehen? Aber dann werde ich naß, und das mag ich gar nicht. Ich werde mich ganz stillhalten, dann wird das EWIGE GETROPFE mich nicht entdecken.

Zur selben Zeit war einem Bauern sein Esel entlaufen. Und weil der Bauer sich vor dem Unwetter fürchtete, was tat er? Er trank einen tüchtigen Schluck Palmwein, um sich Mut zu machen. Und weil er danach fand, er hätte noch nicht genug Mut, trank er die ganze Kanne Palmwein leer. Dann ging er hinaus in das Unwetter. Wie das blitzte und donnerte! Wie der Sturm heulte und der Regen prasselte! Vom vielen Palmwein war dem Bauern aber innerlich ganz warm, und außerdem fühlte er sich ungemein mutig. Er lief umher und suchte nach seinem Esel und kam zur Hütte der alten Frau. Eben in dem Augenblick blitzte es. Der Bauer sah ein großes Tier unter dem Dach der Hütte und glaubte, es sei sein Esel. „Habe ich dich endlich!" schrie er und sprang dem vermeintlichen Esel auf den Rücken und knuffte und puffte ihn.

Was tat der Tiger? Hat er den Bauern vom Rücken geworfen? Hat er ihn gebissen? O nein!

Der Tiger dachte: Das schreckliche Unwesen EWIGES GETROPFE ist aus der Hütte gekommen und hat mich entdeckt! Jetzt verstehe ich, warum die Frau lieber eine Herde Elefanten drin gehabt hätte als dieses fürchterliche Wesen!

„Auf, du Fauler!" schrie der Bauer und knuffte und puffte. „Auf die Beine! Trag mich heim!"

Der Tiger rappelte sich hoch, und der Bauer ritt auf ihm nach Hause. So voll Palmwein war er, daß er nicht merkte, auf wessen Rücken er saß. Vor seinem Haus band er den Tiger an und ging dann zu Bett.

Was tat der Tiger? Hat er gebrüllt? Hat er sich losgerissen? O nein! Er stand im Regen und wagte nicht, sich zu rühren, und sein Fell wurde platschnaß.

Endlich hörte das Unwetter auf, und der Morgen kam. Die Frau des Bauern erwachte und wollte vor die Haustür treten. Da sah sie den Tiger, rannte schreiend zu ihrem Mann und weckte ihn. „Vor unserem Haus steht ein Tiger angebunden!" schrie sie.

„Schrei nicht so", antwortete der Bauer. „Das ist kein Tiger, das ist unser Esel." Und er trat vor die Haustür.

Weil aber inzwischen der Palmwein seine Wirkung ver-

loren hatte, merkte der Bauer sofort, daß es ein Tiger war, der da angebunden stand, und kein Esel. Daraufhin fing der Bauer zu schreien an, noch viel lauter als seine Frau.

Die Leute im Dorf hörten das Geschrei, kamen herbeigerannt und begannen ebenfalls zu schreien.

Der Tiger fand das Geschrei sehr lästig. Und weil es nicht mehr dunkel war und er genau sehen konnte, daß kein schreckliches Wesen da war, sondern nur ein Bauer und ein paar andere Bauersleute, knurrte er fürchterlich und zerrte am Strick. Der Strick riß, und der Tiger rannte aus dem Dorf in den Dschungel.

Was geschah weiter? Ihr wißt es nicht? Ich will es euch sagen!

Alle Leute im Dorf nannten von nun an den Bauern den „Helden, der auf dem Tiger ritt", und sie sagten es so oft, daß der Bauer schließlich wirklich meinte, er sei ein Held.

Und hat unser Tiger sich wieder unterm Dach einer Hütte versteckt, wenn es regnete? O nein! Das tat er nie wieder. Da war es ihm schon lieber, wenn sein Fell platschnaß wurde.

Der Kater und das Glöckchen

In einem großen Haus lebten viele Mäuse, und sie waren sehr glücklich und zufrieden dort. Im Keller lagerten Karotten, Petersilienwurzeln und Äpfel und Birnen, und in der Speisekammer gab es besondere Mauseleckerbissen wie Käse und Speck und Kuchen, oder es gab süßen Rahm zu lecken und zu schlecken. Nachts, wenn die Leute im Haus schliefen, huschten die Mäuse treppauf und treppab, trafen sich in der Speisekammer und naschten an Käse und Speck und Kuchen, leckten und schleckten Rahm, und dann huschten sie in den Keller und knabberten als Nachspeise Äpfel und Birnen. Wenn sie satt waren, tanzten sie miteinander ein Mäusetänzchen, und nachher schlüpften sie in ihre Mauselöcher und schliefen.

„So geht das nicht weiter", sagten die Leute, die in dem Haus wohnten, und holten sich einen großen Kater.

Nun war das schöne Mauseleben vorbei. Die Mäuse wagten sich kaum noch aus den Mauselöchern, und in die Speisekammer wagten sie sich überhaupt nicht mehr, weil der Kater dort auf der Lauer lag. Sie erwischten nur hie und da Brotkrümchen oder ein hartes Käserindchen oder einen Apfelbutzen und wurden alle ganz mager.

Einmal, als der Kater in seinem Korb lag und schlief, versammelten sich die Mäuse im Keller. „Das ist kein Mauseleben mehr in diesem Haus", jammerten sie.

„Wir müssen entweder den Kater vertreiben", sagte ein alter erfahrener Mäuserich, „oder fortwandern und uns ein neues Mausehaus suchen."

Die Mäuse wollten nicht fortwandern und überlegten hin und her, wie sie den Kater vertreiben könnten. Es fiel ihnen jedoch nichts ein.

Endlich sagten zwei junge Mauseherren, die erst vor ein paar Wochen geboren worden waren und die Welt und die Katzen noch nicht kannten: „Binden wir dem Kater ein Glöckchen um den Hals! Wenn er geschlichen kommt, wird das Glöckchen bimmeln, und wir können rechtzeitig in die Mauselöcher schlüpfen."

Der Rat gefiel den Mäusen. Sie klatschten in die Pfoten und riefen:

„Wenn die Katze bimmeln tut,
geht's uns Mäusen wieder gut!"

Die jungen Mausedamen guckten die beiden Mauseherren bewundernd an, und die Mauseherren strichen sich bescheiden über die Barthaare und legten die

Schwänzchen elegant um sich.

„Ein guter Rat", sagte der alte Mäuserich. „Wer dem Kater das Glöckchen um den Hals binden will, soll die Pfote heben."

Da waren alle still, und keine Maus hob ihre Pfote.

„Wir werden es tun", sagten die beiden jungen Mauseherren, die noch nicht viel über die Welt und die Katzen wußten.

In der nächsten Nacht stibitzte der alte Mäuserich ein Glöckchen und ein Bändchen aus der Nählade im Wohnzimmer. Die Mäuse warteten ab, bis der Kater wieder einmal in seinem Korb schlief. Dann nahmen die jungen Mauseherren das Glöckchen und das Bändchen, huschten die Kellertreppe hinauf und trippelten und trappelten leise, mauseleise dorthin, wo der Kater in seinem Korb schlief. Sie kamen sich sehr mutig vor und dachten, daß sie doch viel tapferer waren als die anderen Mäuseriche, die schon länger auf der Welt waren.

Als die jungen Mauseherren aber zu dem Korb kamen, fingen ihre Mauseherzen laut zu klopfen an. Bummbummbumm, klopften ihre Herzen. Sie wußten nicht, was da klopfte, und meinten, die schrecklichen Laute kämen von dem Kater her. Eben in diesem Augenblick träumte der Kater, er fange eine Maus, und er fauchte leise.

Da ließen die beiden Mauseherren das Bändchen und das Glöckchen fallen und rannten in den Keller zurück.

„Habt ihr dem Kater das Glöckchen umgehängt?" fragte der alte Mäuserich.

Die beiden jungen Mauseherren sahen einander an und sagten: „Nein!"

„Dann werden wir fortwandern", sagte der alte Mäuserich, „und uns ein neues Mausehaus suchen."

Die Mäuse huschten die Kellertreppe hinauf, eine Maus nach der anderen, auch die beiden jungen Mauseherren. Sie wanderten lange und suchten lange, und endlich fanden sie ein Haus, darin lebte keine Katze. Dort zogen die Mäuse ein und sangen:

„Weil keine Katz hier bimmeln tut,
geht's uns Mäusen wieder gut!"

Der kleine Marko und der Drache

Es war einmal ein Bauer, den nannten alle den kleinen Marko, weil er nur ein kleines Haus hatte, einen kleinen Obstgarten mit drei Apfelbäumen, drei Kühe und einen kleinen Acker. Trotzdem wäre der kleine Marko zufrieden gewesen, hätte er nur Kinder gehabt. Er und seine Frau wünschten sich so sehr Kinder und hatten keine.

Eines Tages saß der kleine Marko müde von der Arbeit am Feldrain, seufzte und sagte: „Ach, hätte ich doch nur Kinder! Hätte ich doch nur Kinder!" Ein Zauberer, der des Weges kam, hörte ihn, blieb stehen und sagte: „Kinder können auch eine Plage sein!"

„Diese Plage würde ich gern auf mich nehmen", antwortete der kleine Marko. „Meine Frau und ich, wir könnten gar nicht genug Kinder haben!"

Der Zauberer schüttelte den Kopf, murmelte etwas in seinen langen Zaubererbart und wanderte weiter. Der kleine Marko wunderte sich ein wenig, aber dann vergaß er den Zauberer, stand auf und ging heim. Als er zu dem kleinen Haus und dem kleinen Obstgarten kam, hörte er Lachen und Kichern und das Getrappel vieler kleiner nackter Füße.

In den Zweigen der drei Apfelbäume saßen Kinderchen, im Gras spielten Kinderchen, und aus allen Fenstern guckten Kinderchen. Auf der Türschwelle stand die Frau des kleinen Marko, hatte in jedem Arm ein Kindchen, und an jedem ihrer Schürzenzipfel hielten sich Kinderchen fest. Alle Kinder waren rosig und rund und ganz nackt.

„Du meine Güte!“rief der kleine Marko. „Wie viele sind denn das?“

„Hundert!“ antwortet seine Frau. „Und keines zuviel!“ Dann ging sie ins Haus und fing an, Hemdchen und Höschen zu nähen. Sie nähte hundert Hemdchen und hundert Höschen, und der kleine Marko zimmerte hundert Bettchen.

Abends, als die Kinder schliefen, sagte der kleine Marko: „Liebe Frau, die Kinderchen haben alle Äpfel gegessen, und sie haben die Milch der drei Kühe getrunken, aber satt sind sie nicht davon geworden. Ich muß in die Welt ziehen und sehen, wie ich Nahrung für sie bekomme.“

Am nächsten Morgen wanderte der kleine Marko fort. Er wanderte den ganzen Tag. Gegen Abend begegnete er einem Schäfer, der saß inmitten seiner Herde und weinte.

„Warum weinst du?“ fragte der kleine Marko.

„Soll ich nicht weinen?“ antwortete der Schäfer. „Jede Nacht kommt ein schrecklicher Drache und raubt mir die fettesten Schafe.“

„Was gibst du mir, wenn ich den Drachen vertreibe?“ fragte der kleine Marko.

„Meine halbe Herde“, antwortete der Schäfer.

Als es dunkel wurde, versteckte sich der kleine Marko hinter einem Busch und hielt Wache bei der Herde. Um Mitternacht rauschte und brauste es, und ein riesiger Drache kam angeflogen. Der kleine Marko fürchtete sich sehr, aber er dachte an seine hundert hungrigen Kinderchen. Als der Drache landete und sich ein Schaf greifen wollte, sprang der kleine Marko hinter dem Busch hervor.

„Halt!“ rief er. „Schafestehlen ist für Drachen verboten!“

Der Drache spuckte Feuer, blies Rauch aus den Nasenlöchern und schnaubte: „Wer sagt das?"

„Ich!" antwortete der kleine Marko. „Ich bin der berühmteste Drachentöter und esse für mein Leben gern Drachenfleisch, am liebsten als Drachenpastete. Willst du, daß ich eine Pastete aus dir mache?"

Als der Drache das hörte, fing er zu zittern an und verschluckte sich an einem seiner Feuerfunken. „Eine Drachenpastete will ich nicht werden", sagte er. „Ich fliege fort! Gute Nacht!"

„Nicht so schnell!" rief der kleine Marko. „Versprich mir, nie wieder zu kommen und kein Schaf mehr zu rauben."

„Ich verspreche es", sagte der Drache.

„Gut!" sagte der kleine Marko. „Jetzt bezahle die Schafe, die du gefressen hast, oder ich mache trotzdem Drachenpastete aus dir."

„Bitte nicht!" jammerte der Drache. „Meine Mami hat Säcke voll Gold zu Hause. Setz dich auf meinen Rücken, ich bringe dich zu ihr."

Der kleine Marko kletterte auf den Rücken des Drachen. Wieder hatte er große Angst, aber er dachte an seine hundert Kinderchen und rief: „Los!"

Der Drache breitete die Flügel aus, erhob sich in die Luft und flog brausend und sausend dahin. Nicht lange danach landete er auf dem Gipfel eines hohen Berges. Dort oben stand das Drachenhaus, und vor der Haustür wartete die Drachenmutter.

„Wo sind die Schafe, Söhnchen?" schnaubte sie.

Der Drache ließ den kleinen Marko von seinem Rükken klettern, lief zu seiner Mutter und zischelte ihr ins Drachenohr: „Der dort ist ein schrecklicher Drachentöter! Er will einen Sack Gold, sonst macht er Pastete aus mir!"

„Was?" schnaubte die Drachenmutter. „Dieser winzige

Zwerg da? Wir werden gleich sehen, wer stärker ist, er oder du, Söhnchen!"

Sie lief in das Drachenhaus und kam mit einer Eisenkeule heraus, die war dick wie ein Baumstamm und dreimal so lang wie der kleine Marko groß war.

„Zeig dem Zwerg, wie weit du die Keule werfen kannst, Söhnchen", befahl die Drachenmutter. „Dann soll er es versuchen – wenn er es kann!"

Der Drache schwenkte die Keule dreimal um den Kopf, gab ihr einen Schwung und schleuderte sie fort. Sie flog in hohem Bogen den Berg hinunter und flog so weit, daß sie nicht mehr zu sehen war.

Der kleine Marko und der Drache suchten die Keule und fanden sie am Fuß des Berges, tief in den Boden eingegraben. Nicht einmal zehn starke Männer hätten sie herausziehen können. Der kleine Marko dachte wieder an seine hundert Kinderchen. Oben am Himmel stand der Mond, leuchtend und rund. Der kleine Marko schaute hinauf und seufzte.

„Warum seufzt du?" fragte der Drache.

„Weil es mir um deine schöne Keule leid tut", antwortete der kleine Marko. „Ich habe soviel Kraft, daß ich sie bis zum Mond hinaufschleudern werde. Es macht dir hoffentlich nichts aus, wenn du sie nie wieder siehst!"

„Doch!" jammerte der Drache. „Ich habe sie von meinem Großväterchen geerbt. Bitte, wirf sie nicht auf den Mond!"

„Ich muß es aber tun", antwortete der kleine Marko. „Deine Mutter will es."

„Laß mich die Keule zurückwerfen!" bat der Drache. „Meine Mutter braucht es ja nicht zu wissen."

Er zog die Keule aus der Erde, und in seiner Angst gab er ihr einen noch mächtigeren Schwung als zuvor. Sie flog und flog durch die Luft, weit über das Haus hinaus.

O Jammer! dachte die Drachenmutter. Dieser Zwerg

ist wirklich riesenstark! Ich muß was tun, damit er nicht aus uns Drachenpastete macht!

Sie holte die Keule, und dann ging sie ins Haus und überzog ihr Gästebett frisch. Inzwischen war der Drache mit dem kleinen Marko auf dem Rücken wieder den Berg heraufgeflogen. Als Marko herunterkletterte, lud ihn die Drachenmutter ein, die Nacht als Gast in ihrem Haus zu verbringen.

Der kleine Marko war nun so müde, daß er sich am liebsten gleich in das Drachengästebett gelegt hätte. Er hörte aber im Nebenraum Drachenmutter und Sohn miteinander tuscheln, schlich auf Zehenspitzen zur Wand und lauschte.

„Warte, bis er schläft!“ wisperte die Drachenmutter. „Dann erschlag ihn mit der Keule!“

„Ich trau mich nicht, Mami“, wisperte der Drache zurück.

„Willst du, daß er Pastete aus uns macht?“ fragte die Drachenmutter.

„Nein, Mami“, sagte der Drache.

„Dann tu, was ich dir befehle“, antwortete die Drachenmutter streng.

Der kleine Marko schlich zum Bett zurück, setzte sich darauf und dachte nach. Neben dem Drachenhaus hatte er einen Stapel Holz gesehen. Er stieg aus dem Fenster, holte einen großen Prügel, legte ihn ins Bett und zog die Decke darüber. Dann kroch er unter das Bett und wartete.

Nach einiger Zeit tappte es vor der Tür, und der Drache kam herein. Er hob die Keule und schlug mit aller Kraft zu. Das Bett ächzte und wäre sicherlich entzweigebrochen, wären Drachenbetten nicht besonders stark gebaut.

„Mami! Mami! Er ist tot!“ rief der Drache und rannte aus dem Zimmer. Der kleine Marko kam unter dem Bett hervor, warf den Holzprügel aus dem Fenster, legte sich ins Bett und schlief ein.

Früh am Morgen erwachte er, stand auf und trat aus dem Zimmer. Drachenmutter und Sohn saßen eben beim Frühstück und wurden vor Schreck ganz grün, als sie ihn erblickten.

„Hast du gut geschlafen?“ stammelte der Drache.

„Danke, recht gut!“ antwortete der kleine Marko. „Nur einmal, mitten in der Nacht, lief mir eine Maus über das Gesicht und kitzelte mich mit ihrem Schwänzchen. Ihr müßt eine Mausefalle aufstellen, damit ich nachts Ruhe habe. Ich habe nämlich beschlossen zu bleiben. Ihr habt doch hoffentlich nichts dagegen?“

Da begannen Drachenmutter und Sohn den kleinen Marko zu bitten, doch fortzugehen. Sie schleppten sieben Säcke voll Gold herbei, die sollte der kleine Marko haben, wenn er nur gleich das Drachenhaus verließ.

Die sieben Säcke waren groß und schwer. Nicht einmal einen Sack hätte der kleine Marko tragen können. „Ich bleibe hier“, sagte er. „Ich müßte mich ja vor meinen hundert Kindern schämen, wenn ich beladen wie ein Packesel heimkomme.“

Hundert Kinder! dachten Drachenmutter und Sohn entsetzt. Und womöglich sind sie alle so stark wie er?

„Ich werde die Säcke für dich tragen“, sagte der Drache und lud sich die sieben Säcke auf den Rücken. Oben darauf setzte sich der kleine Marko. Der Drache breitete die Flügel aus und brachte ihn nach Hause. Im Obstgarten spielten eben die hundert Kinderchen. Als der Drache sie schreien und lachen hörte, meinte er, sie wollten sich auf ihn stürzen und ihn zerreißen. Kaum war der kleine Marko von seinem Rücken geklettert, warf der Drache die sieben Säcke ab und floh.

Der kleine Marko küßte seine Frau und der Reihe nach die hundert Kinderchen. Dann trugen sie das Gold ins

Haus und hatten von nun an immer genug zu essen. Der Drache aber raubte kein einziges Schaf mehr, denn er wollte nicht, daß der Drachentöter wiederkam und aus ihm Pastete machte.

Die kleine barfüßige Gänsehirtin

Einmal war ein König, der hatte drei Töchter. Wenn er eine Reise machte, fragte er sie, was für Geschenke er ihnen mitbringen sollte. Weil er aber zerstreut war, fragte er immer nur die beiden ältesten und die jüngste vergaß er. Wieder einmal wollte er fortreisen, da sagte die Königin: „Lieber Mann, so geht das nicht weiter. Unser jüngstes Kind kränkt sich schon lange! Diesmal mußt du es fragen, was es sich wünscht."

Also ging der König zu seiner jüngsten Tochter und fragte, was er ihr von der Reise mitbringen solle.

„Einen Zweig vom Baum, der gläserne Blüten trägt", antwortete die jüngste.

Der König ritt fort, doch den Baum, der gläserne Blüten trägt, fand er nicht. Auf dem Heimweg aber kam er in einen dunklen Wald, und mitten im Wald war ein schöner Garten, darin stand ein Baum, über und über bedeckt mit gläsernen Blüten, die klingelten im Windhauch wie Glöckchen. Der König stieg vom Pferd und brach den Zweig mit den schönsten Blüten ab. Als er sein Pferd wieder besteigen wollte, trat ein riesiger Bär unter den Bäumen hervor und sagte: „Warum hast du einen Zweig von meinem Baum gebrochen? Dafür mußt du sterben!"

„Laß mich leben!" bat der König. „Meine jüngste Tochter hat mich um einen Zweig mit gläsernen Blüten gebeten. Ich wußte nicht, daß der Baum dir gehört."

Der Bär antwortete: „Ich schenke dir das Leben, aber du mußt mir dafür deine jüngste Tochter geben. In drei

Wochen komme ich vor das Schloß und hole sie mir."

Als der König heimkam und erzählte, was geschehen war, weinten alle sehr. Am meisten weinte die jüngste Tochter. Sie warf den Zweig mit den gläsernen Blüten aus dem Fenster und wollte ihn nie mehr sehen. Der Zweig aber fiel auf die Wiese vor dem Schloß ins Gras, und die Blüten zerbrachen nicht. Draußen weidete eine kleine barfüßige Gänsehirtin ihre Schar Gänse. Sie hob den Zweig auf, und weil sie sonst nichts Schönes besaß, trug sie ihn in ihre Kammer neben dem Stall.

Nach drei Wochen erschien der Bär vor dem Schloß. Da ging das Jammern erst recht los, und die jüngste Königstochter schluchzte zum Erbarmen. Die kleine barfüßige Gänsehirtin hatte sich auf der Weide hinter einem Busch versteckt, und sie sah, daß der Bär freundliche, braune Augen hatte, und dachte: Einer, dem etwas so Schönes gehört wie der Baum mit den gläsernen Blüten, kann nicht böse sein. Sie ging ins Schloß, trat vor den König und die Königin hin und sagte: „Ich will statt der jüngsten Königstochter mit dem Bären gehen!"

Die jüngste Königstochter hörte sogleich zu weinen auf. Die Königin umarmte die kleine barfüßige Gänsehirtin. Dann ließ sie schöne Kleider bringen, die mußte die kleine Gänsehirtin anziehen, und der König führte sie aus dem Schloß zu dem Bären.

„Hast du keine Angst, mit mir zu gehen?" fragte der Bär die kleine Gänsehirtin.

„Nein", antwortete sie.

Er nahm sie an der Hand, und sie gingen gemeinsam fort. Sie gingen lange, bis sie in den Wald kamen zu dem schönen Garten. Als sie davorstanden, fragte der Bär wiederum: „Hast du keine Angst, mit mir zu kommen?"

„Nein", antwortete die kleine Gänsehirtin.

Sie gingen in den Garten, und mitten im Garten stand ein prächtiges Schloß. Zum drittenmal fragte der Bär:

„Hast du keine Angst, mit mir zu kommen?"

„Nein", antwortete die kleine Gänsehirtin.

Da traten sie in das Schloß ein, und drinnen war alles von Silber und Gold. Ein Tisch war gedeckt, zu dem führte der Bär das Mädchen, sie setzten sich und aßen. Als sie gegessen hatten, erhob sich der Bär, sah die kleine Gänsehirtin mit seinen freundlichen, braunen Augen an und fragte: „Willst du meine Frau werden?"

Die kleine Gänsehirtin erschrak, denn eines Bären Frau wollte sie doch nicht werden. Sie gab keine Antwort, und es wurde ihr schwer ums Herz. „Willst du meine Frau werden?" fragte der Bär zum zweitenmal. Und er fragte ein drittesmal und blickte dabei so traurig, daß die kleine Gänsehirtin nicht anders konnte und antwortete: „Ja, ich will deine Frau werden."

Und wie sie das gesagt hatte, war es auf einmal kein Bär, der vor ihr stand, sondern ein schöner, junger Prinz. Ein böser Zauberer hatte ihn in einen Bären verwandelt, bis er ein Mädchen fände, das ihn liebte.

Die kleine Gänsehirtin wurde die Frau des Prinzen. Der Baum im Garten trug allezeit gläserne Blüten, die klingelten wie Glöckchen, wenn der Wind durch die Zweige strich.

Mausehochzeit

Zwei alte Leute, sie waren nicht reich, lebten in einer Hütte. Eines Tages kochte die Frau Bohnen, und ihr Mann kehrte die Hütte aus. Dabei fand er eine Bohne. Er wollte sie zu den anderen in den Topf tun, aber die Bohne sprang ihm aus den Fingern und verschwand in einem Mauseloch. Dem Mann war leid um die Bohne, er bückte sich und wollte sie herausholen. Auf einmal war das Mauseloch größer geworden, oder vielleicht war der Mann kleiner geworden? Er war gerade so groß, daß er in das Mauseloch hineinschlüpfen konnte. Die Bohne sprang immer weiter, und der Mann konnte sie nicht erwischen. Ich werde umkehren, dachte er. Es ist ja nur eine Bohne! Er ging ihr aber doch weiter nach und kam ins Mausereich. Dort wurde eine Mausehochzeit gefeiert. Die Mausebraut war sehr lieb, und der Mausebräutigam war sehr stolz auf seine Braut. Viele Mausegäste waren da, die tanzten. Auch die Bohne begann zu tanzen. Mauseköche und Mauseköchinnen wurden kaum fertig mit Rühren und Mischen und Kochen und Braten und Backen. Eine winzige Maus plagte sich mit einem großen Mörser ab, in dem sie Mandeln zerstieß. Der alte Mann half ihr die Mandeln zerstoßen. Er durfte mitessen und Mausemusik hören. Die Mäuse tanzten und sangen, und nach jeder Strophe sangen sie:

„Sei glücklich, Mann! Sei glücklich, Frau!
Heute gibt es kein Miau!“

Sie schenkten dem Mann, der ihnen geholfen hatte, die putzigsten Dinge, und manche davon waren aus Gold. Dann sagten sie: „Geh heim zu deiner Frau, damit sie sich nicht sorgt. Kommt morgen alle beide wieder und bleibt, solange ihr wollt. Mausehochzeiten dauern drei Tage lang!“

Der Mann ging heim und erzählte alles seiner Frau. Eine Nachbarin war da, die hörte auch zu. Als sie die Geschenke sah, lief sie zu ihrem Mann und sagte: „Nimm eine Bohne und geh zur Mausehochzeit, und zwar heute noch! Dort gibt's goldene Geschenke. Eil dich, wir müssen den Nachbarn zuvorkommen!“

Der Nachbar nahm eine Bohne und ging zur Mausehochzeit. Die winzige Maus zerstieß schon wieder Mandeln, aber er kümmerte sich nicht darum. Und die Mäuse tanzten und sangen:

„Sei glücklich, Mann! Sei glücklich, Frau!
Heute gibt es kein Miau!"

Was glaubt ihr, tat der Nachbar? Ganz richtig! Er war ein habgieriger Kerl und dachte: Die Mäuse rennen gewiß weg, wenn sie hören, daß einer Miau schreit. Ich werde Miau schreien. Dann glauben sie, ich bin die Katze und laufen weg, und ich kann alle ihre Schätze einstecken und heimgehen. Er schrie also laut Miau.

Was glaubt ihr, taten die Mäuse? Ganz richtig, sie liefen nicht weg. Mäuse sind ja nicht dumm. Die wissen genau, wer Miau schreit, eine Katze oder ein habgieriger Kerl. Die Mäuse stürzten sich alle auf den Mann und zwickten ihn, wo sie was zu zwicken fanden, und da rannte er und traute sich in kein Mauseloch mehr.

Die Mäuse aber feierten weiter, noch drei Tage lang, und sangen:

„Sei glücklich, Mann! Sei glücklich, Frau!
Heute gibt es kein Miau!"

Die wunderbare Mühle

Einmal lebten ein alter Mann und eine alte Frau, die waren so arm, daß sie nichts anderes zu essen hatten als Eicheln. Jeden Tag gingen sie in den Wald und sammelten Eicheln. Sie aßen Eicheln zum Frühstück, Eicheln zum Mittagessen und Eicheln zum Nachtmahl. Als sie wieder einmal aus dem Wald gekommen waren, fiel ihnen eine Eichel vor der Haustür zu Boden, und sie merkten es nicht. Am nächsten Morgen stand ein kleiner Eichbaum vor der Haustür. Die beiden alten Leute gingen hinaus und freuten sich an dem Baum.

„Lieber Mann", sagte die Frau, „der Tag ist heiß, gewiß hat das Bäumchen Durst."

Der alte Mann holte eine Kanne Wasser und goß das Bäumchen. Da fing es an zu wachsen und wurde ein großer Baum, höher als die Hütte der Alten. Und alle seine Zweige hingen voller Eicheln.

„Heute brauchen wir nicht in den Wald zu gehen“, sagte der alte Mann. Er kletterte auf den Baum und wollte sich die Taschen mit Eicheln füllen, aber immer sah er, ein Stück über sich, noch schönere und größere. Er kletterte und kletterte, und der Baum wuchs und wuchs. Schon reichte seine Krone bis über die Wolken. Als der alte Mann ganz oben war, sah er auf dem höchsten Ast ein buntes Hähnchen sitzen. Daneben hing an einem Zweig eine kleine goldene Handmühle.

„Kikeri-kikeri-kikeriküк,
auf dem Eichbaum hängt dein Glück!“

krähte das Hähnchen.

„Ja, das ist wirklich ein Glück“, sagte der alte Mann. „So eine hübsche, kleine Mühle! Darf ich sie mitnehmen?“

„Kikeri-kikeri-kikeri-it,
nimm sie mit!“

krähte das Hähnchen.

Der Mann nahm die Mühle, kletterte den Baum hinunter, und hinter ihm nach flog das Hähnchen. Unten wartete die alte Frau, und als sie Hähnchen und Mühle sah, konnte sie sich vor Staunen nicht fassen.

„Kikeri-kikeri-kikeriküк,
nützt das Glück!“

krähte das Hähnchen.

„Dreht die Kurbel rund im Kreis,
Mühle mahlt euch Trank und Speis!“

Der alte Mann und die alte Frau taten, was ihnen das Hähnchen gesagt hatte, setzten sich zu Tisch und drehten die Kurbel der Mühle. Was glaubt ihr, hat die Mühle gemahlen? Kuchen und Pfannkuchen, duftenden Braten und knuspriges Brot und obendrein noch süßen Wein.

Da mußten der alte Mann und die alte Frau nicht mehr Eicheln essen. Sie aßen Kuchen und Pfannkuchen, duftenden Braten und knuspriges Brot zum Frühstück, zu Mittag und zu Abend, und obendrein tranken sie süßen Wein.

Eines Tages kam ein reicher Graf an der Hütte vorbeigeritten und sah durchs Fenster, wie die alten Leute mahlten. Das ist eine wunderbare Mühle, dachte der Graf, die will ich haben! Er trat in die Hütte, nahm die Mühle und ritt fort.

Der alte Mann und die alte Frau saßen am Tisch und weinten.

Da krähte das Hähnchen:

„Kikeri-kikeri-kikeriküük,
ich hole die Mühle zurück!"

Das Hähnchen flog zum Schloß des Grafen, stellte sich vor das Tor und krähte:

„Kikeri-kikeri-kikeritschip,
der Graf ist ein Dieb!
Er hat die Mühle gestohlen,
da bin ich und will sie mir holen.
Kikeri-kikeri-kikeriküük,
Graf, gib die Mühle zurück!"

Der Graf hörte das Hähnchen krähen und sagte zu seinen Dienern: „Werft es in den Brunnen!"

Die Diener packten das Hähnchen und warfen es in den tiefen Brunnen, damit es dort ertrinken sollte.

„Kikeri-kikeri-kikerigluck,
Vögel, helft mir und trinkt einen Schluck!“

krähte das Hähnchen.

Da kamen alle Vögel geflogen, die großen und die kleinen. Sie flogen in den Brunnen hinab und tranken einen Schluck und tranken den Brunnen leer. Das Hähnchen flatterte heraus, flatterte zum Schloßtor und krähte:

„Kikeri-kikeri-kikeritschip,
der Graf ist ein Dieb!
Er hat die Mühle gestohlen,
da bin ich und will sie mir holen.
Kikeri-kikeri-kikeriküк,
Graf, gib die Mühle zurück!“

„Werft das Hähnchen in den Ofen!“ rief der Graf. Die Diener packten das Hähnchen und warfen es in den Ofen, damit es dort verbrennen sollte.

„Kikeri-kikeri-kikerikich,
Wasser, komm und rette mich!“

krähte das Hähnchen.

Da löschte das Wasser aus dem Kessel die Flammen, und das Hähnchen flatterte aus dem Ofen. Es lief aus der Küche und lief in den Schloßsaal. Dort saß der Graf an einem langen Tisch und hatte viele Gäste geladen, denen mahlte er Kuchen und Pfannkuchen, duftenden Braten und knuspriges Brot und obendrein noch süßen Wein.

Da krähte das Hähnchen:

„Kikeri-kikeri-kikeritschip,
der Graf ist ein Dicb!
Er hat die Mühle gestohlen,
da bin ich und will sie mir holen.
Kikeri-kikeri-kikeriküк,
Graf, gib die Mühle zurück!“

Als die Gäste das Hähnchen krähen hörten, wollten sie nicht mehr an des Grafen Tisch essen und rannten davon. Hinterdrein rannte der Graf und rief: „Das Hähnchen lügt! Das Hähnchen lügt! Bleibt da! Bleibt da!“

Die Gäste aber rannten nur schneller und machten, daß sie fortkamen. Das Hähnchen nahm die Mühle in den Schnabel, flatterte aus dem Schloß und flog heim zur Hütte.

Wißt ihr, was weiter geschah?

Der Graf hat sich nie mehr in die Hütte gewagt, und nie mehr kamen Gäste zu ihm. Die alte Frau und der alte Mann ließen ihr Mühlchen mahlen und aßen Kuchen und Pfannkuchen, duftenden Braten und knuspriges Brot am Morgen, am Mittag und am Abend, und obendrein tranken sie süßen Wein.

Der seltsame Staubsauger

Ein Erfinder erfand einen Staubsauger, mit dem konnte man einfach alles einsaugen, sogar den Schnee von den Dächern und die Wolken über dem Fußballstadion; es war ein sehr starker Staubsauger. Der Erfinder wurde überallhin gerufen, wo es etwas Schwieriges zu saugen gab, und wurde gut bezahlt! Einmal im Mai wollte einer die Katzen vom Dach gesaugt haben, weil sie so laut sangen, und der Erfinder saugte gleich alle Katzen von allen Dächern der Stadt und ließ sie erst im Tierschutzverein wieder aus. Als die Kirschbaumbesitzer ihre Kirschen nicht selber pflücken wollten, saugte der Erfinder die Kirschen von den Bäumen. Es gingen zwar viele Blätter und sogar Äste mit, aber das war dem Erfinder gleichgültig, denn Kirschbäume gab es genug. Als er einmal die Tannennadeln vom Waldboden saugen sollte, stellte er den Staubsauger zu stark ein und riß ein ganzes Stück Wald mit, aber das kümmerte ihn nicht, denn es war genug Wald da. Bald hatte er so viel Geld verdient, daß er nur noch zum Vergnügen saugte, was ihm einfiel: Er saugte die Löcher aus dem Käse, das ging ja noch, aber dann saugte er die Fenster aus den Häusern und das Wasser aus den Bächen, nur so zum Spaß. Manchmal saugte er freilich auch den Dreck aus der Luft und die Abgase von der Autobahn, aber das tat er selten, weil es ihn nicht sonderlich freute.

Eines Tages lag er irgendwo in Afrika auf einer Urwaldwiese und wollte sich ein paar Bananen vom Baum saugen, da stieß er an den Staubsauger, und der kippte um und schnapp, saugte der Staubsauger den Erfinder ein und noch eine Menge Affen aus dem Urwald dazu. Hätte nicht ein ganz kleines Äffchen sich an einem Grashalm festgehalten und den Staubsauger abgestellt — wer weiß, was geschehen wäre! So aber hörte der Staubsauger auf zu saugen, und der Erfinder kroch aus dem Beutel des Staubsaugers und schüttelte sich und sagte: „Das hätte schlimm ausgehen können!"

Der Kieselstein und die weite Welt

Es war Sommer. Die Sonne schien. Ein Kieselstein lag inmitten vieler anderer Kieselsteine auf einer kleinen Straße, die an Häusern und Gärten und an einer Wiese vorbeiführte. Da kam ein Wagen daher, und seine Räder schleuderten den Kieselstein in die Wiese hinaus. „Wunderbar!" sagte der Kieselstein. „Ich habe nicht gewußt, daß die Welt so groß ist!" Gräser und Blumen nickten, Bienen summten und Käfer brummten. „Hier werde ich bleiben", sagte der Kieselstein.

Auf der Wiese spielte ein kleiner Junge, er sah den Kieselstein, hob ihn auf und warf ihn hoch in die Luft.

„Wunderbar!“ jauchzte der Kieselstein. „Ich bin ein Kieselstein, der fliegt! Ich werde in die weite Welt fliegen!“

Klirr-krach, flog er durch eine Fensterscheibe. „Jetzt hast du mich zerbrochen“, ächzte das Glas.

„Warum bist du nicht ausgewichen?“ antwortete der Kieselstein. „Siehst du nicht, daß ich in die weite Welt hinausfliege?“

Im selben Augenblick plumpste er nieder. Er lag auf einem bunten Teppich in einem kleinen Wohnzimmer.

Der Kieselstein schaute um sich. „Wie seltsam und großartig ist die Welt“, sagte er. „Hier will ich bleiben. Das ist der richtige Platz für einen besonderen Kieselstein wie mich!“

Kaum hatte er ausgesprochen, kam eine Frau ins Zimmer, sah die Bescherung, packte den Kieselstein und warf ihn aus dem zerbrochenen Fenster.

„Schon wieder fliege ich!“ rief der Kieselstein. „Wo werde ich jetzt hinkommen? Das ist ja ungemein aufregend und spannend!“

Plopp! landete er auf der Straße mitten unter den anderen Kieselsteinen.

Die haben ja keine Ahnung, wie groß die Welt ist! dachte der Kieselstein.

Und er lag da und kam sich ganz besonders vor!

Hühnchen, Hähnchen und das Böhnchen

Ein Hühnchen und ein Hähnchen lebten vergnügt und scharrten und fanden eine Bohne.

„Guckguckguck, mein Hühnchen, ich hab’ eine Bohne gefunden, schluckschluckschluck sie, mein Hühnchen!“ rief das Hähnchen.

Das Hühnchen aber antwortete: „Gluckgluckgluck, ich bin satt, schluckschluckschluck du das Böhnchen, mein Hähnchen!"

Das Hähnchen schluckte die Bohne und verschluckte sich, und die Bohne blieb ihm im Hals stecken. Da rief es: „Uckuckuck, mein Hühnchen, ich hab' mich verschluckt, die Bohne druckt! Hol mir Wasser, Hühnchen, gick, damit ich nicht erstick'!"

Das Hühnchen rannte zum Fluß und bat:

„Gib mir Wasser, lieber Fluß,
weil sonst mein Hähnchen
gicken und ersticken muß
am Böhnchen!"

„Gluckgluck", sagte der Fluß. „Erst geh zur Linde und hol mir ein Stückchen Rinde!"

Das Hühnchen rannte zur Linde:

„Linde, Linde, schenk mir ein Stück Rinde!
Das bring' ich zum Fluß.
Der gibt mir Wasser dafür,
damit mein Hähnchen
nicht gicken und ersticken muß
am Böhnchen!"

Die Linde sagte:

„Zuerst lauf zum Mädchen, bring ein Fädchen für mich zum Schmuck! Dann sollst du haben, was du begehrst!"

Das Hühnchen lief zum Mädchen und sagte:

„Liebes Mädchen,
gib mir ein Fädchen für die Linde!
Sie schenkt mir Rinde,
die bring' ich dem Fluß.
Der gibt mir Wasser,
damit mein Hähnchen

nicht gicken und ersticken muß
am Böhnchen!"

Das Mädchen sagte:
„Erst mußt du zum Krämer laufen und einen schönen Kamm für mich kaufen!"
Das Hühnchen lief zum Krämer und sagte:

„Ich brauche einen Kamm für das Mädchen,
das Mädchen schenkt mir dafür ein Fädchen.
Mit dem Fädchen lauf' ich zur Linde,
die gibt mir dafür ein Stückchen Rinde.
Für die Rinde
bekomm' ich Wasser vom Fluß,
damit mein Hähnchen
nicht gicken und ersticken muß
am Böhnchen!"

Der Krämer sagte: „Einen Kamm geb' ich dir gern. Doch erst hol mir vom Bäcker eine Brezel und einen Mandelstern!"
Das Hühnchen lief zum Bäcker und sagte:

„Ich brauche eine Brezel
und einen Mandelstern,
denn die ißt der Krämer gar so gern.
Er gibt mir dafür einen Kamm
für das Mädchen,
das Mädchen schenkt mir dafür ein Fädchen.
Mit dem Fädchen lauf' ich zur Linde,
die gibt mir dafür ein Stückchen Rinde.
Für die Rinde
bekomm' ich Wasser vom Fluß,
damit mein Hähnchen
nicht gicken und ersticken muß
am Böhnchen!"

Da sagte der Bäcker: „Die Holzhacker sollen Holz für mich hacken, dann erst kann ich Brezeln backen!"

Das Hühnchen lief zu den Holzhackern und sagte:

„Ich brauche Holz, ihr müßt es hacken,
der Bäcker braucht es zum Brezelbacken,
denn der Krämer ißt so gern
Zuckerbrezeln und Mandelstern.
Er gibt mir dafür einen Kamm
  für das Mädchen,
das Mädchen schenkt mir dafür ein Fädchen.
Mit dem Fädchen lauf' ich zur Linde,
die gibt mir dafür ein Stückchen Rinde.
Für die Rinde
  bekomm' ich Wasser vom Fluß,
damit mein Hähnchen
nicht gicken und ersticken muß
am Böhnchen!"

Da hackten die Holzhacker Holz und gaben es dem Hühnchen.

Das Hühnchen lief mit dem Holz zum Bäcker und bekam eine Brezel dafür und einen Mandelstern, die brachte es dem Krämer und bekam dafür einen Kamm. Dann brachte es den Kamm zu dem Mädchen und bekam dafür ein Fädchen und brachte es der Linde und bekam ein Stückchen Rinde. Mit der Rinde lief das Hühnchen zum Fluß und bekam das Wasser und lief damit zum Hähnchen.

„Uckuck", sagte das Hähnchen, und dann sagte es „gluckgluck", als es das Wasser trank, und schluckte das Böhnchen hinunter und war wieder lustig und krähte:

„Kickerikiiiiiiiii!"

Füchslein Rotrock

Füchslein Rotrock wohnte in einem kleinen Haus mitten im Wald. Eines Tages lief Füchslein Rotrock aus dem Wald und kam zu einer Straße. Auf der Straße gingen Hühnchen und Hähnchen spazieren.

„Guten Tag, Hähnchen! Guten Tag, Hühnchen!" sagte Füchslein Rotrock. „Ich habe ein kleines Haus im Wald. Wollt ihr mich nicht besuchen und meine Gäste sein?"

„Morgen kommen wir dich besuchen!" versprachen Hühnchen und Hähnchen.

Füchslein Rotrock lief in den Wald. Habe ich das nicht schlau gemacht? dachte es. Morgen fresse ich Hähnchen und Hühnchen.

Am nächsten Tag spannte Hähnchen acht Mäuse vor seinen kleinen Wagen. Hühnchen und Hähnchen stiegen ein, und die Mäuse trippelten los.

Nach einer Weile begegneten sie einer Katze.

„Miau!" sagte die Katze. „Ich bin noch nie in einem Wagen gefahren. Darf ich mitkommen?"

„Gern!" sagte Hähnchen. „Setz dich zu uns."

Die Katze stieg in den Wagen. Die acht Mäuse trippelten weiter.

Nach einer Weile begegneten sie einer Ente.

„Quak!" sagte die Ente. „Ich bin noch nie in einem Wagen gefahren. Darf ich mitkommen?"

„Gern!" sagte Hühnchen. „Setz dich zu uns."

Wieder nach einer Weile begegneten sie einem Stein, der wollte auch mitfahren. Der Wagen war schon sehr voll, aber alle drängten sich aneinander, und der Stein hatte noch Platz. Sie waren noch nicht lange gefahren, da begegneten sie einer Nähnadel. Die Nähnadel war so dünn, die brauchte fast gar keinen Platz.

Vor dem Haus des Füchsleins hielten die Mäuse an. Hühnchen und Hähnchen, die Katze, die Ente, der Stein und die Nähnadel stiegen aus. Hähnchen klopfte an die Tür. Niemand öffnete. Füchslein Rotrock war im Wald und suchte Reisig.

„Wer wohnt in dem Häuschen?“ fragte die Katze.

„Füchslein Rotrock!“ antwortete Hähnchen. „Wir sind heute seine Gäste.“

Der Stein fiel vor Schreck um. Die Nähnadel hüpfte. Die Katze miaute. Die Ente quakte.

„Füchslein Rotrock?“ riefen sie. „Gewiß hat es euch eingeladen, weil es euch fressen will. Aber habt keine Angst! Ihr habt uns im Wagen mitgenommen, dafür helfen wir euch.“

Die Katze und die Ente versteckten den Wagen hinter einem Busch. Hühnchen und Hähnchen und die acht Mäuse versteckten sich hinter dem Haus. Der Stein sprang auf das Dach. Die Katze kroch hinter den Herd. Die Ente versteckte sich im Wassereimer. Die Nähnadel schlüpfte ins Handtuch.

Nicht lange danach kam Füchslein Rotrock heim. „Meine Gäste werden bald da sein“, sagte es. „Ich will das Feuer im Herd anzünden.“

Füchslein Rotrock trat an den Herd, da blies die Katze in die Asche. Füchslein Rotrock bekam die Augen voller Asche. Es lief zum Wassereimer und wollte sich waschen, da klatschte die Ente mit den Flügeln auf das Wasser. Füchslein Rotrock wurde von oben bis unten naß. Es wollte sich mit dem Handtuch abtrocknen, da zerkratzte ihm die Nähnadel das Gesicht.

Füchslein Rotrock rannte aus dem Haus. Kaum war es draußen, sprang ihm der Stein auf den Kopf.

„Mein Haus ist verhext!“ jammerte Füchslein Rotrock. „Ich mag nicht mehr hier bleiben. Ach was, ich wandere fort! Ich wollte mir schon immer die Welt anschauen.“

Füchslein Rotrock lief fort und wurde nie wieder gesehen.

Hühnchen und Hähnchen, den Mäusen, der Katze, der Ente, dem Stein und der Nähnadel aber gefiel es so gut in dem kleinen Haus, das sie für immer darin wohnen blieben.

Der Speck lief weg

Eines Tages lag im Wald ein großes Stück Rentierspeck, das hatten die Jäger verloren. Ein Rabe fand den Speck und krächzte:

„Krah, krah,
ein Stück Speck liegt da!
Den nimmt mir keiner weg,
den Speck!
Krah! Krah!"

Der Rabe packte mit seinem starken Schnabel das Stück Speck und flog damit auf einen Baum und begann zu fressen. Es schmeckte ihm.

„Krah, krah", krächzte er immer wieder.

„Ein gutes Stück!
so ein Glück!
Ha ha ha ha!
Krah krah krah krah!"

Da kam ein Fuchs daher und hörte, was der Rabe krächzte. Das Wasser lief dem Fuchs im Maul zusammen, doch Rabe und Speck waren hoch oben auf dem Baum.

Ich werde den Raben erschrecken, dann wird er den Speck fallenlassen, dachte der Fuchs und rief hinauf:

„Hohohohoho!"

Der Rabe erschrak und fiel vor Schreck mitsamt dem Speck vom Baum in den tiefen Schnee. Auch der Speck fiel in den Schnee.

Schnapp — hatte der Fuchs den Speck im Maul und machte, daß er fortkam.

„Brrrrrr-krah“, sagte der Rabe und zappelte und schlug mit den Flügeln, bis er aus dem Schnee heraußen war. Dann guckte er sich um und rief:

„Speck, wo bist du, krah?!
Komm, Speck, ich bin da!“

Aber der Speck kam nicht.

Da flog der Rabe wieder auf den Baum und krächzte:

„Der Speck ist weggelaufen, krah!
So ein dummer Speck!
Läuft mir einfach weg,
Krah krah krah,
und läßt mich da!“

Der Hase und der Drachenkönig

Auf einer fernen Insel im großen Meer lebte einst ein Drachenkönig. Er war schon sehr alt, hatte länger gelebt als alle anderen Drachen, aber endlich kam auch für ihn die Zeit, da er sterben sollte. Von Tag zu Tag fühlte er sich müder, und er spürte, daß sein altes Herz bald aufhören würde zu schlagen. Er fragte alle Tiere der Insel um Rat, aber keines wußte einen. Da sandte er die Schildkröte über das weite Meer; sie sollte nach einem weisen Arzt suchen, der ihn vom Alter heilen könnte.

Die Schildkröte schwamm und schwamm und kam ans Festland. Dort traf sie einen jungen Mann, erzählte ihm ihr Anliegen und fragte ihn nach einem weisen Arzt. Der Bursche wollte sich einen Spaß machen, und weil er eben einen Hasen über die Wiese hoppeln sah, sagte er: „Du brauchst nicht weiter zu suchen, deine Frage kann ich dir beantworten. Der Drachenkönig kann geheilt werden, wenn er das Herz eines Hasen ißt."

Die Schildkröte wußte nicht, was Hasen sind, da auf der Insel keine lebten. Der junge Mann zeigte auf den Hasen in der Wiese, ging weiter und lachte über den Scherz, den er sich erlaubt hatte.

Die Schildkröte kroch zu dem Hasen hin und sagte: „Was bist du für ein schönes Tier! Wie lang deine Ohren sind! Willst du nicht mit mir zur Insel des Drachenkönigs kommen? Mein Herr, der Drachenkönig, wird sich freuen, wenn du sein Gast bist."

Der Hase fühlte sich geschmeichelt und war sofort bereit, mit der Schildkröte zu gehen. Am Ufer nahm sie ihn auf den Rücken und schwamm mit ihm über das große Meer. Der Hase staunte über die rollenden, blauen Wellen mit den weißen Schaumkronen. Noch mehr staunte er über die Insel. Mitten in bunten Blumengärten stand der Palast des Drachenkönigs, schimmernd und glitzernd in der Sonne. Aufgeregt folgte der Hase der Schildkröte. In einem edelsteinfunkelnden Saal saß der alte Drachenkönig auf dem Thron, bekleidet mit seidenen Gewändern, aber so schwach, daß ihn zwei Drachen rechts und links stützen mußten.

„Sei gegrüßt, edler Hase", sprach der Drachenkönig. „Ich danke dir, daß du die weite Reise zu mir gemacht hast. Ich leide an einer Krankheit, die nur geheilt werden kann, wenn ich dein Herz esse. Stirb fröhlich, du rettest einem König das Leben!"

Als der Hase das hörte, erschrak er und dachte: Die Schildkröte hat mir nicht gesagt, daß ich hierher kommen soll, um zu sterben. Und was nützt es dem Drachenkönig, wenn ich tot bin! Ich bin doch nur ein ganz gewöhnlicher Hase und besitze keine Wunderkräfte. Ich werde vergeblich sterben und lebe doch so gern!

Der Hase nahm seinen ganzen Mut zusammen und sagte: „Herr Drachenkönig, es ist wahr, daß mein Herz wunderbare Kräfte besitzt. Aber glaubst du, ich trage so etwas Kostbares immer mit mir herum, damit es mir jeder nehmen kann? Nein! Ich habe es gut versteckt, und nur ich weiß, wo es zu finden ist. Du bist ein mächtiger König, und ich bin nur ein kleiner Hase, also will ich gern für dich sterben. Die Schildkröte soll mich zurück an Land bringen, ich will ihr mein Herz für dich mitgeben."

Der Drachenkönig bedankte sich vielmals bei dem Hasen. Die Schildkröte nahm ihn wieder auf ihren Rücken und schwamm mit ihm über das weite blaue Meer. Als sie das Festland erreicht hatten, hüpfte der Hase vom Rücken der Schildkröte.

„Zeig mir, wo dein Herz ist", sagte die Schildkröte.

„Du dummes Tier", rief der Hase, „glaubst du, ich könnte mir das Herz aus der Brust nehmen und es verstecken? Das habe ich nur gesagt, damit du mich heimbringst. Sag deinem Drachenkönig, daß kein Geschöpf auf Erden ewig leben kann und daß die Krankheit, an der er leidet, das Alter ist. Er soll getrost den Tod erwarten und glücklich sein, daß er so lange leben durfte."

Der Hase schlug einen Haken und rannte davon. Er lief und lief, bis er zu seiner Wiese kam. Dort nibbelte er die saftigsten Gräschen, dort hüpfte er im Sonnenschein und konnte nicht genug davon haben.

Die beiden Wanderer

Einmal kamen ein Schuster und ein Schneider auf der Wanderschaft zusammen und beschlossen, miteinander zu gehen. Der Schneider war ein kleiner, hübscher Kerl und war immer lustig und guter Dinge. Der Schuster aber sah immer drein, als hätte er Essig getrunken, und vom

Lachen hielt er nichts. Kamen sie in eine Stadt, so suchten sie Arbeit, und weil das Schneiderlein munter aussah, nahm jeder es gerne auf. Wenn die beiden weiterwanderten, hatte der Schneider immer Geld in der Rocktasche. Der Schuster sagte verdrossen: „Je größer der Schelm, je größer das Glück." Der Schneider aber fing an zu lachen und teilte alles, was er bekommen hatte, mit seinem Kameraden.

Als sie eine Zeitlang gewandert waren, kamen sie in einen großen Wald. Zwei Wege führten hindurch, davon war der eine sieben Tage lang, der andere nur zwei Tage, doch sie wußten nicht, welcher der kürzere war.

Der Schuster sagte: „Ich will für sieben Tage Brot mitnehmen."

„Was?" rief der Schneider. „Für sieben Tage Brot auf dem Rücken schleppen? Warum sollen wir den richtigen Weg nicht finden? Ich nehme für zwei Tage Brot mit." Jeder kaufte sich sein Brot, und dann gingen sie auf gut Glück in den Wald hinein.

In dem Wald war es still wie in einer Kirche. Kein Wind wehte, kein Bach rauschte, kein Vogel sang, und kein Sonnenstrahl drang durch das dichte Gezweig. Der Schuster sprach kein Wort, er schleppte schwer an seinem Brot. Der Schneider pfiff oder sang ein Liedchen und dachte: Gott im Himmel muß sich freuen, daß ich so lustig bin.

Als aber am dritten Tag der Wald kein Ende nehmen wollte und der Schneider sein Brot aufgegessen hatte, wurde ihm doch schwer ums Herz. Abends legte er sich hungrig nieder, und am Morgen stand er hungrig wieder auf. Wenn der Schuster von seinem Brot aß, mußte der Schneider zusehen. „Du bist immer lustig gewesen", sagte der Schuster, „nun kannst du einmal versuchen, wie es ist, wenn man nicht lustig ist."

Am siebten Morgen konnte der arme Schneider nicht

mehr weiter, da ließ ihn der Schuster liegen und wanderte allein auf dem Weg fort. Der Schneider dachte: Ach Gott, es geschieht mir recht, warum bin ich so leichtsinnig gewesen! Er aß Wurzeln und Beeren. Davon wurde er nicht satt, aber er fühlte sich doch ein wenig kräftiger. Er erreichte den Waldrand, trat unter den Bäumen hervor und sah vor sich einen Teich, auf dem eine Entenmutter mit ihren Jungen schwamm.

„Ihr kommt wie gerufen", sagte er, packte eine der jungen Enten und wollte ihr den Hals umdrehen. Da fing die Entenmutter an laut zu jammern und bat ihn, sich ihrer lieber Kinder zu erbarmen.

„Sei nur still", sagte der Schneider und setzte die junge Ente ins Wasser. „Du sollst deine Kinder behalten."

Er ging weiter und kam zu einem hohlen Baum, aus dem wilde Bienen aus- und einflogen. „Honig ist auch nicht zu verachten", sagte der Schneider und wollte die Bienen vertreiben. Sie aber summten und brummten und sprachen: „Zerstör unser Nest nicht! Es kommt vielleicht eine Zeit, wo wir es dir lohnen können."

Da ließ der gutmütige Schneider die Bienen in Ruhe. „Zwei Schüsseln leer", sagte er, „das ist eine schlechte Mahlzeit!"

Er ging weiter und sah ein braunes Fohlen in einer Wiese herumspringen. Weil er vor Hunger ganz schwach und erschöpft war, packte er es an der Mähne und wollte sich aufschwingen und darauf reiten.

„Laß mich laufen", bat das Fohlen, „ich bin noch zu jung, um dich zu tragen. Auch ein leichter Schneider wie du bricht mir den Rücken entzwei."

„Lauf hin!" sagte der Schneider und klopfte dem Fohlen auf den Rücken, daß es vor Freude mit den Hinterbeinen ausschlug und in die Wiese hineinjagte.

„Wenn ich nur nicht so hungrig wäre", sagte der Schneider, „ich wollte auch springen wie das Fohlen."

Er rastete eine Weile und wanderte dann weiter und kam in eine Stadt mit prächtigen Toren und hundert Türmen und einem schönen Königsschloß. Dort suchte er sich Arbeit, und weil er so geschickt nähte, wurde er bald berühmt. Alle Tage kamen mehr Kunden, und endlich bestellte ihn der König zu seinem Hofschneider.

Im Königsschloß arbeitete aber auch der Schuster, und als er den Schneider sah, wollte er ihm sein Glück nicht gönnen. Er ging zum König und sagte: „Herr König, der Schneider ist ein übermütiger Mensch, er behauptet, er kann die goldene Krone wieder herbeischaffen, die vor alten Zeiten verlorengegangen ist."

„Das sollte mir lieb sein", antwortete der König und ließ den Schneider rufen. „Schaff mir die Krone her", befahl er, „oder verlaß für immer meine Stadt!"

Oho, dachte der Schneider, wenn dieser murrköpfige König von mir verlangt, was kein Mensch leisten kann, so will ich nicht warten, sondern gleich heute fortwandern. Als er aber mit dem Bündel auf dem Rücken aus dem Tor hinaus war, tat es ihm leid, die Stadt zu verlassen, wo es ihm so gut gegangen war.

Er kam zu dem Teich, und dort saßen die Enten am Ufer und putzten sich mit dem Schnabel. Die Entenmutter erkannte ihn gleich und wollte wissen, warum er traurig war. Der Schneider erzählte ihr seine Geschichte.

„Wenn's weiter nichts ist", sagte die Entenmutter, „können wir dir helfen. Die Krone ist in den Teich gefallen und liegt unten auf dem Grund." Sie tauchte mit ihren Jungen unter, und nach fünf Minuten war sie wieder oben und hatte die Krone auf dem Rücken. Die Jungen schwammen rundherum und halfen mit den Schnäbeln tragen. Sie schwammen ans Land und legten die Krone vor dem Schneider nieder.

„Danke, liebe Enten", sagte der Schneider, band die Krone in sein Taschentuch und trug sie ins Schloß. Der

König war vor Freude außer sich und schenkte dem Schneider eine goldene Kette zum Lohn.

Der Schuster sah, daß der Streich mißlungen war, trat vor den König und sagte: „Herr König, der Schneider behauptet, er könne das königliche Schloß mit allem, was drinnen ist, in Wachs abbilden."

„Das wäre prächtig!" sagte der König, rief sogleich den Schneider und befahl ihm, das Schloß mit allem, was drinnen war, in Wachs abzubilden. Der Schneider dachte: Es kommt immer ärger, das hält kein Mensch aus! Er nahm sein Bündel und wanderte fort.

Als er an den hohlen Baum kam, setzte er sich betrübt nieder. Die Bienen kamen herausgeflogen und wollten wissen, warum er den Kopf hängen ließ. Da erzählte der Schneider, was der König von ihm verlangte.

Die Bienen fingen an, untereinander zu summen und zu brummen, und endlich sagten sie: „Geh nur wieder nach Hause, komm aber morgen wieder und bring ein großes Tuch mit."

Da kehrte der Schneider in die Stadt zurück. Die Bienen aber flogen ins königliche Schloß, flogen bei den offenen Fenstern hinein und sahen sich alles an. Dann flogen sie zu ihrem hohlen Baum und bildeten das Schloß aus Wachs nach. Als der Schneider am nächsten Morgen kam, stand das Schloß da, es war schneeweiß und roch süß wie Honig. Der Schneider packte es vorsichtig in sein Tuch und brachte es dem König. Der konnte sich nicht genug wundern, stellte das wächserne Schloß in seinen größten Saal und schenkte dem Schneider eine Kette aus Edelsteinen.

Der Schuster aber ging zum drittenmal zum König und sagte: „Herr König, der Schneider hat gehört, daß auf dem Schloßhof kein Wasser fließen will, und hat behauptet, er könne einen Brunnen mit kristallklarem Wasser hervorzaubern."

Da ließ der König den Schneider holen und sagte: „Wenn morgen ein kristallklarer Brunnen in meinem Hof sprudelt, will ich dir meine älteste Tochter zur Frau geben."

Der Lohn ist freilich groß, dachte das Schneiderlein, aber wie soll ich es machen, daß in dem Hof Wasser fließt? Ich will fort, hier kann ich doch nicht in Ruhe leben! Er schnürte sein Bündel und eilte zum Tor hinaus.

Als er über die Wiese ging, kam das Fohlen herbeigesprungen. „Ich weiß schon, was dir fehlt", sagte es. „Setz dich auf meinen Rücken, jetzt bin ich stark genug, dich zu tragen."

Der Schneider setzte sich auf das Fohlen, und es rannte in die Stadt hinein und geradezu in den Schloßhof. Dort jagte es dreimal rundherum, schnell wie der Blitz. Beim drittenmal schlug es mit den Hufen auf die Erde, sie öffnete sich, und ein Strahl Wasser sprudelte hoch, so rein wie Kristall.

Als der König den Brunnen sah, umarmte er das Schneiderlein und sagte: „Dreimal hast du mir einen Wunsch erfüllt, jetzt sollst du meine Tochter haben!"

Der ältesten Tochter gefiel das muntere Schneiderlein, und die Hochzeit wurde gefeiert. Der Schuster mußte die Schuhe machen, in denen das Schneiderlein auf dem Fest tanzte. Das kränkte den Schuster so sehr, daß er davonlief, weit fort, und niemand hat ihn wieder gesehen oder etwas von ihm gehört.

Zwerg Nase

Vor vielen Jahren lebte in einer kleinen Stadt ein Schuster. Den ganzen Tag saß er in seinem Laden und flickte Schuhe und Pantoffel. Seine Frau verkaufte Obst und Gemüse, das sie in ihrem kleinen Gärtchen pflanzte. Die beiden hatten einen Jungen von zwölf Jahren. Der Junge saß oft bei der Mutter auf dem Markt, und manchmal half er den Leuten, die bei seiner Mutter Gemüse kauften, den Korb voll Gemüse nach Hause zu tragen.

Eines Tages saß die Frau des Schusters wieder auf dem Markt. Der Junge, Jakob hieß er, saß neben ihr und rief mit heller Stimme: „Schöner Kohl! Frische Kräuter! Sommerbirnen! Sommeräpfel!“ Da kam ein altes wunderliches Weib über den Markt her. Ihr Gesicht war klein und spitzig, ihre Augen waren rot, und die Nase war lang und spitz. Die Alte hinkte an einem Krückstock daher, und es sah aus, als würde sie jeden Augenblick umkippen und mit der spitzen Nase aufs Pflaster fallen.

„Kräutlein schauen, Kräutlein schauen!“ sagte sie und fuhr mit ihren spinnenfingrigen Händen in den Kräuterkorb der Schusterin, packte die duftigen Kräutlein und hielt eins ums andere an die lange Nase. Dabei murmelte sie: „Schlechtes Zeug, schlechtes Zeug!“

Die Schusterin traute sich nicht, etwas zu sagen, so gruselig war ihr. Der kleine Jakob aber rief ärgerlich: „Erst fährst du mit deinen Fingern in den Korb und drückst die schönen Kräuter zusammen, und dann hältst du sie an deine lange Nase, daß sie niemand mehr kaufen mag!“

Das Weib schielte den Jungen an und sagte: „Söhnchen, gefällt dir meine Nase? Sollst auch so eine haben!“ Und zur Schustersfrau sagte sie: „Ich will dir sechs Kohlköpfe abkaufen, aber ich bin alt und schwach. Erlaub deinem Sohn, daß er mir die Ware nach Hause bringt!“

Jakob wollte erst nicht, aber dann trug er der alten Frau den Korb mit den Kohlköpfen nach. Langsam, ganz langsam gingen sie dahin, bis in einen entlegenen Teil der Stadt. Dort blieb die Alte endlich vor einem kleinen, baufälligen Haus stehen, zog einen alten, rostigen Haken aus der Tasche und steckte ihn ins Schlüsselloch. Die Tür sprang krachend auf. Als Jakob eintrat, war er ganz weg vor Staunen. Die Wände waren aus Marmor, und die Möbel waren mit Gold und Edelsteinen ausgelegt. Der Fußboden aber war von Glas und so glatt, daß Jakob ein paarmal ausrutschte. Die alte Hexe oder Fee oder was sie war, zog ein silbernes Pfeifchen hervor und blies hinein. Da kamen sogleich ein paar Meerschweinchen die Treppe herab. Sie gingen aufrecht auf zwei Beinen, hatten Nußschalen statt Schuhen an den Pfoten, und sie hatten Kleider an und sogar Hüte auf dem Kopf.

„Wo sind meine Pantoffel?" schrie die Alte und schlug mit dem Stock nach ihnen. Die Meerschweinchen sprangen schnell die Treppe hinauf und brachten ein Paar Kokosnußschalen. Die Frau zog sie an und warf den Stock weg. Jetzt war alles Hinken vorbei. Mit Windeseile rutschte sie über den Glasboden und zog Jakob mit sich fort in die Küche. Meerschweinchen eilten herbei, die hatten Küchenschürzen umgebunden, das waren die Köche. Eichhörnchen mit weiten Pluderhosen und grünen Mützchen aus Samt waren die Küchenjungen. Sie brachten Pfannen und Töpfe und Butter und Kräuter und Mehl. Die alte Frau sauste in ihren Pantoffeln ständig hin und her und sagte dabei: „Ich will dir ein Süppchen kochen, mein Kleiner, an das du denken wirst!"

Jakob saß in einer Ecke auf einer Polsterbank und sah zu, wie die wunderliche Frau kochte. Das Feuer im Herd knisterte höher empor. Immer wieder guckte die Alte mit ihrer langen Nase in den Topf. Endlich fing es darin an zu sprudeln und zu zischen. Dampf quoll aus dem Topf hervor, und der Schaum floß herab ins Feuer. Da nahm die Alte den Topf vom Herd, goß die Suppe in eine silberne Schale und setzte sie dem kleinen Jakob vor.

Der Duft von feinen Kräutern und Gewürzen stieg aus der Suppe auf, süß und säuerlich und sehr stark. Jakob aß die Suppe und wurde schläfrig. Zwar fiel ihm ein, er sollte zurück zu seiner Mutter laufen; er schreckte immer wieder auf, aber endlich schlief er fest ein.

Sonderbare Träume kamen ihm. Er träumte, er wäre ein Eichhörnchen und diente mit den anderen Eichhörnchen und Meerschweinchen der alten Frau. Er mußte Schuhe putzen und den gläsernen Boden blank reiben, und endlich wurde er in die Küche getan und lernte kochen und backen, die feinsten Suppen, Braten, Pasteten und Kuchen.

Sieben Jahre vergingen. Eines Tages sagte die alte Frau zu Jakob: „Brate ein Huhn und füll es mir gut mit Kräutern." Dann nahm sie ihren Stock und humpelte aus dem Haus. Jakob ging in die Kräuterkammer. Da hing ein Schränkchen an der Wand, das er sonst nie bemerkt hatte, und das Türchen war halb offen. Neugierig sah er hinein. Viele Körbchen mit Deckeln standen drinnen. Er öffnete eins und fand darin ein duftendes, seltsames Kräutlein. Stengel und Blätter waren blaugrün und trugen oben eine kleine brennrote Blume mit gelbem Rand. So stark war ihr Duft, daß Jakob zu niesen anfing, und er nieste und nieste, und plötzlich erwachte er. Da saß er auf der Polsterbank und blickte verwundert um sich.

„Nein, was man alles zusammenträumt!" rief er. „Ein Eichhörnchen war ich, und kochen habe ich gelernt! Alles im Traum! Jetzt muß ich aber laufen, die Mutter wird sich schon Sorgen machen!«

Er stand auf. Arme und Beine waren ihm vom Schlaf noch ganz steif, und er konnte den Kopf nicht recht hin- und herbewegen. Alle Augenblicke stieß er mit der Nase irgendwo an. Jakob mußte über sich selber lachen. Endlich fand er den Weg zum Haustor, und da war er wieder in dem entlegenen Teil der Stadt. Er konnte kaum aus den engen Gassen herausfinden. Viele Menschen drängten sich um ihn und riefen: „Schaut doch, da ist ein Zwerg mit einer langen Nase!"

Jakob hätte auch gern den Zwerg gesehen, aber er

dachte an seine Mutter, und so lief er zurück auf den Gemüsemarkt.

Es war ihm aber ganz sonderbar zumute, als er seine Mutter sah. Sie saß traurig vor ihren Körben und rief auch nicht ihre Waren aus. Er ging leise hin, legte die Hand auf ihren Arm und sagte: „Mutter, bist du böse auf mich, weil ich so spät komme?" Die Mutter hob den Kopf und schrie vor Schrecken auf: „Geh weg, du häßlicher Zwerg!"

„Mutter, was hast du denn? Willst du deinen Jakob wegschicken?" fragte er. Aber die Mutter schrie nur immer: „Geh fort, geh fort!" Da stiegen dem Jakob die Tränen in die Augen, und er dachte: Ich werde zu meinem Vater gehen, ob der mich auch nicht kennen will! Er ging die Straße hinunter zum Haus des Schuhflickers.

„Guten Abend, Meister", sagte er. „Wie geht's?"

„Schlecht, kleiner Herr", antwortete der Vater. Auch er schien Jakob nicht zu erkennen. „Ich werde alt und bin zu arm, als daß ich einen Gesellen haben könnte."

„Habt Ihr denn keinen Sohn, der Euch bei der Arbeit hilft?" fragte Jakob weiter.

„Ich hatte einen", sagte der alte Schuster. „Vor sieben Jahren aber trug er einer alten Frau den Gemüsekorb heim, und seither haben wir ihn nie wieder gesehen."

„Vor sieben Jahren!" schrie Jakob erschrocken.

„Ja, kleiner Herr! Wir gingen von Haus zu Haus und fragten alle Leute, aber niemand hatte ihn gesehen, und niemand kannte die alte Frau." Jakob stand ganz stumm und konnte es nicht glauben, daß er wirklich sieben Jahre fort gewesen war. Da fragte ihn der Vater freundlich: „Wollt Ihr vielleicht ein Paar Pantoffel kaufen oder eine Hülle für Eure Nase?"

„Wozu denn eine Hülle für meine Nase?" fragte Jakob.

„Als Schutz! Ihr stoßt Euch doch an jedem Türpfosten", sagte der Schuster.

Jakob erschrak. Er betastete seine Nase. Sie war dick und wohl zwei Hände lang. „Meister", sagte er halb weinend, „habt Ihr nicht einen Spiegel?"

„Der Barbier hat einen", sagte der Schuster. „Er wird Euch schon hineinschauen lassen."

Jakob ging über die Straße zum Barbier, und der erlaubte ihm, in den Spiegel zu schauen. Jakob erblickte sich darin und konnte nicht glauben, was er sah: Seine Augen waren winzig, seine Nase war lang und dick, der Kopf steckte tief in den Schultern. Und sein dicker Oberleib saß auf kleinen, schwachen Beinchen. „So haben meine Eltern mich freilich nicht erkennen können!" rief er, lief weinend fort und versteckte sich in einem Winkel. Dort saß er traurig den ganzen Tag, und als die Nacht kam, weinte er sich in den Schlaf.

Am Morgen, als er erwachte, fiel ihm sein Unglück wieder ein. Er war ein häßlicher Zwerg geworden, und Vater und Mutter erkannten ihn nicht. Da überlegte er, wie er sich sein Brot verdienen könnte, und er dachte daran, daß er als Eichhörnchen kochen gelernt hatte. Er machte sich auf und wanderte zu des Herzogs Schloß. Dort ging er zum Oberküchenmeister, verbeugte sich und sagte: „Gnädiger Herr, braucht Ihr keinen geschickten Koch?"

Der Oberküchenmeister betrachtete ihn und begann zu lachen. „Du willst ein Koch in des Herzogs Küche werden? Du reichst ja nicht einmal auf den Herd hinauf!" Der Zwerg aber gab nicht nach. „Was liegt an einem Ei oder zweien", sagte er, „an ein wenig Sirup und Wein und Mehl und Gewürz in einem Haus, wo man genug hat? Sagt mir irgendeine Speise, gebt mir, was ich dazu brauche, und sie soll vor Euren Augen schnell fertig sein."

„Gut", sagte der Oberküchenmeister, „ich mache mir den Spaß und lasse dich kochen."

Die Küche war ganz herrlich eingerichtet. In zwanzig Herden brannte ständig Feuer, und klares Wasser floß mitten durch die Küche. Überall waren Vorräte aufgestellt, und Köche und Küchenjungen liefen mit Gabeln und Schaumlöffeln umher und rasselten mit Kesseln und Pfannen.

„Was hat der Herr Herzog heute zum Frühstück befohlen?" fragte der Oberküchenmeister den Ersten Frühstücksmacher, einen alten Koch.

„Die dänische Suppe und rote Knödelchen", antwortete dieser.

„Hast du gehört, Zwerg? Getraust du dich, diese schwierigen Speisen zu bereiten?«

„Nichts leichter als das", erwiderte der Zwerg. Er verlangte Kräuter, Eier und Gewürz, Fett von einem wilden Schwein und Wurzeln. „Zu den Knödelchen aber brauche ich viererlei Fleisch, Wein, Entenschmalz, Ingwer und das Kräutlein Magentrost." Er stellte sich auf einen Schemel an den Küchentisch, hackte, schnitt und rührte, ließ alles aufs Feuer setzen, zählte bis fünfhundert, und dann war das Essen fertig.

Der Küchenmeister ließ sich einen goldenen Löffel reichen, spülte ihn im klaren Wasser und kostete. „Köstlich!" rief er und schnalzte mit der Zunge. „Köstlich!"

An diesem Morgen schmeckte dem Herzog das Frühstück so gut, daß er sofort den neuen Koch zu sich rief. „Mein Lieber" sagte er, „du bist zum Unterküchenmeister ernannt! Und weil du eine so lange Nase hast, will ich dich ‚Nase' nennen!" Und so hieß Jakob von nun an Zwerg Nase.

Zwerg Nase lebte fortan im Schloß und kochte für den Herzog. Die ganze Stadt sprach von dem Wunderkoch. Der Zwerg war recht zufrieden, nur der Gedanke an seine Eltern machte ihn traurig.

Eines Tages ging er auf den Gänsemarkt und kaufte für des Herzogs Küche drei Gänse. Als er sie im Käfig heimtrug, merkte er, daß zwei der Gänse schnatterten wie alle

Gänse, die dritte aber seufzte wie ein Mensch. Die wird doch nicht am Ende krank sein, dachte der Zwerg. Ich muß sie genau ansehen, bevor ich sie für den Herzog brate! Da antwortete die Gans deutlich und laut:

„Stichst du mich,
so beiß ich dich!"

Erschrocken stellte Zwerg Nase den Käfig nieder. Die Gans sah ihn mit schönen, klugen Augen an und seufzte wieder.

„Keine Angst, Fräulein Gans", sagte Zwerg Nase. „Eine Gans, die reden kann, brate ich gewiß nicht!"

„Ich heiße Mimi", sagte die Gans und fing zu weinen an. „Und ich bin des großen Zauberer Wetterbocks Tochter. Mein Vater geriet eines Tages mit einer alten Fee in Streit, und sie hat mich aus Rache in eine Gans verwandelt!"

Zwerg Nase tröstete die Gans Mimi, nahm sie mit in sein Kämmerchen und erzählte ihr, wie er selber von einer bösen Fee verzaubert worden sei. Als er mit seiner Geschichte zu Ende war, sagte die Gans Mimi: „Mein Vater hat mir allerlei Geheimnisse anvertraut. Deine plötzliche Verwandlung, als du an dem Kräutlein gerochen hast, beweist mir, daß du auf Kräuter verzaubert bist. Wenn du das Kraut der Fee findest, kannst du erlöst werden."

Zwerg Nase hörte traurig zu und dachte: Wie soll ich ein Kraut finden, das ich gar nicht kenne! Aber er faßte doch ein wenig Hoffnung. Die Gans Mimi blieb in seiner Kammer, er fütterte sie mit Backwerk, verbrachte viele Stunden mit ihr, und die beiden trösteten einander.

Um diese Zeit bekam der Herzog Besuch von einem Fürsten aus dem Nachbarland. Er ließ Zwerg Nase rufen und sprach zu ihm: „Jetzt mußt du zeigen, ob du wirklich ein Meisterkoch bist. Mein Gast, der Fürst, versteht sehr viel von gutem Essen. Sorge dafür, daß er jeden Tag mehr über meine Küche staunt! Du darfst dir von meinem Schatzmeister alles reichen lassen, was du nur brauchst. Und wenn du Gold und Diamanten in Schmalz backen mußt, so tu es!"

Der kleine Koch verbeugte sich und sagte: „Es sei, wie du sagst, o Herr!"

Der fremde Fürst war schon vierzehn Tage beim Herzog. Sie speisten fünfmal des Tages, so gut schmeckte es ihnen. Am fünfzehnten Tag ließ der Herzog Zwerg Nase rufen und zeigte seinem Gast den Wunderkoch.

„Du bist ein sehr guter Koch, Zwerg Nase", sagte der fremde Fürst. „Aber sage mir, warum bringst du uns nicht die köstlichste aller Speisen, die Königin-Pastete?"

„Morgen will ich diese Pastetenkönigin auf meinem Tisch sehen!" rief der Herzog sofort.

Der Zwerg verneigte sich und ging. Er ging in seine Kammer und weinte, denn von der Königin-Pastete hatte er noch nie gehört, und er wußte nicht, wie er sie zubereiten sollte. Da trat die Gans Mimi zu ihm und fragte: „Warum weinst du, Zwerg Nase?" Als er ihr von dem Wunsch des fremden Fürsten erzählte, sprach sie: „Sei nicht traurig! Diese Pastete kenne ich, und ich weiß ungefähr, was man dazu braucht. Wenn's nicht ganz genau stimmt, werden die Herren es schon nicht merken!"

Am nächsten Morgen bereitete Zwerg Nase die Pastete nach dem Rezept der Gans Mimi und schickte sie mit Blumen bekränzt zu Tisch. Der Herzog tat einen tüchtigen Biß, verdrehte die Augen vor Vergnügen und sagte, nachdem er geschluckt hatte: „Ah ah ah! Das ist wirklich die köstlichste aller Speisen!"

Der Gast kostete ein paar kleine Bissen, und dabei begann er höhnisch und geheimnisvoll zu lächeln. „Recht gut, recht artig gemacht", sagte er. „Aber die Königin-Pastete ist es doch nicht ganz."

Da runzelte der Herzog die Stirn. „Hund von einem

Zwerg!“ rief er. „Soll ich dir den Kopf abhacken lassen für deine schlechte Kocherei?“

Zwerg Nase fiel dem Gast des Herzogs zu Füßen und rief: „Sagt mir, was fehlt an dieser Speise, daß sie Euch nicht schmeckt? Laßt mich nicht sterben wegen einer Handvoll Fleisch und Mehl!“

„Ich habe mir schon gestern gedacht, daß du die Pastete nicht machen kannst wie mein Koch“, antwortete der Gast. „Es fehlt ein Kräutlein, das man hierzulande gar nicht kennt, das Kraut Niesmitlust. Ohne das Kräutlein bleibt die Pastete ohne Würze, und dein Herr wird sie nie essen wie ich!“

Da geriet der Herzog in Wut und schrie: „Und doch werde ich sie essen! Das schwöre ich bei meiner Ehre! Ich gebe dir vierundzwanzig Stunden Zeit, Nase! Entweder du machst morgen die Pastete, wie es sich gehört, oder ich lasse dir den Kopf abschlagen.“

Der Zwerg ging verzweifelt in seine Kammer, aber da war die Gans und tröstete ihn. „Wenn es nur das Kraut ist, das du brauchst“, sagte sie, „kann ich dir helfen. Mein Vater hat mir alle Kräuter gezeigt. Glücklicherweise ist Neumond, um diese Zeit blüht das Kräutlein. Sag mir, gibt es hier in der Nähe alte Kastanienbäume?“

„Im Park am See stehen Kastanien“, antwortete Zwerg Nase. „Warum?“

„Nur am Fuß alter Kastanien blüht das Kräutlein“, antwortete Mimi. „Laß uns keine Zeit versäumen! Nimm mich auf deinen Arm und trag mich in den Park, ich helfe dir suchen!“

Als Zwerg Nase mit der Gans Mimi im Schloßpark war, setzte er sie behutsam nieder, und sie ging schnell vor ihm her dem See zu, wo die Kastanien standen. Er folgte ihr mit traurigem Herzen. Die Gans suchte, aber vergebens, sie suchte unter allen Kastanien, sie wandte mit dem Schnabel jedes Gräslein um, es wollte sich nichts zeigen. Da fing sie aus Mitleid und Angst zu weinen an, denn schon wurde der Abend dunkler, und alles war schwerer zu erkennen.

Plötzlich sah der Zwerg am anderen Seeufer einen alten Baum stehen. „Laß uns dort noch hingehen!" rief er. Die Gans hüpfte und flog voran, und er lief nach, so schnell seine kleinen Beine konnten. Der Kastanienbaum warf einen großen Schatten, und es war so dunkel, daß fast nichts mehr zu sehen war. Plötzlich blieb die Gans still stehen, schlug vor Freude mit den Flügeln, fuhr dann schnell mit dem Kopf ins hohe Gras und pflückte etwas ab, das sie dem erstaunten Nase zierlich mit dem Schnabel überreichte. „Das ist das Kräutlein", sprach sie. „Und hier wächst eine Menge davon!"

Der Zwerg betrachtete nachdenklich das Kraut. Stengel und Blätter waren bläulichgrün, und sie trugen eine brennend rote Blume mit gelbem Rande.

„Ich bin gerettet!" rief er. „Das ist dasselbe Kraut, das mich aus einem Eichhörnchen in einen Zwerg verwandelt hat!" Er steckte die Nase tief in das Kräutlein und roch daran.

Da zog und knackte es in allen seinen Gliedern, und er fühlte, wie sich sein Kopf aus den Schultern hob. Er schielte auf seine Nase und sah sie kleiner und kleiner werden. Sein Rücken und seine Brust streckten sich, und seine Beine wurden länger.

Die Gans sah mit Erstaunen zu, wie er sich verwandelte. „Wie groß, wie schön du bist!" rief sie.

Als Jakob das hörte, war er so glücklich wie noch niemals zuvor. Er sagte: „Ich werde dir nie vergessen, wie du mir geholfen hast, liebe Gans Mimi, denn ohne dich hätte ich das Kraut nicht gefunden. Ich will dich zu deinem Vater bringen, er ist ein großer Zauberer und wird dich leicht entzaubern können." Die Gans weinte vor Freude. Sie flohen unerkannt aus dem Palast und wanderten an den Meeresstrand, wo Mimis Heimat lag.

Weiter ist nicht viel zu erzählen. Sie kamen glücklich bei dem Zauberer Wetterbock an, und der Zauberer entzauberte seine Tochter. Mit Geschenken beladen kehrte Jakob in seine Vaterstadt zurück. Die Eltern erkannten in dem hübschen jungen Mann ihren verlorenen Jakob wieder, und alle waren glücklich.

Das Finkenlied im Rabennest

Es war einmal ein Finkennest, in dem saßen drei junge Finken und tschilpten und sangen. Immer, wenn die Finkenmutter mit Futter geflogen kam, sperrten die Finklein ihre Schnäbel auf und schluckten, und dann sangen sie weiter ihr Finkenlied:

„Liebe Sonne schein,
wärm uns die Federlein,
und leuchte, daß die Mutter find't
was Gut's für jedes Finkenkind,
Raupen, Mücken, Fliegen
wollen wir gerne kriegen!
Lalali, lalala,
schau, die Mutter ist schon da!"

Sie sangen so laut, daß es bis zum Rabennest im Rabenbaum klang. Der Rabe hörte das Finkenlied und kam geflogen und sagte zu den drei Vogelkindern:

„So ein schönes Lied! Bitte noch einmal!"

Die Vogelkinder sperrten die Schnäblein auf und sangen:

Liebe Sonne schein . . ."

Da schnappte der Rabe mit seinem großen Schnabel zu

und erwischte das Lied, riß es den Kleinen von den Schnäblein weg und flog damit in sein Rabennest. Kaum war er dort, fing er an zu singen:

„Liebe Sonne schein,
wärm mir mein Rabenbein,
ach liebe Sonne, leuchte doch
die Maus aus ihrem Mauseloch!
Liebe Sonne schein,
denn Mäuse schmecken fein."

Als die Finkenmutter zu ihrem Nest zurückkam, sah sie, wie ihre drei kleinen Finken weinten.

„Was ist denn geschehen?" fragte die Finkenmutter.

„Der Rabe hat unser schönes Lied weggeschnappt und hat ein Rabenlied daraus gemacht", weinten die Finkenkinder.

„Wo ist er denn hingeflogen?" fragte die Finkenmutter.

„Zum Rabennest! Zum Rabennest! Zum Rabennest!" piepsten die Finkenjungen.

„Weint nicht", sagte die Finkenmutter. „Ich werde mit dem Jäger reden, der wird uns schon helfen!"

Sie flog zum Jägerhaus und guckte hinein.

„Was willst du denn von mir, Finkenmutter?" fragte der Jäger.

„Lieber Jäger, du mußt uns helfen! Der Rabe hat meinen Kindern ihr Lied vom Schnabel wegstibitzt und ein Rabenlied daraus gemacht", sagte die Finkenmutter.

„Das werden wir gleich haben", antwortete der Jäger. Er nahm sein Gewehr und wanderte zum Rabennest, und die Finkenmutter flog mit ihm.

Schon von weitem hörten sie den Raben in seinem Rabennest singen. Der Jäger hob das Gewehr, und er schoß genau und geschickt so dicht an dem Rabenschnabel vorbei, daß der Rabe vor Schreck den Schnabel aufriß und das Lied fallen ließ.

Die Finkenmutter aber erwischte das Lied, bevor es zu Boden fiel, und flog damit zu ihren Kindern zurück.

Seither kann der Rabe nur „krah krah" singen. Vielleicht hilft ihm einmal jemand beim Dichten. Vielleicht einer von euch?

Die Ziege des Herrn Lobesang

Herr Lobesang hatte eine kleine Ziege. Wie hübsch war sie mit ihren sanften Augen, ihren schwarzen glänzenden Hufen, ihren spitzen Hörnern und dem zottigen, weißen Fell. Und folgsam war sie und zärtlich, und immer ließ sie sich brav melken. Kein Wunder, daß Herr Lobesang seiner kleinen Ziege sehr zugetan war.

Um die Wiese hinter seinem Haus lief eine Hecke aus wilden Rosen. Dort ließ Herr Lobesang die Ziege jeden Tag weiden. Er schlug einen Pflock ein und band sie an einen langen Strick, damit sie nicht fortlaufen konnte.

Hinter der Wiese aber waren die hohen Berge. Eines Tages blickte die kleine Ziege zu den Bergen empor und dachte: Wenn ich doch dort herumspringen könnte, ohne Leine um den Hals!

Von diesem Tag an schmeckte der kleinen Ziege das Gras auf der Wiese nicht mehr. Immer wieder zerrte sie an der Leine, schaute zu den Bergen auf und schrie traurig: „Mäh! Mäh!"

Eines Morgens, als Herr Lobesang seine Ziege molk, sagte er: „Wenn ich nur wüßte, was dir fehlt, kleine Ziege!"

Da antwortete die Ziege: „Herr Lobesang, ich möchte in die Berge gehen!"

Vor Schreck stieß Herr Lobesang den Melkeimer um.

„In die Berge!" rief er. „Warum denn? Findest du hier nicht frisches Gras genug?"

„Das ist es nicht, Herr Lobesang!"

„Ist die Leine zu kurz? Soll ich sie länger machen?" fragte Herr Lobesang.

„Das ist es auch nicht", antwortete die Ziege.

„Ist dir langweilig?" wollte Herr Lobesang wissen.

„Ein bißchen! Aber das ist es auch nicht", sagte die Ziege.

„Ich verstehe nicht, was du hast", sagte Herr Lobesang.

„Ich will in die Berge hinauf!" sagte die kleine Ziege.

„Weißt du nicht, daß in den Bergen oben der Wolf lebt?" fragte Herr Lobesang. „Der Wolf ist immer hungrig. Was wirst du tun, wenn er dich fressen will?"

„Ich werde ihn mit meinen Hörnern aufspießen", antwortete die kleine Ziege.

„Der Wolf lacht über deine Hörner!" sagte Herr Lobesang. „Nein, kleine Ziege, du darfst nicht in die Berge!"

Herr Lobesang führte seine Ziege in den Stall und sperrte sie ein. Er merkte aber nicht, daß ein Fenster offen stand. Kaum war er fortgegangen, sprang die kleine Ziege durchs Fenster hinaus und lief in die Berge.

Wie schön war es dort oben! Wie glücklich war die kleine Ziege! Es gab keine Leine, keinen Pflock! Sie konnte springen und laufen, wohin sie wollte. Und Kräuter wuchsen da, so würzig wie kein Kraut im Tal. Die Blumen dufteten, wie sie auf der Wiese nie geduftet hatten. Höher und höher hinauf kletterte die Ziege. Sie wälzte sich im kurzen Gras der Almwiesen, sie strampelte vor Lust mit den Beinen. Dann sprang sie wieder auf und stürmte dahin. Bald stand sie oben auf einer Felsspitze, bald war sie unten in einer Schlucht. Mit einem Satz sprang sie über einen Wildbach. Auf einer Felsplatte ruhte sie aus und ließ sich von der Sonne bescheinen. Tief unten im Tal, sehr weit weg, sah sie das Häuschen des Herrn Lobesang und die Wiese mit dem Heckenzaun. Wie habe ich es nur dort aushalten können, dachte die kleine Ziege.

Dann aber wurde es Abend, und die Dämmerung kam. Nebel stiegen auf. Die kleine Ziege konnte das Häuschen im Tal nicht mehr sehen. In den Bergen heulte es: „Uuu-uuuu-wuuuu-uuu!"

Den ganzen Tag hatte die kleine Ziege nicht an den Wolf gedacht. Ihr wurde ganz beklommen zumute. Sollte sie heimkehren? Aber da fiel ihr die Leine ein, und die kleine Ziege dachte: Nein, wer einmal hier oben herumgesprungen ist, kann nicht mehr mit einer Leine um den Hals leben!

Hinter ihr raschelte es. Sie wandte den Kopf und sah im Dunkeln zwei leuchtende Augen. Es war der Wolf. Still saß er da und betrachtete die kleine Ziege mit hungrigem Blick.

Meine Hörner sind viel zu klein, dachte die kleine Ziege. Wie soll ich damit gegen den großen Wolf kämpfen? Doch dann erinnerte sie sich, wie schön es in den Bergen gewesen war, und sie senkte den Kopf und streckte die Hörner vor, um sich zu wehren.

Wie tapfer sie zustieß! Immer wieder trieb sie den Wolf zurück.

Endlich wurde sie sehr müde. Sie schaute zu den blinkenden Sternen auf und dachte: Einmal möchte ich noch die Sonne über den Bergen sehen! Wenn ich es nur bis zum Morgen aushalte!

Als der Morgen kam und die Sonne aufging, war die kleine Ziege zu Tode erschöpft. Jetzt wird der Wolf mich fressen, dachte sie.

Aber der Wolf fraß sie nicht. Herr Lobesang war auf den Berg gestiegen, seine Ziege zu suchen, und der Wolf lief davon.

„Kleine Ziege", sagte Herr Lobesang, „wie gut, daß ich dich gefunden habe! Gehen wir jetzt heim!"

„Herr Lobesang", antwortete die kleine Ziege, „ich danke Ihnen, daß Sie gekommen sind. Aber ich möchte nicht ins Tal gehen. Ich will hier oben bleiben."

„Und der Wolf?" rief Herr Lobesang.

„Der Wolf erwischt nur Ziegen, die nicht achtgeben", sagte die kleine Ziege. „Ich werde auf hohe Felsen klettern, wo er nicht hinaufkann."

Die Sonne stand über den Bergen, und die Felsen, die Schluchten, der Wildbach und die Almen glänzten in ihrem Licht. Herr Lobesang schaute um sich. „Wirst du mich manchmal besuchen unten im Tal, kleine Ziege?" fragte er.

„Das werde ich gern tun", sagte die kleine Ziege.

„Und darf ich dich hier oben besuchen?"

„Da werde ich mich freuen, Herr Lobesang", sagte die kleine Ziege.

Das ganz kleine Gespenst

Es war einmal ein ganz kleines Gespenst, das wohnte in einer Sandburg. Die Sandburg war fast so groß wie ein vollgepackter Rucksack und hatte hohe Sandmauern rundherum und um die Sandmauer einen Burggraben, aber in dem war das Wasser schon versickert. Den ganzen Tag hatte die Sonne auf die Sandburg heruntergebrannt, sie hatte das Wasser im Burggraben aufgeleckt und die ganze Burg ausgetrocknet.

„Meine Sandburg ist die allerschönste" sagte das ganz kleine Gespenst. Es stand auf der Burgmauer und sah zu, wie der Mond aufging. Das ganz kleine Gespenst marschierte auf der Burgmauer auf und ab.

„Ich muß achtgeben, daß kein Feind kommt", sagte das ganz kleine Gespenst. „Eigentlich ist das nicht meine Sache, noch nie habe ich gehört, daß ein Burggespenst seine Burg bewachen muß. Burggespenster müssen im Mondlicht in der Burg auf und ab wandeln und huhu schreien, sobald jemand kommt. Aber hier kommt ja niemand. Nicht einmal ein Feind. Was ist eigentlich ein Feind?"

Das ganz kleine Gespenst hatte noch niemals einen Feind gesehen. Darum wußte es auch nicht, wie ein Feind aussieht und was ein Feind tut.

„Bist du ein Feind?" fragte das ganz kleine Gespenst den Mond.

„Nein", antwortete der Mond. „Es wird auch kein Feind kommen, denn Sandburgen sind nur aus Sand, sie sind ganz unwichtig, und niemand will sie haben."

„Doch", sagte das ganz kleine Gespenst. „Ich will sie haben. Es ist meine Sandburg."

„Zieh lieber in eine Burg aus Stein", sagte der Mond. „Morgen kommen die Sonne, der Wind und das Wasser und fressen deine Sandburg auf."

„Ich werde meine Sandburg verteidigen", sagte das ganz kleine Gespenst. Aber es war viel zu klein.

Am nächsten Tag kamen die Sonne, der Wind und das Wasser und fraßen die Sandburg auf.

„Siehst du", sagte der Mond in der nächsten Nacht zu dem ganz kleinen Gespenst. „Hab' ich es dir nicht gleich gesagt, daß du in eine Burg aus Stein ziehen sollst? Jetzt haben sie deine Burg gefressen."

„Zieh lieber du in eine Burg aus Stein", sagte das ganz kleine Gespenst. „Irgend jemand hat dich angeknabbert. Du bist heute viel dünner als gestern."

„Das ist immer so", sagte der Mond. „Ich bin es gewohnt, daß ich einmal dick und einmal dünn und einmal gar nicht da bin. In Wirklichkeit nämlich bin ich immer da, aber das verstehst du nicht, dazu bist du noch zu klein."

Das ganz kleine Gespenst saß auf den Trümmern seiner Sandburg, die Sonne, Wind und Wasser übriggelassen hatten, und es machte huhuhu und kam sich sehr gespenstisch vor.

„Du bist ein ganz dummes kleines Gespenst“, sagte der Mond. „Huhue hier nicht herum, sondern such dir eine neue Sandburg, die Kinder haben heute nachmittag eine Menge neuer Sandburgen gebaut. Wähl dir eine aus.“

„Ich will aber keine andere als meine“, sagte das ganz kleine Gespenst. „Meine ist die allerschönste Sandburg, auch wenn man sie nicht sehen kann, ist sie in Wirklichkeit immer da.

Aber das verstehst du nicht, dazu bist du noch zu groß. Ich kann auch in einer unsichtbaren Sandburg huhu schreien. Mich sieht man ja auch nicht!“

„Da hast du recht“, sagte der Mond zu dem ganz kleinen Gespenst. Dann ging er langsam über den Nachthimmel nach Hause.

Das ganz kleine Gespenst aber spaziert jeden Abend auf den Mauern seiner Sandburg, die man nicht sehen kann, und macht fröhlich huhuhu!

Der alte Koffer

Ein alter Mann, der viel reiste, besaß einen Koffer. Schön war der Koffer nicht, er war schon recht schäbig, hatte abgeschabte Kanten und war voller Flecken und Kratzer. War der alte Mann zu Hause, stand der Koffer im Wohnzimmer unter dem vergoldeten Spiegel; obgleich das sehr komisch aussah: der häßliche Koffer in dem hübschen gemütlichen Zimmer! War der alte Mann auf Reisen und übernachtete in einem Gasthof, ließ er sich immer den Koffer bringen und neben sein Bett stellen.

„Es wird wohl Geld im Koffer sein“, meinten die Leute, „weil ihn der alte Mann gar nicht aus den Augen läßt!“ Doch in diesem Punkt irrten sie sich ganz gewaltig. Etwas war schon im Koffer – aber Geld? Nein, Geld am allerwenigsten!

War nun der alte Mann ganz allein in seinem Zimmer, so drückte er auf eine geheime Feder. Schwupp! sprang der Koffer auf, und was war darin? Ein prachtvolles Kästchen, mit rotem Samt beschlagen und mit goldenen Schnüren besetzt. Sobald aber jemand anderer in die Stube eintrat — schnapp — schlug der Kofferdeckel zu.

Jeden Tag kam eine Frau zu dem alten Herrn, räumte die Wohnung auf und kochte ihm das Essen. Sie hätte zu gern gewußt, was in dem schäbigen Koffer war. Einmal ließ sie die Schuhe vor der Tür stehen und schlich leise in Strümpfen bis an den Koffer hin, der gerade offen stand. Bevor sie aber hineingucken konnte, merkte der Koffer, daß jemand Fremder da war, und — schnapp — schlug er zu.

„Pfui", rief die Frau erschrocken. „Was bist du doch für ein unhöflicher Koffer!"

Wenn von nun an einer der Nachbarn wissen wollte, ob nicht doch etwas Besonderes an dem alten Koffer sei, antwortete sie immer: „Nein! Es ist gar nichts daran, und darinnen ist noch viel weniger!"

Aber es war doch etwas Besonders in dem Koffer. Zuweilen riegelte der alte Mann alle Zimmertüren zu und drückte auf die geheime Feder, so daß der Kofferdeckel aufsprang. Dann horchte der alte Mann, ob alles draußen still wäre. Wenn er niemanden hörte, hob er das rote Samtkästchen heraus und setzte es vor sich auf den Tisch. Er drückte auf eine geheime Feder am Kästchen, und der rote Samtdeckel sprang auch auf.

Und was war darin?

Unglaublich, aber wahr! In dem Samtkästchen saß eine niedliche, kleine Märchenprinzessin mit langen Zöpfen und roten Schuhen. Sie hüpfte aus dem Kästchen, setzte sich darauf und ließ die Beine baumeln — und das machte sie so reizend — und fing an, Märchen zu erzählen.

Und der alte Mann saß im Lehnstuhl und hörte ihr zu.

Eines Tages, als sie eben mit dem Erzählen fertig war, sagte sie: „Ich habe dir nun schon so viele Märchen erzählt. Kannst du sie nicht aufschreiben, damit die Kinder sie lesen können?"

„O ja", antwortete der alte Mann, „aufschreiben kann ich sie schon, freilich bei weitem nicht so hübsch, wie du sie erzählst. Aber niemand darf wissen, woher ich sie weiß! Sonst kommen gleich alle Leute und wollen dich ansehen und tapsen dich mit ihren ungeschickten Fingern an, und vielleicht kommt auch jemand und will dich fortnehmen."

„Nein, um Himmelswillen!" antwortete die kleine Märchenprinzessin. „Aber wundern würden sich die Leute doch, wenn sie wüßten, wer in dem schäbigen Koffer steckt!"